THE
Essays of Warren Buffett
Lessons for Corporate America

巴菲特
寫給股東的信

〔2023全新增修版〕
Eighth Edition

Lawrence A. Cunningham | **Warren E. Buffett**

許瑞宋 —— 譯　勞倫斯・康寧漢 —— 編著、導讀　華倫・巴菲特 —— 原著

獻給

大衛・珊迪・戈特斯曼（David "Sandy" Gottesman）
（1926-2022年）

　　將本書此一版本獻給珊迪・戈特斯曼是非常合適的。珊
迪、查理・蒙格和我，經由巴菲特合夥事業有限公司、第一
曼哈頓公司和惠勒蒙格公司，在1966年成為財務上的合作
夥伴。珊迪與查理互不相識，但我和兩位都是要好的朋友。
在接下來的五十六年裡，我們一直以各種方式保持財務上的
夥伴關係。我們三人之間從未發生過任何爭執。更難能可貴
的是，珊迪私下跟我談到查理時，從未說過負面的話，而查
理跟我談到珊迪時也是這樣。如此融洽的一段婚姻或商業夥
伴關係，可不是到處都找得到的。

——華倫・巴菲特

　　因為編撰這本書而結識華倫的其中一個好處，就是與他
的朋友成為朋友，尤其是珊迪・戈特斯曼。每次與珊迪見

面，他總是伸出堅定的手並露出溫暖的微笑，使我身處任何場合都感到自在。這一切可追溯至1996年巴菲特研討會週末的正式晚宴，當時他與華倫以及他們的太太堅持我和我女友坐他們那一桌。這些年來，珊迪為我提供了第一曼哈頓的一份工作，和我一起巡迴宣傳我的著作《少了巴菲特，波克夏行不行？》（*Berkshire Beyond Buffett*），介紹我妻子斯蒂芬妮認識他妻子露絲，使得斯蒂芬妮得以出任Einstein-Montefiore的董事。他總是稱我為勞勃瑞福（Robert Redford），有一次甚至說我是「這麼多年來一直支持華倫的好人」。珊迪自己才是那個好人。

——勞倫斯・康寧漢

我喜歡簡單自然的敘述方式，寫下來跟講出來是一樣的。這種敘述趣味盎然、有力且精簡；與其精雕細琢，不如直率有力。

　　　　　　　　　── 蒙田（Michel de Montaigne），
　　　　　　　　　《蒙田隨筆》（*The Essays of Montaigne*），1580年

　　此人之誠摯與活力彰顯在他的文字上。我從未見過一本更渾然天成的書。剪下這些字詞是會見血的，因為它們有血有肉，是活生生的。

　　　　　　　　　── 愛默生（Ralph Waldo Emerson）論蒙田及其《隨筆》，
　　　　　　　　　《代表人物》（*Representative Man*），1850年

　　有些書淺嘗即可，有些應該狼吞虎嚥，只有少數是應該細細咀嚼並徹底消化。

　　　　　　　　　── 培根（Francis Bacon），
　　　　　　　　　《培根隨筆集》（*The Essays of Francis Bacon*），1696年

　　言辭本該激烈一點，因為它們是思想對不動腦筋者的進攻。

　　　　　　　　　── 凱因斯（John Maynard Keynes），
　　　　　　　　　《預言與勸說》（*Essays in Persuasion*），1931年

Contents

編者的話
Editor's Note

本書（原文）初版於1995年面世，是我組織的一場學術會議的核心資料。那場研討會爲期兩天，聚集了數百人，對本書觸及的所有議題進行了剖析，而華倫·巴菲特坐在現場第一排全程參與。

隨後數十年裡，本書成爲投資和管理方面的經典著作。從教室到企業會議室，從培訓課程到交易台，本書觸及了世界各地數以百萬計的讀者。讀者要求我每幾年更新本書一次，加入巴菲特的最新慧見，同時也要求我維持本書清晰的條理。這個版本遵循讀者所願。

秉承此一傳統，這個版本將巴菲特所有致股東信中的精華，編織成一本讀起來完整連貫的書，以巴菲特自己獨特的筆觸，清楚闡述一種明智可靠的經營和投資理念。

本書注釋中的年分，代表該文章出自哪一年的年報。爲免打斷文氣，摘錄時省略的文字，不以省略號或其他標點符號標示。書末的表格，將列

出各章節出自哪一年的巴菲特致股東信。

在持續出版本書的這些年裡，我有幸得到許多人的支持。首要感謝華倫，感謝他願意將致股東信的編排與出版交由我負責。出版這本書是我的職業生涯中至爲榮幸的一件事。

勞倫斯・康寧漢

紐約

2023 年 1 月 1 日

導讀
Introduction

勞倫斯・康寧漢

　　《巴菲特寫給股東的信》彙集了華倫・巴菲特數十年來以其獨特筆觸撰寫的致股東信，按主題編排，呈現他永恆而卓越的管理和投資理念。事實證明，巴菲特闡述的這些原則是禁得起時間考驗的，即使在這數十年間，我們已經歷了從網路股到房地產等金融泡沫的興起與破滅；股票投資人口從熱衷套利操作轉為支持指數投資；社會和政治運動的浪潮從昔日標榜企業社會責任（CSR），轉為今日重視的環境、社會和治理（ESG）。

　　巴菲特文章的核心主題是：投資應以企業基本面分析為指導原則。他所指的基本面分析，是由他的兩位老師班傑明・葛拉漢（Benjamin Graham）和大衛・陶德（David Dodd）率先提出。與該主題相連的是一些管理原則，這些原則將企業經理人的適當角色界定為公司資本的管理人與守護者，並將股東的角色界定為資本的供應者和擁有人。由這些大主題衍生出來的，是圍繞著重要商業議題的一些務實而明理的經驗教訓，觸及併

購、公司治理乃至資產估值，包括應該如何看待員工、顧客、社會、環境和其他方面的利益。

身爲波克夏哈薩威（Berkshire Hathaway）的執行長，巴菲特將這些傳統原則應用在該公司的經營管理上。波克夏創立於19世紀初，以紡織爲業。巴菲特於1965年接掌該公司時，公司帳面淨值爲每股19.46美元，內在價值則遠低於此數。如今，波克夏每股帳面淨值約爲400,000美元，內在價值遠高於此數。期間每股帳面淨值年複合成長率超過20%。

波克夏如今是一家控股公司，旗下業務多達約80項。集團最重要的業務在於保險，包括全資子公司蓋可（GEICO）——美國最大的汽車保險商之一，以及通用再保險公司（General Re）——全球最大的再保業者之一。波克夏擁有北美最大鐵路公司之一的柏靈頓北方聖塔菲鐵路公司（BNSF），而且很早以前便擁有與經營大型能源公司。

波克夏的一些子公司規模龐大：其中10家子公司若是獨立公司，將能躋身財星五百大企業（Fortune 500）。這家公司的其他投資包羅萬象且規模可觀，正如巴菲特筆下所述：「你看波克夏時，有如在看整個美國企業界。」

然而，波克夏有幾個方面在美國企業界與眾不同，這使它既是一個異類，又是一個典範。例如，巴菲特並不視波克夏爲一家公司，而是視它爲他自己、蒙格和其他股東的合夥事業，巴菲特全副身家幾乎都在波克夏的股票上。他著眼於長遠經濟目標：藉由持有一組業務多元的公司之全部或部分股權，創造現金和高於平均水準的報酬率，盡可能擴大波克夏的每股內在價值。爲了達成這個目標，巴菲特從不爲擴張而擴張，而旗下事業只要能產生某水準的現金並擁有出色的經營團隊，他也從不輕易放棄。

倘若保留盈餘再投資至少能在時間作用下，使公司每股市值按比例增加，波克夏就會這麼做。該公司在舉債上非常節制，而且只有在至少可以得回同等價值的情況下，才會發行股票。巴菲特能看穿各種會計規則，尤

其是那些會遮蔽實質經濟盈餘的規則。

　　這些理念，巴菲特稱之爲「事業主相關的經營原則」，是貫穿本書的主題。面對企業經營所牽涉的各式各樣議題時，巴菲特以這些基本理念爲架構，形成他個人的種種卓見，遠非抽象的陳詞濫調可比。投資人的確應該專注於基本面分析，有耐性，並運用常識發揮良好的判斷力。在本書中，此類忠告都緊扣著具體的行事原則，巴菲特本人便是靠著實踐這些原則而大獲成功。

治理與管理

　　對巴菲特來說，企業經理人應當是股東資本的管理人與守護者。最好的經理人在做商業決定時，會像事業主那樣思考，將股東的利益放在心上。但即使是一流的經理人，其利益有時仍難免與股東有所衝突。如何減輕這種衝突、培養經理人的管理能力與精神，是巴菲特致股東信的重要主題。他的文章闡述了公司治理的若干核心議題。

　　首先是關於企業目的（corporate purpose）的概念。許多公司、評論者和行動者對此一概念有所混淆或爭議，從而加劇了相關問題。如果一家公司的目的是同時促進多種利益相關者的利益（除了股東，還有無數的「利害關係人」），便可能喪失良好治理所希望維持的有效問責。不過，在波克夏，企業目的明確且簡單，就是爲股東創造價值，以對待事業夥伴的態度對待股東，同時適當考慮、保護和促進員工、顧客、環境以至整個社會的利益。

　　與此有關的一個問題，是股東並非全都平等。傳統的波克夏股東是一些個人和家族，他們研究過波克夏之後，很早就選擇將畢生積蓄的一部分投資於波克夏。截然不同的另一種股東是當代的機構資產管理人，他們管理著指數基金，而無論他們是否願意、無論他們是否了解波克夏，都必須

在某些時候買入或賣出大量的波克夏股票。

對於那些渴望了解波克夏的傳統投資人來說，公司對股東開誠布公至為重要。巴菲特本人貫徹此一原則，對波克夏股東實話實說（至少是根據他所見的事實坦誠相告）。他哀嘆，企業界這麼做的人是少數。波克夏的年報一點也不浮誇；巴菲特以常人能理解的措辭和數據來編製年報，所有投資人都在同一時間獲得同樣的資料。巴菲特和波克夏會避免做預測，因為這種管理上的惡習往往導致經理人竄改他們的財務報告。

另一項管理上的教訓，是揚棄特定的組織公式。巴菲特的想法與組織行為的標準理論恰恰相反：他認為，將某套理論上的指揮系統套用在特定的商業處境中，往往不會有什麼好處。真正重要的是挑選能幹、誠實且勤奮的員工。

巴菲特認為執行長之遴選必須特別小心謹慎。公司治理的重大改革，往往著眼於調和管理層與股東的利益，又或者加強董事會對執行長的監督。企管界鼓吹種種措施，像是以股票選擇權獎勵管理層，或是加強董事會的運作。董事長與執行長分別由不同人擔任，並清楚劃分兩者的職責；委任常設的審計、提名和薪酬委員會，據稱也是大有希望的改革措施。最常見的提議，可能是委任相當比重的獨立董事進入董事會。但是，這些創新措施沒有一項能解決公司治理問題，部分措施更會使問題雪上加霜。

巴菲特的指示是慎選執行長，確保在任者即使在組織監督力量薄弱的情況下，也會有出色的表現。傑出的執行長並不需要股東下指導棋，但如果董事會同樣傑出，也能助執行長一臂之力。此外，定期召開執行長不列席的會議以檢視執行長的表現，可以顯著改善公司治理。

企業挑選董事時，應以商業頭腦、對公司業務有多大興趣，以及是否傾向以股東利益為本為準則。巴菲特認為美國企業界董事會最大的問題之一，是公司往往根據其他理由挑選董事，例如提升董事會成員的多樣性、使董事陣容更顯赫，又或者大家很熟悉的理由——增加獨立董事。

在美國企業界，波克夏旗下公司的執行長享有獨特的優勢。母公司對他們的指示很簡單，不外乎根據以下三項假設來經營事業：（1）自己是公司唯一的股東；（2）公司是自己唯一的資產；以及（3）未來一百年都不能出售公司，或與其他公司合併。如此一來，波克夏旗下事業的執行長在經營管理上即可從長計議，而這對股票上市公司的執行長來說是非常陌生的事，因為他們短視的股東念茲在茲的是公司能否達成最新季度財測。短期績效當然重要，但波克夏的做法可避免管理層迫於短期業績壓力，犧牲了公司的長期競爭力。

　　倘若只有短期績效才重要，許多管理決策會容易得多，尤其是有關經濟前景黯淡的業務之決策。想想巴菲特處理波克夏紡織業務時，所面臨的長短期權衡考量。巴菲特認為收購波克夏是他歷來最差的投資：1970 年代末，波克夏古老的紡織業務已步向日暮途窮。

　　巴菲特原本希望扭轉頹勢，因為他知道波克夏的紡織業務對其員工和新英格蘭地方社區非常重要，而且管理層和員工在處理經濟困難時表現能幹且通情達理。巴菲特使衰弱的紡織廠維持營運至 1985 年，但因未能扭轉財務困境，最終決定關廠。

　　基於社區信任以平衡短期績效與長期前景並不容易，但這麼做是明智的。類似的教訓也適用於波克夏投資的其他業務，例如網際網路時代的報業，以及受嚴格規管的產業，如能源業、鐵路業——巴菲特認為在這類產業中，私營企業與監理機關之間存在著一種不言明的社會契約。

　　巴菲特強調，經理人的薪酬，必須以經理人的表現為衡量基礎。而經理人的表現，則應以公司的盈利表現為衡量基準，而且必須扣除公司業務占用的資本（包括保留的盈餘）之成本。如果決定以股票選擇權獎勵員工，則必須與個人表現而非公司整體表現掛鉤，並且基於企業價值設定認股價。但更好的做法是像波克夏那樣，經理人的薪酬直接不包含股票選擇權。巴菲特指出，一流的經理人會因為表現出色而得到現金紅利，若想擁

有公司的股票,大可自掏腰包購買;當他們真的這麼做,那就是「真正以事業主的立場行事」。在經理人薪酬的問題,以及巴菲特所處理的其他公司治理問題中,例如風險控管、法規遵循和財務報告,都同樣以股東的利益至上。

評估一家公司時,企業文化是最重要、但最難量化的因素之一。波克夏有深厚的企業文化,始於該公司奧馬哈總部最高層所奠定的行事作風,而其基礎就是本書中躍然紙上的標準和價值觀。波克夏的文化也滲入了該公司旗下業務多元的子公司,深深影響各業務單位的經理人。對一家業務如此廣泛多元的企業集團來說,波克夏的文化如此一致且恆久,是令人讚嘆的。誠如巴菲特所言,未來當他離開公司之後,這種文化將幫助波克夏持續蓬勃發展。

投資

巴菲特師承葛拉漢,當他在1950年代於哥倫比亞大學商學院就讀時,以及隨後在葛拉漢紐曼公司(Graham-Newman Corp)工作期間,從葛拉漢身上學習了投資之道。葛拉漢曾寫下多本經典著作,其中包括《智慧型股票投資人》(*The Intelligent Investor*),闡述歷史上一些最深邃的投資智慧。葛拉漢指出,人們普遍認為價格等同價值,其實大謬不然:你支付的是價格,你得到的才是價值。兩者很少是一樣的,但多數人很少注意到兩者的差別。

葛拉漢最重大的貢獻之一,是創造了市場先生(Mr. Market)這個虛構的角色。市場先生住在華爾街,每天都願意按當前市價購買你持有的股票,或向你出售他手上的股票。市場先生喜怒不定,其情緒常神經質地在愉悅與沮喪之間波動。有時他開出的價格遠高於價值,有時則遠低於價值。

他越是躁鬱，價格與價值的差距就越大，也意味著他提供的投資機會越誘人。巴菲特將市場先生的概念重新介紹給世人，並強調葛拉漢針對整個市場的此一比喻，對投資人有紀律地建構投資組合而言極有價值——儘管現代金融理論的擁護者是無法認識市場先生的。

葛拉漢穩健的投資哲學對世人的另一重要貢獻，是所謂的「安全邊際原則」（margin-of-safety principle）。按照此原則，投資人必須有充足的理由相信自己支付的價格大幅低於所能得到的價值，方可投資一檔證券。巴菲特始終恪守此一原則。他表示，葛拉漢曾說，如果一定要總結明智投資的祕訣，那不外乎「安全邊際」四個字。首度聽聞此理論至今已逾七十年，巴菲特仍認為這是正確的。雖然現代金融理論的擁護者以效率市場理論否認（你支付的）價格與（你得到的）價值有差別，巴菲特和葛拉漢則認為兩者截然不同，其差異至關緊要。

既然價格與價值有異，「價值投資法」（value investing）似乎便是一種累贅的說法。真正的投資，全都必須以評估價格與價值的關係為基礎。不比較價格與價值的操作策略，完全不能稱為投資，只能稱為投機——也就是因為期望價格上漲而買入，而不是因為確信自己支付的價格低於得到的價值。巴菲特指出，許多專業人士還犯了一個常見的錯誤，那就是將「成長投資法」（growth investing）與「價值投資法」區分開來。巴菲特表示，成長與價值並非截然不同，兩者是緊密相連的，因為成長必須視為價值的一部分。

其他名詞誤用的例子，還包括在討論穩健的現金管理方法時，模糊了投機與套利（arbitrage）的差別。對波克夏這種產生大量剩餘現金的公司來說，套利是很重要的操作手段。剩餘現金可用商業本票等短期約當現金（cash equivalents）的形式持有，不想這麼做的話，則可用於投機或套利。投機是指根據圍繞著可能即將發生但未公布的交易之傳聞，拿現金押注企業將發生某些事。至於套利，傳統的定義是指利用同一標的在兩個不同市

場的價差賺錢。對巴菲特來說，套利是指在已公告周知的一些投資機會上建立短期部位，利用同一標的在不同時間點的價差賺錢。要決定是否以這種方式動用現金，必須根據資料而非傳聞，評估以下四個常識性問題：事件發生的機率有多高？資金將鎖住多久？有何機會成本？事件若沒發生，損失有多大？

葛拉漢／巴菲特智慧型投資的三腳凳，除了「市場先生」與「安全邊際」這兩隻腳外，還有「能力範圍原則」（circle of competence principle）這第三隻腳。根據此一常識性原則，投資人考慮的投資項目，不能超出自己的理解能力範圍；也就是說，投資人若稍加認眞分析，但仍無法理解投資標的，就不應沾手。巴菲特正是因爲堅守不懂不碰的原則，方得一再避開別人不斷再犯的錯誤。尤其數百年來，科技潮流和宣傳新時代的浮誇辭令，常激發人們快速致富的憧憬，進而引發投機狂潮；參與其中的人，正是犯了未能堅守能力範圍原則的錯誤。

最後，巴菲特並不主張分散投資，甚至認爲集中更好。關於集中投資，巴菲特提醒我們，傑出的經濟學家暨精明的投資人凱因斯認爲，投資人應該將相當大筆的資金投資於二至三家自己有所了解、且經營團隊值得信賴的公司。

此外，爲了配合期望的風險概況而買賣個股以調整投資組合，將會阻礙長期投資成功。這種像蜜蜂採花般不斷換股的操作方式，會產生沉重的交易成本，包括買賣價差、手續費和佣金，更別說還有稅金。巴菲特開玩笑稱，將一個不斷進出市場的人稱爲投資人，「有如將不斷玩一夜情的人稱爲浪漫情人」。與其將雞蛋分散在不同籃子裡，不如參考馬克‧吐溫在小說《傻瓜威爾遜》（Pudd'nhead Wilson）中的名言：「將你所有的雞蛋放在一個籃子裡，然後守護好這個籃子。」

普通股

　　巴菲特與投資有關的文章可追溯至1978年——誠然，他在此之前也寫信給他的合夥人，但要到1980年代，他的致股東信才在內容和風格上呈現出最終使它們廣為人知的優秀品質。值得注意的是，自1978年以來，巴菲特一直抱持著一個明確的目的寫這些信：吸引他所謂的優質股東——那些買進大量股份並堅持持有的股東，他們既不是徹底分散投資的指數投資人，也不是短線交易者。巴菲特側重吸引此類投資人的話題和做法，強調著眼長遠，關注波克夏獨特的業務基本面而非股價。

　　許多企業的執行長希望自己公司的股價越高越好，巴菲特則希望波克夏的股價接近其內在價值，不要高太多也不要低太多；如此一來，公司在某段時間內的經營績效，則可惠及在該時段內持有股票的投資人。股價若要持續貼近內在價值，股東集體而言必須抱持事業導向的長線投資心態，而不是市場導向的短線策略。

　　巴菲特提到了菲利普・費雪（Phil Fisher）的一個比喻：企業就像一家餐廳，提供某一種菜單，吸引特定品味的顧客。波克夏著眼於長線的菜單，強調了交易活動的成本可能損害長期報酬。事實上，據巴菲特估計，交投熱絡個股的交易成本（經紀商佣金和造市商買賣價差），往往可達公司盈利的10％或更多。若想取得長期投資佳績，有必要盡可能壓低這種成本，而波克夏在紐約證交所掛牌有助控制此類成本。

　　巴菲特指出，股票分割是美國企業界一種損害股東利益的常見做法。股票分割會產生三種後果：（1）促進股票交易量，交易成本因此增加；（2）為公司引來一批過度關注股票市價、市場導向、著眼短線報酬的股東；（3）拜上述兩種效應所賜，公司股價會顯著偏離內在商業價值。巴菲特表示，如果沒有足以抵銷負面效應的好處，分割波克夏股票實在愚不可及，甚至會危及公司奮鬥五十年所取得的成果。過去數十年的努力已為

波克夏吸引了一群獨特的股東，都是專心致志且著眼長期的投資人。

公司股價偏低時，買回自家股票可能是提升價值的資本配置法之一，但有時候情況並非如表面所見。在1980年代和1990年代初，企業回購股票並不常見；當時巴菲特稱讚那些了解回購之妙的經理人：如果公司股票每股值2元、但能用1元買回來，公司的資金大概很難找到比這更有效益的用途。唉，正如世事常見的演變，隨著盲從之人群起跟風，現在我們常看到公司以2元的價格回購價值1元的股票。這種摧毀價值的股票回購，通常是為了穩住下挫的股價，或是在認股權以遠低於市價的價格行權時，抵銷公司為此發行股票的影響。

波克夏偶爾會買回自家股票，巴菲特指出，這麼做的道理和條件是公司股價大幅低於每股內在價值。在此情況下，回購股票是不難做出的決定，對留下來的股東有明確的價值，但巴菲特對此有複雜的感覺，因為賣出股票的股東同時就吃了虧。他解決該問題的方法是清楚揭露資訊，以便股東能做出知情的決定。

股息政策是企業資本配置的另一個重要議題，投資人總是很關注，然而企業很少對他們說明。自1998年起，波克夏普通股每股市價便超過5萬美元，而該公司的帳面值、盈利和內在價值一直以遠高於市場平均水準的速度成長。但波克夏從未執行股票分割，而且逾三十年來從未派發現金股息。

波克夏的股息政策反映了巴菲特的信念，亦即企業在決定要派發股息還是保留盈餘時，應基於唯一的準則：若能使公司市值至少增加同等金額，則應保留，否則應派給股東。盈餘保留下來即成為公司的資本，而唯有當「資本增加所創造的額外盈餘，不低於投資人一般能賺取的報酬」時，公司才有保留盈餘的充分理由。但在現實中，企業保留盈餘往往出於與股東利益無關的原因，例如為了擴大企業王國，或是讓經理人工作得更舒適。

華爾街的金融工程師曾試圖創造出緊貼波克夏股價走勢的證券，賣給那些對波克夏及其業務和投資理念均缺乏了解的人。

有鑑於此，波克夏重整資本結構，創造了名為「B股」（Class B shares）的一種新股份，並出售給公眾。波克夏B股的權利為既有A股的一千五百分之一，但投票權只有A股的萬分之一。因此，B股的市價理論上應接近A股的一千五百分之一（事實上也是這樣）。

此次資本重整遏止了華爾街銷售波克夏複製基金（clones）的行為——華爾街這種操作違反了巴菲特的所有基本信念。此類複製基金是一種投資信託，根據市場對該產品的需求來買賣波克夏的股票，會將一些成本強加在股東身上。如果由不了解波克夏業務和理念的人所持有，它們可能導致波克夏的股價大幅震盪，加劇價格與價值之間的偏差。

企業收購

波克夏採用雙管齊下的收購策略：針對經濟體質健全，由巴菲特和蒙格喜歡、信任且欽佩的經理人所經營的企業，收購其部分或全部股權。巴菲特有一個觀念與常見的併購慣例相反：他認為百分百收購一家公司，很少有支付溢價的理由。

唯有在取得的企業價值不低於付出的價值時，波克夏才會發行股票以支付收購代價。巴菲特指出，在以股票支付代價的收購案中，賣方計算收購代價時，是以買方股票的市價為基準，而非內在價值。倘若買方股票的市價剛好只有其內在價值的一半，而買方又同意按市價計算收購代價，那麼買方付出的價值，將是其所得到的價值的兩倍。買方經理人通常會以綜效或規模效益等理由自圓其說，但其實往往是為了追求收購的快感，或是出於過度的樂觀，結果犧牲了股東的利益。

此外，以股票支付代價的收購案往往（幾乎永遠都）被說成是「買方

買下賣方」或「買方收購賣方」。巴菲特指出，如果改用「買方賣掉自己的一部分，以收購賣方」或類似說法，也許有助大家看清事實，畢竟這才是實際發生的事。這種說法也有助於大家評估買方所付出的收購代價。

即使沒有平均收購成本所帶來的更多負擔，能增進企業價值的收購機會本來就已經夠難找了。巴菲特表示，多數收購案其實只會損耗企業價值。若想找到最能增進價值的收購機會，經理人必須慎重分析機會成本，主要應考慮經由股市購買優質企業的少數股權這種替代做法。這種專心一志的觀念，與沉迷於綜效和公司規模的經理人格格不入，但卻是波克夏雙管齊下投資法不可或缺的一部分。

波克夏在收購上有額外的優勢：交易敲定後，波克夏可用本身的優質股票來支付收購代價，而且被收購企業的經營團隊享有很高的自主權。巴菲特稱，這兩點在買方公司均屬罕見。此外，巴菲特在投資上言行一致，他提醒潛在賣家：波克夏收購過許多公司，它們的股權原本由家族或其他團體牢牢控制；考慮是否將公司賣給波克夏時，不妨向這些公司查證，看看波克夏最初的承諾是否一一兌現。簡而言之，波克夏致力成為優秀企業的首選買家——此教訓極為重要，它解釋了為何即使收購回來的企業陷入商業困境，巴菲特也傾向留住它們，而非轉手賣掉。

估值

就如何理解和運用財務資料，巴菲特以他的文章為我們上了一課，其中兼具娛樂性與啟發性。他剖析了一般公認會計原則（GAAP）的一些要點，告訴我們這些會計原則對認識和評估企業或投資標的的價值有多重要，以及它們又有哪些局限。巴菲特闡明關鍵課題，強調會計盈餘與經濟盈餘、會計商譽與經濟商譽，以及會計帳面值與內在價值之間的重大差異。這些都是投資人和經理人為資產估值時必須掌握的知識。

巴菲特分析企業時倚重的一個關鍵工具是內在價值：「在企業餘下壽命中，股東可以從企業中提取的現金之折現值。」定義雖然簡單，但計算內在價值既不容易，也難有客觀標準，必須倚賴對未來現金流和利率變動的估計。但是，說到底，企業最重要的也就是內在價值。相對之下，企業的帳面值很容易計算，但用處有限。市場價格也是這樣，至少多數公司的情況是如此。內在價值、帳面值與市價之間的差距難以明定，但可以肯定的是三者幾乎一定不相等，只是孰大孰小並無一定。

　　巴菲特強調，一家公司的財務報表是否有用，視乎它能否幫助報表使用者回答三個問題：（1）這家公司大概值多少錢？（2）公司未來的償債能力如何？（3）公司經理人的經營績效如何？巴菲特慨嘆，一般公認會計原則使得這些問題難以解答。他提出了另一些概念，能大大提升財務資料對投資人和經理人的實用性。

　　舉例來說，巴菲特提出一個他稱為「透視盈餘」（look-through earnings）的概念。根據GAAP有關集團報表的規定，一家公司若持有另一家公司的多數股權，則子公司的財報必須以合併法處理；也就是說，子公司財報上的每一個項目，都必須與母公司的相應項目合併。至於持股在20％至50％之間的公司，GAAP要求投資方按持股比例認列所投資公司的盈餘。持股若低於20％，GAAP則要求投資方僅記錄實際收到的股息，不得按持股比例認列所投資公司的盈餘。這種會計原則遮掩了構成波克夏實質績效的一個重要因素——持股低於20％的公司之未分配盈餘（也就是保留在公司、未發放給股東的盈餘）；波克夏遵循GAAP編製財報時，此類盈餘會遭到忽略。

　　巴菲特知道，股權投資的價值並非取決於持股百分比，而是取決於所投資的公司如何運用未分配盈餘。他因此創造了「透視盈餘」的概念，用於評斷波克夏的實質績效。根據此概念，透視盈餘可視為波克夏的實質盈餘，等於波克夏的淨利加上在持股低於20％的公司中占有的未分配盈餘，

減去相應增加的稅金。對許多公司來說，透視盈餘與按GAAP計算的盈餘並無顯著差別。但對波克夏來說，兩者差異顯著，而對許多個人投資人很可能也是如此。因此，個人投資人可將此概念應用在自己的投資組合上，嘗試設計一個長期而言能帶來最高透視盈餘的資產組合。

會計商譽（accounting goodwill）與經濟商譽（economic goodwill）的差別廣爲人知，但巴菲特清晰的解說仍令人耳目一新。會計商譽源自企業併購，大致上是收購代價超過所收購資產公允價值（扣除負債）的部分。在收購方的資產負債表上，會計商譽是一項資產，以費用的形式逐年攤銷，攤銷期通常爲四十年以上。因此，收購所產生的會計商譽，會在攤銷期內逐年減少。

經濟商譽則是另一回事。它是企業無形資產（例如品牌認知度）的綜合體，使企業得以利用廠房和設備等有形資產，創造高於平均水準的盈餘。盈餘超過平均水準的部分，資本化之後的價值就是經濟商譽的金額。經濟商譽通常會日益增加：表現普通的公司，經濟商譽的名義值至少會隨通膨率增加；經濟體質強健或具特許經營特質的公司，經濟商譽的成長率會高一些。事實上，企業經濟商譽對有形資產的比率若相對較高，抵禦通膨侵蝕的能力也會比較強。

會計商譽與經濟商譽的差別，衍生出了以下洞見。首先，評估一家企業的經濟商譽，最好的基準是該企業的去槓桿有形資產淨值（unleveraged net tangible assets）能產生多少盈餘；而計算該盈餘時，商譽攤銷費用是忽略不計的。因此，當一家公司收購了其他企業，而收購行爲導致該公司資產負債表上出現商譽這項資產，則分析這家公司時，應忽略商譽攤銷費用。第二，由於經濟商譽應按其完整的經濟成本衡量，評估收購標的的價值時，也應忽略商譽攤銷費用。

不過，巴菲特強調，上述原則並不適用於固定資產的折舊費用；折舊費用不能忽略不計，因爲它們是真實的經濟成本。巴菲特提出此觀點的情

境，是在解釋爲何波克夏向股東報告所收購企業的經營表現時，總是剔除GAAP要求的收購代價調整。

華爾街評估企業價值時，普遍按以下方式計算作爲評價基礎的現金流量：（a）營業利潤加上（b）折舊及其他非現金費用。巴菲特認爲這種算法不完整。他表示，（a）營業利潤加上（b）非現金費用後，還得減去（c）企業必要的再投資支出。巴菲特將（c）定義爲「企業爲充分維持長期競爭能力和業務量，在廠房與設備等方面每年必須付出的平均資本支出」。

（a）＋（b）－（c）的結果，巴菲特稱之爲「事業主盈餘」（owner earnings）。只要（b）不等於（c），按GAAP計算的營業利潤就會與事業主盈餘有差別。對多數公司來說，（c）通常大於（b），因此，按GAAP計算的盈餘通常誇大了企業的實質盈餘。只要（b）與（c）不同，事業主盈餘就會比GAAP盈餘或受收購代價會計調整影響的現金流量，更能準確反映企業的經營績效。這就是爲何波克夏會額外向股東報告旗下企業的事業主盈餘，而不是僅倚賴GAAP盈餘或現金流量數據。

回顧與展望

了解美國歷史對投資人和企業經理人而言很有價值，尤其是經濟史，巴菲特的文章就經常點綴以歷史教訓。他省思了認識過去對處理當前問題和駕馭未來的重要性。在2016至2018年撰寫的一系列文章中，巴菲特審視了美國經濟史，認爲美國經濟對全球的價值非同凡響。他傳達了「順風」（tailwinds）這個訊息，表示有一種強大的正向力量在推動物體前往其目的地。這恰如其分地描述了美國政治經濟體制三個世紀以來，對美國企業及其受益者（包括經理人、投資人和公民）所發揮的作用。

2015年，波克夏慶祝巴菲特掌管公司50週年之際，巴菲特寫了一篇

回顧文章，在歷史脈絡之下展望公司的未來。同時蒙格也發表了他的看法。兩人在多數問題上所見略同——巴菲特在他的文章中經常代表蒙格發言（「查理和我」這個說法出現在本書三分之一的頁數中）。但他們的風格大相逕庭，這一點可見於本書結尾部分，他們對波克夏歷史和前景的各自表述。

巴菲特為本書寫下的尾聲，流露出一種歡快的情緒，生動地回顧了波克夏五十年來的成就，認為「波克夏文化」帶來樂觀的前景，並稱公司處於長遠發展所需的「理想狀態」。蒙格實質上同意該看法，但他沉著地強調，他所謂的「波克夏系統」的要素早就確立，該系統幫助公司大獲成功，也將確保波克夏「在未來很長一段時間裡，仍會是一家優於正常水準的公司」。

楔子

事業主相關的經營原則 [1]

Prologue:
Owner-Related Business Principles

我們的股東在某些方面相當特別，而這會影響我們向各位報告的方式。例如，每年年底，波克夏98％的股票，是由那些年初時就已經是股東的人持有。因此，在公司的年報中，我會以先前年度已講過的內容為敘述基礎，避免重複太多以前講過的話。這樣各位可以得到更有用的資訊，而我們也不會覺得厭煩。

此外，我們的股票，可能有90％是由那些以波克夏為最主要持股的投資人持有。在這些投資人的證券投資組合中，波克夏股票往往占有極高的比重。此類股東願意花相當多時間閱讀我們的年報，我們希望能為他們提供有用的資訊——也就是如果我們與股東易位而處，也會覺得有用的資訊。

但我們的季報會省略敘事。對於公司的業務，我們的股東和經理人眼光放得很長遠。每一季都要針對具長遠意義的事，講一些有新意或有意思的話，那實在太難了。

不過，各位當真收到我們發出的訊息時，那必定是來自各位出錢請來經營公司的人。本公司董事長深信，股東有權聽取執行長親自報告業務狀況，以及執行長對公司現狀和前景的評估。各位會要求非上市公司這麼做，對上市公司自然不應降低要求。經營團隊一年一度的報告，不應交由某位專職員工或公關顧問代勞，因為他們無法以經理人的身分坦誠地向股東報告。

我們認為經理人有義務向各位股東報告業務狀況，一如波克夏旗下事業單位的經理人有義務向我們提交同樣的業務報告。當然，這兩種報告的具體程度不可能相同，尤其是涉及對競爭對手有用或類似的敏感資料時，應特別審慎處理。但兩者的大致範圍、平衡性和坦率的程度應基本相同。公司旗下事業的經理人向我們報告業務時，我們不希望收到公關性質的文件，而我們也認為，各位股東不應該收到這種文件。

大致而言，企業會吸引到它們追求的股東類型，這也是它們應得的。

企業若偏重短期績效或股市短期效應，而且明顯顯露這種心態，則基本上會引來同樣喜歡炒短線的股東。而企業若以犬儒態度對待投資人，投資大眾最終很可能會以牙還牙。

受敬重的投資人暨作家菲利普‧費雪曾提出一個比喻：企業吸引股東的做法，有如餐廳吸引顧客。每家餐廳通常都會有自己的定位，致力吸引特定類型的顧客，例如速食族、講究精緻品味或偏好東方菜色的客人；成功的話，餐廳最終會獲得某類顧客支持。餐廳若表現出色，客人滿意其服務、菜色和價格，就會時常光顧。但是，一家餐廳若不斷改變風格，那是不可能吸引到滿足又穩定的顧客群的。如果有一家餐廳一時賣法國料理，一時賣外帶炸雞，客人必定會既困惑又不滿。

企業追求股東，其道理也相同。沒有一家企業能滿足所有投資人的期望。有些股東希望領取高股息，有些追求長期資本增值，有些則期望股價一飛沖天；一家公司不可能同時滿足這些不同類型的股東。

有些經理人希望自己效力的公司股票成交熱絡，我們對此百思不解。事實上，這種經理人是在告訴大家，他們希望許多既有股東持續唾棄他們，好讓新股東進場；因為公司如果不失去許多舊股東，就不可能增加許多新股東（他們對公司會有新的期望）。

我們最希望得到的股東，是那些喜歡我們的服務和菜色，年復一年持續光顧的人。我們非常滿意現在的股東，要找一群更好的股東實在不容易。因此，我們希望繼續保持非常低的股東流動率，證明股東了解我們的運作、認同我們的政策，並與我們抱持同樣的期望。我們希望能實現這些期望。

1. 雖然我們在形式上是一家公司，但秉持的是合夥事業的精神。查理‧蒙格和我視我們的股東為事業主—合夥人，並視自己為管理合夥人（因為我倆持有很多股權，不管是好是壞，我們還是控股合夥人）。我們並不視公司本身是公司資產的最終擁有人，因為我們認為公司只是一個管

道，股東透過這個管道擁有公司的資產。

查理和我希望，各位不要認為自己只是擁有一張價格每天波動的證券，經濟或政治事件令人緊張時不妨賣掉。我們希望各位視自己為一家打算永久持有的公司的股東之一，就像你和家人共同擁有一座農場或一套公寓時的情況。就我們而言，我們也不會視波克夏股東為一群成員不斷變更的無名氏。我們視股東為投資夥伴，他們將資金託付給我們，而且這種託付可能是一輩子的事。

證據顯示，絕大多數波克夏股東確實支持我們的長期合夥概念。波克夏股票每年轉手的百分比，遠低於其他美國大企業，即使剔除我個人的持股也是如此。

事實上，我們的股東對待他們的波克夏持股的方式，與波克夏對待所投資事業的持股是一樣的。譬如說，作為可口可樂和美國運通的股東，我們視波克夏為這兩家優秀企業不參與經營管理的合夥人。這兩項投資成功與否，我們是以兩家公司的長期績效、而不是每月的股價波動為衡量標準。事實上，這些公司的股票如果好幾年都沒有交易，或是沒人提供買賣報價，我們是一點也不介意的。倘若我們看好長期前景，短期股價波動除了讓我們有機會以誘人的價格增加持股之外，對我們並無意義。

2. 我們的董事絕大多數將其個人財富的一大部分投資在波克夏上，一如我們的多數股東。如果公司經營不善，我們將自食其果。

查理一家人的多數財富是波克夏的股票，我個人則有超過99％的財富是本公司的股票。此外，我有許多親戚，例如我的姊妹和表兄妹，也將他們很大比例的財富投資在波克夏上。

對於這種所有雞蛋放在一個籃子裡的資產配置法，查理和我完全放心，因為波克夏擁有的事業多種多樣，而且是真正傑出的企業。事實上，我們認為波克夏所投資的企業（擁有控股權或重要少數股權的公司）就素質和多樣性而言，幾乎是獨一無二的。

查理和我無法為各位提供績效保證。但我們可以保證，無論你選擇在哪一段時間跟我們作伴，你的財富和我們的財富將完全同步波動。我們對巨額薪酬、經理人認股權或其他占股東便宜的做法不感興趣。我們只希望和我們的夥伴一起賺錢，而且完全按照合理比例分享成果。此外，如果我做了一些蠢事，我和你一樣得按比例承受損失，我希望你能因此得到一點安慰。

3. 我們的長期經濟目標（限定條件如後述）是盡可能提高波克夏每股內在價值的平均年增率。我們評估波克夏的經濟實力或財務績效時，並不是以公司整體規模，而是以每股基礎上的表現為基準。可以確定的是，因為股本大幅擴增，未來每股基礎上的成長率勢必會降低。不過，如果我們的成長率不超過美國大企業的平均水準，我們會很失望。

4. 為達成目標，我們必須投資在一組多樣化的優質企業上，也就是能產生現金且持續賺取高於平均水準的資本報酬率的公司。我們希望能直接擁有這些公司，不行的話，則主要透過我們的保險子公司，在市場上購入這種優質企業的部分股權。波克夏每年的資本配置，取決於可投資企業的價格和供給，以及我們對保險資本的需求。

近年來，我們完成了一些收購案。雖然難免會有一些年度不會有收購活動，但我們希望未來數十年能收購許多公司，而且最好是相當大的公司。如果這些收購交易的素質接近我們以往所做的，對波克夏的業績將大有幫助。

波克夏產生現金的速度很快，以同樣快的速度想出妥善運用這些資金的主意，是我們面對的考驗。就此而言，股市低迷很可能對我們非常有利。首先，股市低迷時，百分百收購一家公司的代價通常會降低。第二，我們的保險子公司將比較容易以誘人的價格買進優質企業的少數股權，包括增持我們已投資的一些公司。第三，此類優質企業有一些（例如可口可

樂）常常買回自家股票，股市低迷意味著它們能以較低的價格買回股票，而我們也能因此得益。

整體而言，波克夏及其長期股東能因股市下挫而得益，一如食品價格下滑時，定期採購食品的人能因此得益。所以，股市大跌時（這是不時會發生的事），不要恐慌也不必嘆息，因為這對波克夏是好事。

5. 因為我們採用雙管齊下的策略投資在企業上（譯注：也就是百分百收購，或在市場上購入部分股權），而且受限於傳統會計規則，合併報表上的公告盈餘可能僅反映波克夏真正經濟績效的一小部分。作為股東暨經理人，查理和我幾乎完全不理會這些合併數據。不過，我們會向各位報告波克夏所控制的每一家大企業的盈餘，因為我們認為這些數據非常重要。這些數據加上我們就集團個別企業所提供的資料，應有助於你評估這些事業的表現。

簡而言之，我們嘗試在年報中向各位報告真正重要的數據和其他資料。查理和我非常關心波克夏旗下事業的表現，也很努力了解這些企業的經營環境。例如，我們會關心旗下公司是正搭上產業景氣的順風車，還是正面對產業艱困期。查理和我必須確切知道情況如何，並相應調整期望。我們會向各位報告我們的結論。

隨著時間的推移，我們的企業幾乎每一家都超出我們的期望。但偶爾還是有令我們失望的例子。發生這種情況時，我們會盡可能向各位坦誠報告，就像報告好消息時那樣。我們如果以非傳統方式記錄績效，例如我們在年報中談到保險的「浮存金」，將會說明相關概念，以及為何我們認為這些資料很重要。換句話說，我們認為有必要讓各位了解我們的想法，好讓大家不但能評估波克夏旗下事業，還能評價我們的管理和資本配置方式。

6. 會計結果不影響我們的營運或資本配置決定。假設有兩項投資機會，成本相若，前者可帶來 2 元的盈餘，但按照一般公認會計原則，我們的財

報不能納入這筆盈餘；後者可帶來1元的盈餘，但是可以納入財報中。在此情況下，我們會毫不猶豫地選擇前者。事實上，我們常面對這種抉擇，因為收購整家公司（盈餘可全數納入集團報表）的代價，往往雙倍於收購小額股權（盈餘基本上不會反映在集團財報上）按比例換算的代價。總體而言，我們預期這些不能反映在財報上的盈餘，將藉由資本利得反映在波克夏的內在價值上。

我們發現，長期下來，我們所投資的公司之未分配盈餘，為我們貢獻的總價值，不低於這些盈餘假設都分配給我們（這樣的話會全數納入我們正式公告的盈餘中）時的價值。之所以能有這種令人欣喜的結果，是因為我們所投資的企業，絕大多數經營得有聲有色，往往能以極具效益的方式運用資本，例如投資在既有業務上，或是買回自家股票。很明顯的是，我們投資的企業所做的資本決定，並非每一個都對身為股東的我們有利；但整體而言，這些企業所保留的每一元盈餘，為我們貢獻的價值遠不止一元。因此，我們認為「透視盈餘」可真實反映波克夏每年的營運利潤。

7. 我們在舉債方面非常節制。真的需要借錢時，我們會嘗試取得利率固定的長期貸款。我們寧可放棄有意思的機會，也不願意背負過高的債務。這種保守態度對我們的業績有一定的損害，但若非如此，我們無法安心，因為我們對許多投保人、債權人與股票投資人負有受託人義務；許多股東託付我們管理的資金，占其財富的比重高得異乎尋常。（如印地安納波里斯500英里大賽的一名冠軍曾說：「要率先衝線，首先你必須完成比賽。」）

查理和我向來審慎估算財務風險，絕不可能為了追求多幾個百分點的報酬而犧牲哪怕是一晚的好眠。我從不認為自己可以拿親友擁有且需要的財富當賭注，去追求他們未擁有也不需要的東西。

此外，波克夏可利用兩種低成本、無風險的債務融資方式：遞延所

得稅（deferred taxes）和「浮存金」（float），後者是我們的保險子公司因為收取保費後暫未用於理賠而持有的資金，等於是別人暫存在我們這裡的錢。這兩種資金來源的規模快速擴大，如今總額約為1,700億美元。拜它們所賜，我們可以安全地擁有遠多於我們的股本所能支持的資產。

更好的是，這種融資迄今一直是免費的。遞延所得稅負債是不需要付利息的。而且，只要我們的承保業務能損益兩平，該業務產生的浮存金也是沒有成本的。注意，兩者皆非股東的資金；它們是實在的負債，但並無附帶條款或到期日。它們實際上讓我們享有負債的好處（有更多的資產可運用），但不必承受債務的缺點。

當然，沒有人能保證我們未來仍可免費利用浮存金。不過，我們相信，我們達成此目標的機會不輸給任何其他保險業者。我們不但在過去做到了這一點（儘管各位的董事長犯過一些重大錯誤），而且因為1996年收購了蓋可公司，未來繼續達成此目標的機會已大大增強。

〔自2011年起，〕我們預期新增的貸款將集中在我們的公用事業和鐵路公司，而這些貸款是不可以向波克夏追索的。我們希望取得固定利率的長期貸款。

8. 我們不會容許管理層的「願望清單」由股東買單。我們不會為了分散投資，就以罔顧股東長遠經濟效益的價格去收購整家企業。我們利用自己的資金時不會做的事，也不會拿各位託付的資金去做。考慮是否拿你的錢去做某些事時，我們會充分盤算你若在股市中直接購買股票、提高自身投資組合的多元化程度，能得到什麼樣的價值。

查理和我只對那些我們相信可提高波克夏每股內在價值的收購機會有興趣。我們的薪酬或辦公室之大小，永遠不會與波克夏的資產負債規模有關。

9. 我們覺得高尚的意圖也必須定期接受績效檢驗。我們會檢驗自己保

留盈餘的決定是否明智，標準是如果保留一元的盈餘，假以時日是否能為股東增加至少一元的市場價值。迄今為止，我們一直都能通過這項檢驗。我們將繼續在五年期滾動基礎上應用這項檢驗。隨著波克夏的淨值日益成長，要明智地運用保留盈餘也日益困難。

我提到「五年期滾動基礎」的那句話應該換個寫法—— 在 2009 年的公司年會上，有人向我提出相關問題，我才意識到那句話寫得不好。

股市如果在五年間大跌，波克夏股票市值高於帳面淨值的幅度有時會萎縮，這時候我們就會無法通過那項我未妥善設計的檢驗。事實上，這種情況早在 1971 至 75 年便發生了，當時距離我在 1983 年提出上述原則還有多年時間。

我們的五年期檢驗應該是：（1）在這五年間，波克夏帳面淨值的成長幅度是否超過標準普爾 500 指數的漲幅？（2）波克夏的市值是否持續高於帳面淨值（若是，則每一元的保留盈餘，價值總是超過一元）？如果兩者皆是，則保留盈餘是有道理的。

10. 我們必須能得到與所付代價同等的商業價值，才會發行普通股。此規則適用於所有發行形式—— 不僅是合併或股票公開發行，還包括股債交換、股票選擇權和可換股證券。發行普通股其實就是將各位的公司賣一小部分給別人，我們不會在與整家公司的價值不一致的基礎上做這樣的事。

1996 年發行波克夏 B 股時，我們表示波克夏股票的價值當時並未遭市場低估。有些人對我們的說法感到震驚，此反應實在沒道理。如果我們在公司股票價值遭低估時發行股票，大家才應該感到震驚。一家公司公開發行股票時，管理層如果明說或暗示他們的股票價值遭低估，通常是在隱瞞真相，又或者是在揮霍既有股東的財富：經理人若故意以 0.8 元出售事實上價值 1 元的資產，股東就不公平地蒙受了損失。我們最近一次發行股票時，並沒有犯這種罪，未來也永遠不會做這種事（但是，我們 1996 年發行

B股時並沒有說市場高估了波克夏股票的價值，雖然當時很多媒體的報導聲稱我們這麼說）。

11. 請各位務必了解，查理和我均抱持一種會損害公司財務績效的態度：不管價格如何，我們完全無意出售波克夏擁有的任何一家優質企業。至於表現不理想的公司，只要我們預期它們至少能產生一些現金，而且我們滿意它們的經理人和勞資關係，我們也非常不願意出售這些企業。我們當初接手這些表現不理想的業務，是犯了資本配置上的錯誤，我們希望能避免重蹈覆轍。如果有人建議，這些表現不佳的業務，只要大幅增加資本支出，即可恢復令人滿意的盈利水準，我們會非常謹慎看待這種建議（提議者總是誠意殷殷、前景展望總是令人振奮，但說到底，產業景氣糟糕透頂時仍大手筆增加投資，效果有如在流沙中奮力掙扎）。無論如何，金羅美（gin rummy；譯注：一種兩人玩的紙牌遊戲）式管理行為（每次出手總是丟掉前景最悲觀的業務）並非我們的作風。我們寧願犧牲一點整體績效，也不願意做這種事。

我們繼續避免金羅美式行為。沒錯，經過二十年的掙扎後，我們於1980年代中期結束了紡織業務，但那是因為我們認為這項業務已確定無法扭轉營運不斷虧損的頹勢。不過，我們既不考慮出售那些可以引人出極高價格的業務，也沒有拋棄我們表現落後的事業——但我們非常努力地對症下藥，希望能改善情況。為澄清2016年出現的一些混淆之處，我們在此強調，此處的評論是針對我們所控制的企業，而不是有價證券。

12. 我們會坦誠地向各位報告公司事務，突出那些對評估企業價值有重要意義的正、負面因素。我們的準則是推己及人：換成我們是一般股東時會想知道的業務事實，我們都會告訴大家。這是我們對各位應盡的基本義務。此外，作為一家擁有大媒體公司的集團，如果我們在報導自身消息時，在準確、平衡和深刻等標準上，要求不如我們期望我們的新聞人員報

導其他人的消息時那麼嚴格，那就實在不可原諒。作為公司的經理人，我們也相信保持坦誠對我們有益：公開誤導他人的執行長，最終可能也會在私下誤導自己。

在波克夏，你不會發現「洗大澡」（big bath；譯注：操縱盈餘的一種會計伎倆，例如將資產減損或某些費用集中在業績特別差的年度認列，以便美化隨後的業績）這種會計花招，而我們也不會動手腳將季度或年度業績「平穩化」。就像打高爾夫球那樣，我們一定會告訴大家，我們每一個洞打了幾桿，而且絕不會竄改計分卡。如果某些數字是非常粗略的估計值（保險準備金的提撥就必然是如此），我們會盡可能採用一致且穩當的做法。

我們會以數種方式跟各位保持聯繫。藉由年報，我會嘗試在合理的篇幅內，盡可能為所有股東提供最多的價值界定資訊。我們也會嘗試藉由季報，傳達大量濃縮但重要的資料，但它們不是我寫的（獨奏會一年一次就夠了）。此外，另一個重要的溝通場合是我們的股東年會，會上查理和我很樂意花五個小時或更多時間回答有關波克夏的問題。但是，一對一的溝通方式我們可辦不到：波克夏股東成千上萬，不可能採用這種溝通方式。

在所有的溝通交流中，我們會盡力確保沒有任何一位股東能占得便宜：我們並不遵行向分析師或大股東提供業績「指引」這種常規。我們的目標是讓所有股東同時獲得新資料。

13. 雖然我們奉行坦誠相告的原則，但我們只會按法規要求的程度談論我們在有價證券方面的活動。好的投資主意稀有、珍貴，一如好商品或好併購主意一樣容易遭競爭對手盜用。因此，我們通常不談論我們的投資主意。此禁忌甚至適用於那些我們已賣掉的證券（因為我們可能會再度買進），以及外界謠傳我們買進的個股。如果我們否認這種謠傳、但在其他情況下則表示「無可置評」，那麼無可置評就變成確認了。

雖然我們一直不願具體談論個別股票，但對於我們的經營和投資理

念，我們是暢所欲言的。我個人因為金融史上最偉大的導師班傑明‧葛拉漢傾囊相授而獲益匪淺，我相信自己應將他教導的知識傳授下去，儘管這麼做會在投資方面為波克夏製造出新的能幹競爭者，就像班傑明教導出自己在投資方面的能幹競爭者那樣。

14. 我們希望每一位波克夏股東，在持股期間股票市值的漲幅或跌幅，盡可能與波克夏每股內在價值同期漲跌幅成比例。要做到這一點，波克夏每股內在價值與股票市價的關係必須固定不變，而我們希望兩者維持一比一的關係。也就是說，我們希望波克夏股價處於**公允**而非**偏高**的水準。查理和我顯然無法控制波克夏的股價，但藉由我們的政策和宣導，我們可以鼓勵股東在掌握相關資訊的情況下理性行事，這樣股價走勢也會傾向理性。我們這種「股價高估或低估同樣不好」的想法可能會令一些股東失望，但我們相信，正因如此，波克夏才有最佳機會吸引理想的長線投資人：他們期望因公司成長而獲益，而不是在其他投資人犯錯時趁機獲利。

15. 我們定期比較波克夏每股帳面淨值與標準普爾500指數的表現。我們希望長期而言打敗這個基準指數。如果我們做不到，投資人為何需要我們呢？但是，這種績效衡量方式有一些缺點。此外，相對於早年，如今每年以這種方式衡量績效已變得沒那麼有意義。這是因為我們手上的股票資產（其價值傾向跟隨標準普爾500指數波動）占我們淨資產的比重，如今遠低於早年。此外，標準普爾500指數成分股的獲利在計算該指數時是全額計入，而波克夏持股的獲利則只能計入65%，因為我們必須繳納聯邦所得稅。因此，我們預期在股市表現不佳的年度打敗標準普爾500指數，在股市表現強勁的年度表現不如該指數。

第一篇

治理與管理
Governance and Management

許多公司的股東年會是在浪費股東和管理層的時間。之所以如此，有時是因為經理人不願就重要的公司事務開誠布公。不過，更常見的情況，是因為與會股東更關心自己在會議上的表現，而不是公司的事務。年會本應討論公司事務，結果卻成了戲劇性表演、宣泄怒氣和宣傳特定議題的場合（這種機會教人無法抗拒：只要花錢買一股股票，你就能對被困在會場的聽眾發表演講，告訴大家你認為世界該如何運轉）。在這種情況下，年會的品質通常是每況愈下，因為那些誇張賣弄、自我中心的股東會令真正關心公司的股東不願出席。

波克夏的年會則大不相同。與會股東人數逐年增加，至今也不曾有人提出蠢問題，或是為表現自我而大發議論。[2] 反之，波克夏股東就公司業務提出種種經深思熟慮的問題。因為股東年會正是回答這些問題的場合，無論必須花多少時間，查理和我都很樂意一一答覆（不過，在年會以外的時間，我們無法回答書面提問或電話詢問。對一家股東成千上萬的公司來說，一次只向一位股東報告公司的事務，實在是浪費管理層的時間）。年會上唯一不能談的，是那些一旦坦誠相告便會令公司損失不菲的事。波克夏的證券交易活動，就是最主要的例子。[3]

一、企業目的：創造合夥價值 [4]

Corporate Purpose: Partnership Value Creation

　　波克夏是德拉瓦州的一家公司，我們的董事必須遵守該州的法律，其中一項要求是董事會成員必須本著公司和股東的最佳利益行事。我們的董事擁護此一原則。

　　當然，除此之外，波克夏的董事還希望公司能夠取悅顧客，培養和獎勵公司36萬名員工的才能，誠實正直地對待債權人，並在我們經營業務的許多城市和州被視為好公民。我們重視這四個方面的重要利害關係人。

　　不過，這些群體無權參與表決波克夏的重要事務，包括股息配發、策略方向、執行長人選、收購和剝離資產等。此類決策的責任完全落在波克夏的董事身上，他們必須忠實地代表公司及其所有者的長期利益。

　　在法律要求之外，查理和我認為我們對波克夏的眾多個人股東負有特殊義務。多講一點我們的個人經歷，或許有助各位理解我們的這種特殊情感，以及它如何影響我們的行為。

　　在掌管波克夏之前，我經由一系列的合夥事業為許多個人管理資產，最早的三家合夥公司成立於1956年。隨著時間的推移，利用多個實體來管理資產變得相當不便，於是我們在1962年將12家合夥公司併入了巴菲特合夥事業有限公司（BPL）。

　　在那一年，我和我妻子的幾乎所有資金，都已經與我的眾多有限責任合夥人的資金一起投資。我這個無限責任的一般合夥人不領工資或服務費，而且只有在有限責任合夥人的年報酬率超過6％的門檻時，我才可以獲得報酬。如果有限責任合夥人的報酬率不到6％，差額將由我未來的利潤分成補足。（幸運的是，這種情況從未發生過：BPL的報酬率總是超過

6%的門檻。）隨著時間過去，我的父母、手足、姑姨叔舅、堂表兄妹和姻親們的大部分資產都投資於BPL。

查理於1962年成立了自己的合夥公司，經營方式和我大致相同。我倆都沒有**任何**機構投資人，而我們的合夥人當中沒有幾個是歷練老成的理財者。他們加入我們的合夥事業，單純因為相信我們會像對待自己的錢那樣對待他們的錢。這些人或憑直覺，或聽從朋友的意見，正確地認定查理和我極度厭惡永久損失資本，以及我們必定是預期能取得良好的績效，才會接受他們的投資。

1965年，BPL取得波克夏的控制權，我因此於無意中開始**管理**企業。但到了1969年，我們決定解散BPL。年終之後，這家合夥公司將所有的現金和持有的三支股票按比例分配給合夥人，其中價值最高的股票是BPL持有的波克夏70.5%的股份。

另一方面，查理在1977年結束了他經營的合夥公司。他分給合夥人的資產包括了藍籌集點券公司（Blue Chip Stamps）的大量股份。這是查理的合夥公司、波克夏和我共同控制的一家公司，也是我的合夥公司解散時分配給合夥人的三支股票之一。

1983年，波克夏與藍籌集點券公司合併，波克夏的登記股東因此從1,900人增至2,900人。查理和我希望所有人——新舊股東和潛在股東——對公司的經營原則有基本共識。

因此，1983年的年報開門見山地列出了波克夏的「主要經營原則」。**第一條**原則是這樣起頭的：「雖然我們在形式上是一家公司，但秉持的是合夥事業的精神。」這界定了1983年時我們與股東的關係，至今仍然適用。查理和我——以及我們的董事——相信，在未來許多個十年裡，奉行這句格言仍會對波克夏有益。

二、股東素質：五個桶子 [5]

Shareholder Quality: Five Buckets

目前波克夏的股東分別居處於五個大「桶」，我作為某種「創始人」，占了其中一個。隨著我擁有的股份逐年分配給各家慈善機構，這個桶有一天肯定會空掉。

剩下的四個桶，機構投資人占了兩個，他們都是**為別人管理資產**。不過，這兩個桶之間的相似之處僅此而已：他們的投資方式截然不同。

其中一個桶裡的機構投資人是指數基金，這是投資界很大且正在快速成長的一塊。這些基金就是直接模仿它們追蹤的指數。標準普爾500指數是指數投資人的最愛，而波克夏是該指數的成份股。必須強調的是，指數基金持有波克夏的股票，只是因為它們**必須**這麼做。它們處於一種自動運作狀態，買賣個股只是出於「調整權重」的需要。

另一個桶裡的機構投資人替客戶**管理**資產，資金可能來自富有的個人、大學、養老金領取者或其他人。這些專業經理人的使命，是根據他們對資產價值和前景的判斷，在各投資標的之間移轉資金。這是一個光榮但困難的職業。

我們樂於為這個「主動」的群體效勞，儘管他們持續在尋找更好的地方來配置客戶的資金。誠然，有些經理人著眼長遠，很少進行買賣。但也有一些經理人使用電腦，在演算法引導之下，於奈秒之間買進或賣出股票。有些專業投資人則會根據他們對總體經濟的判斷而來來去去。

第四個桶裡是一些個人股東，他們的操作方式類似我剛才描述的那些主動式投資經理人。這些股東看到令他們心動的其他投資標的時，會視手上的波克夏股票為潛在的資金來源，這是可以理解的。我們對這種態度沒

有異議，我們自己也是這麼看待我們在波克夏持有的**一些**股票。

話雖如此，如果查理和我對我們第五個桶裡的股東沒有特殊的親近感，我們可就枉爲人了。這個桶裡有超過一百萬名**個人**投資人，他們深信無論未來發生什麼事，我們都可以代表他們的利益。他們加入我們的行列時，根本沒想過要退出，心態和我們最初的合夥人相似。事實上，我們在合夥公司時期的許多投資人與他們的後代，至今仍持有數量可觀的波克夏股票。

史丹·特魯爾森（Stan Truhlsen）就是這種老股東的一個典型例子。他是一位開朗慷慨的奧馬哈眼科醫師，也是我個人的朋友，他在2020年11月13日已年滿100歲。1959年，史丹和另外十名年輕的奧馬哈醫師與我成立了一家合夥公司。這些醫師很有創意地將這家公司命名爲Emdee有限公司（譯注：Emdee音同醫士學位的縮寫M.D.）。他們每年都會到我家裡一聚，和我及我太太吃頓慶祝晚餐。

1969年，我們的合夥公司把持有的波克夏股票分給合夥人，而**所有**醫師都留下他們收到的股票。他們可能不清楚投資或會計的細節，但他們**知道自己在波克夏會被視爲合夥人**。

史丹當年在Emdee的兩名老夥伴如今已經九十好幾了，他們都還持有波克夏的股票。這群人驚人地長壽，加上查理和我也分別已經97歲和90歲，使人想到一個有趣的問題：會不會是持有波克夏的股票可以延年益壽？

* * * * *

我們非常珍視波克夏這群與眾不同的個人股東，這或許有助你理解我們爲何不願意去爭取華爾街分析師和機構投資人的青睞。我們已經**擁有**我們想要的投資人，而且總體來說，我們不認爲換一批投資人可以提升股東素質。

波克夏發行在外的股份只有那麼多，股東席次因此也只有那麼多，而我們非常喜歡已經占據這些席位的人。

當然，我們的「合夥人」還是會有一些變動，但查理和我希望盡可能少變。畢竟，誰會希望自己的朋友、鄰居或配偶快速更迭呢？

1958年，菲利普‧費雪寫了一本關於投資的絕佳著作。他在書中將經營一家上市公司比作是經營一家餐館。他說，**無論是**提供漢堡配可樂**還是**法國料理配高級葡萄酒，你都有可能吸引一群顧客，並且蓬勃發展。但他也警告，你不可以隨意改變餐館的定位：你向潛在顧客傳達的訊息，必須與他們到店用餐的體驗一致。

在波克夏，我們提供漢堡配可樂已經五十六年了。我們珍視這種餐點為我們帶來的顧客。

美國和其他地方數以千萬計的其他投資人和投機客，可以找到迎合**他們**品味的各式各樣的股票。他們可以找到提出誘人構想的企業執行長和市場大師。如果他們喜歡股價目標、有人控制的盈利與動聽的「故事」，他們一定不缺追求者。「技術分析師」會信心滿滿地告訴他們，圖表上的某種形態預示了股價接下來的走勢。呼籲投資人採取行動的聲音永遠不會止歇。

我要補充的是，這些投資人當中會有許多人取得不錯的績效。畢竟，持有股票很大程度上是一種「正和」（positive-sum）遊戲。事實上，一隻冷靜且有耐性的猴子，向列出標準普爾500指數全部成分股的一塊木板擲50次飛鏢，藉此建構一個投資組合，**假以時日**將可以享有股息和資本利得，只要牠能頂住誘惑，**從來**不去改變牠最初的「選擇」。

生產性資產——例如農場、房地產，沒錯，還有企業所有權——會**產生**財富，而且是大量的財富。這些資產的多數所有者皆會得到報酬。他們只需要耐心等待，保持內心平靜，充分地分散投資，以及盡可能減少交易和費用。但投資人千萬不能忘記，他們的**支出**就是華爾街的**收入**。而且華爾街中人不像我那隻猴子，不會得到香蕉就滿足。

有人放棄波克夏的股東席位時（我們但願這種情況很少發生），我們希望新來的股東了解並且想要我們提供的東西。雖然已經營了波克夏數十年，查理和我至今還是無法保證公司的績效。不過，我們可以保證像對待合夥人那樣對待各位，也確實一直都這麼做。

　　我們的繼任者也將如此。

　　對查理和我來說，沒有什麼比獲得長期個人股東的信任更令人滿足了。他們加入我們時，期望我們將會是他們可靠的資金保管人，就此和我們結伴數十年。

　　我們顯然無法選擇波克夏的股東──如果我們以合夥公司的形式經營，我們可以選擇合夥人。現在任何人都可以買進波克夏的股票，即使他們原就打算很快賣出。我們確實有一些這種股東，正如一些指數基金之所以持有大量的波克夏股票，只是因為必須這麼做。

　　然而，在一種非比尋常的程度上，波克夏確實擁有一支由個人和家族投資人所組成的龐大隊伍，他們抱著近乎「至死不渝」的意圖成為我們的夥伴。他們往往將自己的一大部分儲蓄託付給我們──有些人可能會說占比過高了。

　　這些股東有時會承認，波克夏可能遠非他們可以選擇的最佳投資標的。但他們會補充說，波克夏是他們最放心的投資之一。且平均而言，比起那些受不斷變化的新聞、傳聞和承諾所刺激的投資人，對自己的投資感到放心的人，會取得更好的績效。

　　長期個人股東既是查理和我一直在尋找的「合夥人」，也是我們在波克夏做決策時始終重視的人。我們想對他們說：「為你們『工作』的感覺真好，感謝你們的信任。」

三、充分且公允的資訊揭露 [6]

Full and Fair Disclosure

在波克夏，充分揭露資訊的意思是：換成我們是一般股東時會想知道的資訊，我們都會告訴大家。查理和我若是一般股東，會想知道的是有關公司營運現況的全部重要事實，以及執行長對公司長遠經濟體質的坦誠看法。我們會期望獲得許多財務細節，以及經理人對我們必須理解的所有重要資料加以闡釋。

查理和我看報告時，對公司人員、廠房或產品的照片不感興趣。「息稅折舊攤銷前利潤」（EBITDA）教我們戰慄——管理層是認為牙仙子會為資本支出買單嗎？[7] 我們對含糊不清的會計方法戒心很強，因為這往往代表經理人想隱瞞一些事情。我們也不想閱讀公關部門或公關顧問製作的東西。我們期望執行長用自己的話說明公司的業務狀況。

對我們來說，公允的資訊揭露意味著將資料同時傳達給我們的30萬名「合夥人」，或盡可能接近此理想。因此，我們的做法，是在週五市場收盤後至週六早上之間，將我們的年度和季度財報放上網路。這樣一來，股東和其他感興趣的投資人能夠及時取得這些重要資料，而且在週一市場開盤前，有合理的時間消化其中的訊息。

我們要為不久前卸任的證券交易委員會（SEC）主席小亞瑟・萊維特（Arthur Levitt, Jr.）喝采，因為他致力遏止近年像癌細胞般擴散的企業歪風——「選擇性資訊揭露」。事實上，大企業「引導」外界對公司的業績預期幾乎已成為標準程序：管理層總是致力引導分析師或大股東形成「適當」期望，也就是符合對公司的盈餘預期或略低於管理層的實際預估。企業經理人選擇性散播暗示，對一些人眨眨眼、點點頭，投機傾向的法人和

投資顧問在資訊上因此占了投資導向的散戶便宜。這是一種腐敗的行為，很不幸的是華爾街與美國企業界卻樂此不疲。

感謝萊維特主席，因為他孜孜不倦、有效地為投資人打抱不平，企業如今已被要求平等對待所有股東。這項改革由當局強制推動，而不是源自企業界的良心發現，美國企業界的執行長和他們的投資人關係部門應對此感到羞愧。

趁我還在講台上，容我再發表一點感想：查理和我認為，執行長預測公司的業績成長率，不但有騙人的嫌疑，還相當危險。當然，分析師和公司本身的投資人關係部常慫恿執行長這麼做。但是，執行長應拒絕這種要求，因為這種預期太常引來麻煩了。

執行長有自己的內部目標是沒問題的，而我們也認為，執行長甚至可以公開陳述對未來的一些期望，但前提是必須附帶明智的警告。然而，一家大公司公開預測公司每股盈餘長期年增率為15％（舉例），則無疑是自找麻煩。

這是因為只有非常少數的大公司能保持這樣的成長率。不信的話可以檢驗一下：找出1970年至1980年間最賺錢的200家公司，看看有多少家在此之後能保持15％的每股盈餘年增率。你會發現，只有少數幾家做得到。我可以跟你賭一筆大的：2000年時最賺錢的200家公司中，未來二十年裡每股盈餘年增率可達到15％的公司，將少於十家。

樂觀財測造成的問題，不僅是散播沒有根據的樂觀想法，更嚴重的是，它們會腐蝕執行長的行為。多年來，查理和我看過很多這種例子：執行長推動一些不符合經濟效益的營運措施，以便達成自己先前宣布的財測。更糟的是，營運特技全耍過之後，經理人有時就會玩各式各樣的會計遊戲，好讓公司「達成財測」。這種會計詐術很容易越滾越大：企業一旦將某段時期的盈餘挪到另一段去，隨後出現的營運赤字就需要以更「勇敢的」會計伎倆處理。這樣一來，編造帳目即可能演變成嚴重的財務詐欺

（人們發現，用筆的人偷走的錢，比用槍的人搶走的更多）。

執行長若以非常樂觀的財測吸引投資人，查理和我通常會對這種公司抱持戒心。假以時日，此類執行長會有少數幾位能證明自己有先見之明，但其他人則證實只是天性樂觀，又或者根本是騙子。不幸的是，投資人要事先辨明他們面對的是哪一種人，可不容易。

我們對投資人有三點建議：第一，小心提防會計品質顯得差勁的公司。一家公司如果仍拒絕將發放給員工的認股權列入營運費用中，又或者提出夢幻般的退休金計算假設，請務必小心。管理層在看得見的事情上投機取巧，幕後的行為很可能也是這樣。廚房裡很少只會有一隻蟑螂。

大力宣傳EBITDA（未扣利息、稅金、折舊和攤銷的盈餘）的好處是特別惡劣的行為。這麼做是在暗示折舊因為是「非現金」支出，因此並不是一項真正的費用。真是胡說八道。折舊的確是一項特別不受歡迎的費用，因為在公司購買的資產開始貢獻利益之前，相關的現金支出必須先買單。不妨想像一下：假設某公司今年年初一次付足所有員工未來十年的薪酬（就像公司付現金購買一組可用十年的固定資產）。在第二年起的九年中，員工薪酬將會是「非現金」費用──帳面上是從今年建立的「預付薪酬」資產中支取。有人想說第二年至第十年的薪酬費用不是費用，只不過是記帳的例行公事嗎？

第二，晦澀難懂的財報附注通常意味著管理層不可信賴。如果你看不懂某些附注或管理層的說明，那通常是因為執行長不想讓你看懂。安隆（Enron）就某些交易的說明至今仍教我困惑不已。

最後，對那些大肆宣揚盈利展望和成長預期的公司，應抱持戒心。企業極少是在無風無浪無意外的環境中運作，盈利當然也不會很順利地逐

年成長（當然，在投資銀行提供的公開說明書中，情況總是異乎尋常地理想）。

查理和我此刻不但不知道我們公司**下年度**會賺多少，我們連下**一季**會賺多少都不曉得。對於那些常常宣稱自己能預知未來的執行長，我們總是覺得很可疑；而如果他們總是能達成他們宣布的目標，我們就更是完全不敢相信了。經理人若總是承諾「達成財測」（make the numbers），總有一天會很想將數字**編造**出來（make up the numbers）。

―――――――

我們從不關注當季業績。事實上，波克夏可能是財星五百大企業中唯一不編製月度損益報告或月度資產負債表的公司。當然，我會定期審視多數子公司的月度財務報告。但我們僅在季度基礎上了解波克夏的整體盈利和財務狀況。

不僅如此，波克夏不編全公司的預算（雖然我們有許多子公司認為預算很有用）。不用這種工具，意味著母公司從來不會有需要達成的季度「數字」。避免使用這種製造恐懼的東西，可以向我們的眾多經理人發出一個重要訊息，鞏固我們所珍視的文化。

在波克夏，我們的受眾既不是分析師，也不是評論者：查理和我是為我們的股東／夥伴工作。報給我們的數字就是我們向各位報告的數字。

四、董事會與經理人 [8]

Boards and Managers

近年來，企業董事會的組成及其目的雙雙成了熱門話題。關於董事會職責的爭論曾經主要是律師的事，現在機構投資人和政界人士也參與其中。

我在過去六十二年裡，曾擔任21家上市公司的董事，這些資歷使我有資格討論公司治理問題。[9] 除了其中兩家之外，我在其餘公司都是代表大量股份出任。有那麼幾次，我曾嘗試推行重大的變革。

在我擔任上市公司董事的前三十年裡，我很少在會議室中看到女性董事，代表控股家族的女性董事則是少數例外。值得注意的是，今年是美國憲法第19修正案通過100週年，該修正案保障了美國女性的投票權。要讓她們在董事會議室取得相當地位，則仍有待努力。

多年來，出現了許多有關董事會組成和職責的新規則與指引。然而，企業董事面臨的基本挑戰始終未變，仍是找到並留住才華橫溢的執行長——此人當然也必須正直誠信，願意將職業生涯奉獻給公司。這項任務往往很艱難。不過，如果董事們真的找對了執行長，他們就幾乎不需要做其他事了。但如果他們搞砸了這件事，那可就……

現在的審計委員會比以前認真得多，且幾乎總是以適當的嚴肅態度看待自己的工作。儘管如此，若遇到想操弄帳目的經理人，這些委員會仍不是其對手。企業熱衷發表「業績展望」，加上執行長渴望「達到目標數字」，都助長了這一類的犯行。從我與那些操弄帳目的執行長直接接觸的經驗（幸好不多）看來，他們的行事動機通常是出於自負，而不是渴求財務利益。

現今的薪酬委員會遠比以前更依賴顧問。結果是薪酬安排變得更加複雜（哪有委員會成員想向人解釋須為**簡單**的薪酬安排年復一年支付大筆顧問費的原因？），而閱讀委託文件（proxy material）變成極度乏味的苦差事。

公司治理方面有一項**非常**重要的進步已成為強制規定：公司必須定期召開執行長禁止參加的董事「執行會議」（executive session）。在這項改革之前，公司董事極少能真正坦率地討論執行長的技能、併購決策和薪酬。

對董事會成員來說，併購提案仍是特別棘手的問題。併購交易的法律程序已經有所改善和擴充（相關成本也隨之增加）。但是，我至今還沒見過渴望完成收購的執行長請來一個知情且能言善辯的批評者提出反對意見。是的，我自己也犯過這種錯。

整體而言，形勢有利於執行長和樂於助他一臂的員工所渴望執行的併購交易。對企業來說，以下安排會很有意思：公司聘請立場一正一反的兩位「專家級」併購顧問，向董事會分別提出支持和反對併購提案的意見，勝出的顧問將獲得可觀的報酬，例如落敗者象徵性報酬的十倍金額。不過，各位請勿指望這項變革可以實現：無論現行制度對股東來說有何不足，它對執行長和樂於從併購分一杯羹的眾多顧問及其他專業人士非常有利。在考慮來自華爾街的建議時，這句古老的警語永遠適用：別去問理髮師你是否該剪頭髮。

這些年來，董事會的「獨立性」已經成為一個受重視的新議題。但是，與此有關的一個關鍵因素幾乎無一例外地被忽視：隨著董事酬金飆升到一個水準，其無可避免地成為影響許多非富裕董事的行為的潛意識因素。試想一下，一名董事每年參加約六次的董事會會議，每次耗費愜意的幾天時間，就能獲得25萬至30萬美元的酬金。擁有這樣一個董事職位，收入往往就高達美國家庭**年收入**中位數的三到四倍。（我錯過了這樁好康：1960年代初，我擔任波特蘭煤氣公司的董事，**每年**酬金為100美元。

為了賺取這筆豐厚的報酬，我每年必須往返緬因州四次。）

那麼，現在董事這工作有保障嗎？簡直是金飯碗。董事會成員可能會被禮貌地忽視，但很少被解雇。企業有禮貌地解聘董事的標準方法，是訴諸寬鬆的年齡限制——通常是70歲或以上。

非富裕的董事希望——或甚至是渴求——獲邀加入第二個董事會，進而躋身年收入50萬至60萬美元的行列，也就完全不足為奇。要達到目標，這名董事需要別人的幫助。企業執行長尋找董事會成員時，幾乎一定會詢問目標人選所在公司的執行長：那個非富裕董事是個「好」董事嗎？當然，「好」在這裡是個暗語。如果那名董事曾認真質疑所在公司執行長的薪酬或併購夢想，他將會被悄悄取消董事候選資格。為公司尋找董事時，執行長不會想找鬥牛犬。會被帶回家的是乖巧溫和的可卡犬。

雖然完全不合邏輯，但那些非常重視——或甚至是渴求——酬金的董事幾乎一律被歸類為「獨立」董事，而自身財富與公司的福祉息息相關的許多董事卻被視為欠缺獨立性。不久之前，我看了一家美國大公司的委託文件，發現有八位董事從不曾**自掏腰包**買入公司的股票。（當然，他們在豐厚的現金薪酬之外，還曾經獲公司**贈與**股票。）這家公司的表現長期不濟，但其董事卻過得非常好。

當然，自掏腰包成為股東**不會**使當事人因此得到智慧，也不能保證他會有商業頭腦。儘管如此，如果在我們投資的公司，董事曾自己花錢買入公司的股票，而非只是接受公司贈與的股票，我的感覺會好一些。

* * * * *

講到這裡，我想打個岔告訴大家：多年來，我遇到的幾乎所有董事，都是正派、可愛且聰明的人。他們衣著得體，與人為善，也是好公民。我很喜歡和他們相處。當中一些人成了我很好的朋友，如果不是因為一起擔

任公司董事，我不會認識他們。

不過，這些好人當中的許多人，是我絕不會請來處理金錢或商業事務的。那單純就不是他們擅長的領域。

另一方面，他們也絕不會請我幫忙拔牙、裝修房子或改進他們的高爾夫揮桿動作。此外，如果我被安排參加電視節目《與星共舞》（*Dancing with the Stars*），我會立即尋求證人保護計畫的庇護。人人都有做不來的事，而且我們多數人有很多做不來的事。我們必須認清的一點是：如果你是鮑比·費雪（Bobby Fischer；譯注：前西洋棋世界冠軍），你必須**專注**於下棋，以此謀生。

在波克夏，我們將繼續尋找具備商業頭腦、以股東為本，且對我們公司有強烈特殊興趣的董事。他們的行動是以思想和原則為指引，而不是遵循機械式的「程序」。他們代表**諸位**的利益，理所當然將尋找優秀人才來管理公司，而這些經理人的目標則包括取悅顧客、愛護同事，以及成為所在社區和國家的好公民。

這些目標並不新鮮。六十年前，它們就已經是富有才幹的執行長的目標，至今也沒有變。誰會不認同呢？

我們能近距離觀察波克夏旗下公司執行長的表現，他們跟許多其他公司的執行長形成鮮明對比；我們很幸運可以與後者保持安全距離。這些其他公司的執行長有時顯然不稱職，但他們的地位卻通常很穩固。企業管理最大的諷刺是：不稱職的執行長要保住工作，比不稱職的下屬容易得多。

譬如說，公司要聘請一名打字速度必須達每分鐘80個字的祕書，某人僥倖獲聘，但結果證實每分鐘只能打50個字，那麼她會馬上失去工作。這份工作有合理的標準要求，工作表現很容易評估，表現不合格的人

很快就會出局。同樣的道理，如果新來的業務人員不能在規定時間內達到規定的營業額，他們也會被炒魷魚。沒有公司會接受業務人員以任何理由或藉口代替營業額。

但是，表現不好的執行長卻常常能一直留任。原因之一是企業往往缺乏衡量執行長表現的準則。企業即使有這種準則，通常也很含糊；而即使執行長一再表現差勁，也往往不必接受這種準則的檢驗，又或者總會有人提出看似合理的辯解。講到管理階層的績效評估，有太多公司是這麼做的：執行長先把箭射出去，射中哪裡就趕緊在那裡畫上靶心。

將領與小兵還有一個重要但常遭忽略的差別：一般員工上頭都有必須接受績效考核的上司，但執行長上頭則沒有這樣的上司。銷售經理若留一群無能的人在銷售團隊裡，他自己很快就會陷入困境。為了自己的切身利益著想，他應該迅速糾正自己在招聘上的錯誤，否則丟掉飯碗的可能就是他自己。雇用了不適任祕書的行政經理，處境也相同。

但執行長的老闆是董事會，而董事會很少會考核自身績效，也很少會被要求為公司績效不佳負責。董事會若請錯了人，而且一直不糾正錯誤，那又如何呢？即使公司因為這個招聘錯誤而最終遭收購，即將卸任的董事通常還會獲得一筆豐厚的報酬（越是大頭，越能軟著陸）。

最後，人們期望董事會與執行長保持友好關係。在董事會會議上批評執行長的工作表現，往往被視為像是在社交場合打嗝那麼失禮。但行政經理批評打字員表現不佳，則不受這種束縛。

我講這些話並不是要譴責所有執行長和董事會：許多執行長和公司董事能幹、勤勞，有些也真的非常傑出。但查理和我見過不少失敗的例子，因此對於自己能與波克夏固定持有的公司之經理人共事，我們心存感激。這些經理人熱愛他們的事業，以股東的立場思考，顯露出正直、能幹的素質。

在我們的股東年會上，常有人會問：「萬一你被卡車撞到，公司怎麼辦？」我很慶幸他們至今仍這麼問，搞不好不久之後，問題會變成：「萬一你沒被卡車撞到，公司怎麼辦？」

無論如何，這種問題給了我一個議論公司治理的理由，這是這一年來的熱門議題。大致上，我相信企業董事近來已挺直脊梁，而相對於不久之前，股東如今得到的對待也更像是公司真正的擁有人。不過，公司治理的評論者很少會區分上市公司三種截然不同的經理人與股東形態。雖然在每一種形態下，董事的法定職責都一樣，但他們在這三種形態下推動變革的能力卻各有不同。人們通常最關注第一種形態，因為它在美國企業界最常見。不過，因為波克夏屬於第二種形態，而且終有一天會變成第三種，我們接下來就逐一討論這三種形態。

第一種形態是迄今最常見的，也就是公司沒有控股股東的情況。在此情況下，我認為公司董事應該想像有一位不在場的單一股東，董事有責任以所有正當方式促進這位股東的長期利益。不幸的是，所謂的「長期」，賦予董事很大的迴旋餘地。董事如果品格不端正，又或者缺乏獨立思考的能力，他們可以在嚴重損害股東利益之餘，仍宣稱自己是在致力促進股東的長期利益。不過，我們暫且假設董事會運作良好，必須處理平庸或甚至更差勁的管理層。在此情況下，董事會有責任撤換管理層，就像聰明的股東在場時會做的那樣。此外，如果經理人能幹但貪婪，試圖侵占股東過多利益，董事會應出手制止。

在這種基本情況下，一名董事若有看不過眼的事，應嘗試說服其他董事認同他的看法。成功的話，董事會就有推行必要變革的力量。但是，如果這位不滿的董事無法說服其他董事，那麼他就應當將自己的意見向不在場的股東反映。當然，董事很少會這麼做。事實上，許多董事的氣質與這

種批判行為根本不相容。不過，假如事態嚴重，我認為董事向股東投訴管理層，是完全正確的做法。當然，提出投訴的董事難免會招來意見相左的董事強烈反駁，但這也有助於遏阻董事因為瑣碎或不理性的理由而向股東告狀。

就我們所講的這種董事會形態而言，我認為董事人數應相對較少，例如不多於十人，而且應該主要由外部人士擔任。外部董事應建立考核執行長績效的準則，也應定期開會，於執行長不在場的情況下，根據已建立的準則評估執行長的表現。

企業挑選董事時，應以商業頭腦、對公司業務有多大興趣，以及是否傾向以股東利益為本作為準則。但現實中，董事往往不過是因為地位顯赫，或是能提升董事會成員的多樣性而獲選。這是錯誤的做法。更糟的是，選錯董事的後果特別嚴重，因為董事任命很難撤銷：討人喜歡但腦袋空空的董事，永遠不必擔心職位不保。

第二種形態是控股股東同時也是公司的經理人，這也是波克夏目前的情況。有些公司會發行投票權差別很大的兩類普通股，這會鞏固控股股東兼任經理人的安排。在此形態下，董事會顯然並非股東與管理層之間的代理人，而董事只能藉由遊說推動變革。因此，倘若股東／經理人表現平庸或更糟，或是做事過頭，董事除了表示反對之外，別無他法。如果與股東／經理人沒有關係的董事一致提出反對意見，或許能產生一些影響，但更可能的情況是無濟於事。

如果公司無法有所改變，且事態足夠嚴重，則外部董事應辭職。這可以告訴外界他們不信任管理層，並且彰顯一個重要事實：外部人士無法糾正股東／經理人的缺失。

第三種公司治理形態，是控股股東不參與經營管理，例子有好時食品（Hershey Foods）和道瓊公司（Dow Jones）。在此狀態下，外部董事或可發揮較大的作用。他們若是不滿管理層的能力或品格，可以直接找控股股東

（可能也是董事會的一員）反映意見。這種情況對外部董事來說是最理想的，因爲他們只需要向單一股東表達想法，而這位股東照理說會關心自身的利益，因此，只要外部董事的意見有足夠的說服力，控股股東馬上就可以推動變革。儘管如此，對管理層不滿的董事也只有這條路可走。如果他對某些關鍵事務持續不滿，也只能選擇辭職。

原則上，要確保公司擁有一流的經營團隊，第三種形態是最有利的。在第二種形態下，控股股東不會炒自己魷魚。在第一種形態下，董事們面對平庸或做事稍微過頭的管理層，往往束手無策。除非不滿的董事能取得多數董事支持（就人際互動與實務運作而言，這是非常棘手的任務，尤其是如果管理層的行爲只是可惡而非罪大惡極的話），否則不可能有什麼作爲。現實中，困在這種處境中的董事通常會說服自己留下來，理由是這樣至少還能發揮一些正面作用。但無論如何，管理層基本上可以爲所欲爲。

在第三種形態下，控股股東既非在評斷自己，也不必擔心需要爭取多數支持的問題。他還能確保公司挑選的外部董事，是那些有助於提升董事會素質的人。這些董事因此也知道，自己提供的好意見會受有力者重視，而不是遭桀驁不馴的管理層扼殺。控股股東若明智又自信，處理管理層相關問題時，必定會以用人唯才、股東優先爲原則。而且，控股股東可輕易糾正自己所犯的錯誤，這一點至關緊要。

波克夏目前是在第二種形態下運作，只要我繼續勝任，未來也將如此。容我補充一句，我個人健康狀態極佳。無論是好是壞，未來好一段時間，我仍將是波克夏的控股股東暨經理人。總的來說，我們已爲前述的「卡車」做好準備。

———————

數家法人股東及其顧問認定我擔任可口可樂的董事欠缺「獨立性」。

其中一組人想將我趕出董事會，另一組則只想將我逐出審計委員會。

我的第一反應是：或許我應該暗地裡資助第二組人。我不明白為什麼會有人想擔任審計委員。不過，因為每一位董事總得進入某個委員會，而執行長都不希望我進入薪酬委員會去盯他的薪酬，因此我往往被安排進審計委員會。結果反對我擔任審計委員的那組法人失敗了，我再度被選進審計委員會（我好不容易才壓下要求重新點票的衝動）。

部分法人質疑我的「獨立性」，原因之一是波克夏子公司麥克萊恩（McLane）與冰雪皇后（Dairy Queen）向可口可樂大量採購商品。（他們是要我們改向百事可樂購買嗎？）但根據韋氏字典（Webster's），獨立的定義是「不受他人控制」。我實在不懂，為什麼會有人認為我們向可口可樂採購就會使得我的決策受人「控制」；要知道，我的另一項利益，是波克夏價值80億美元的可口可樂股票。只要相信我並非理智全失，任何人用基礎算術算算，都能確定我的心和腦是在可口可樂的股東、而不是管理層那邊。

我忍不住要說，耶穌遠比這些抗議的法人了解獨立性的真義。耶穌說：「因為你的財寶在那裡，你的心也在那裡。」（《馬太福音》6:21）我想，80億美元對機構投資人來說，也完全稱得上是「財寶」；相對之下，波克夏與可口可樂例行交易可能賺到的，只是蠅頭小利。

若按聖經的標準衡量，波克夏董事會堪稱模範：（1）每一位董事的家族至少擁有400萬美元的波克夏股票；（2）這些股票，沒有一股是透過認股權或贈與從波克夏取得的；（3）董事擔任委員會職務、提供顧問服務和履行董事職責，因此得自波克夏的酬勞只是象徵性的，占他們年收入的比例微不足道；（4）雖然我們有安排標準的企業責任險，但沒有為董事購買責任險。在波克夏，董事和股東同坐一條船。

查理和我見過許多印證聖經「財寶論」的行為。基於多年來擔任公司董事的經驗，我們認為，獨立性最低的董事，最可能是那些董事酬金占其

年收入很大比例的人（這些人也希望能獲邀出任更多公司的董事，以便進一步增加收入）。但最常被視爲「獨立」董事的，恰恰是此類人士。

此類董事多數是體面的人，有一流的工作。但人性使然，如果有事情危及他們的生計，他們必定會很想盡力自保。其中有些人確實會屈服於自私的考量。

且舉一個基於間接證據的例子。根據我的第一手資料，最近有公司接獲收購提案（提案者並非波克夏），獲得管理層支持，得到投資銀行的背書，而建議收購價也相當好，是該股多年來未曾觸及的價格（顯著高於現價）。此外，有數名董事支持這項交易，希望能向股東提出收購提案。

但是，另外數名董事扼殺了這項提案，以致股東根本沒有機會得知這個價值數十億美元的收購計畫。這幾名董事，每人每年因擔任董事和委員會職務而獲得約10萬美元的酬金。這些管理階層以外的董事持股很少，僅有的一些股票是公司贈與的。近年來，雖然該股市價遠低於本次的建議收購價（X），但這些董事幾乎沒有在公開市場購入股票。換句話說，儘管多年來他們自己一直放棄以遠低於X的價格購入公司股票的機會，他們卻不願意讓股東有機會以X的價格出售持股。

我不知道是哪幾位董事反對讓股東考慮收購提案。但我確實知道的是，10萬美元是這些號稱「獨立」的董事每年相當重要的部分收入，顯然符合《馬太福音》6:21的「財寶」定義。收購案成事的話，這些酬金就泡湯了。

股東和我永遠都不會知道是什麼促使這些人扼殺收購提案。事實上，他們自己也很可能不知道，因爲私利難免會妨礙人們自我反省。不過我們確實知道一件事：在收購案遭否決的會議上，董事會通過顯著提高董事酬金的提案。

查理和我真正重要的職責只有兩項。其一是吸引並留住優秀的經理人，由他們經營我們的各項事業。[10]這件事不難做到。這些優秀的經理人通常來自我們收購的企業，他們已經歷過各種商業環境的鍛鍊，證明了自己的才能。早在認識我們之前，他們已經是明星經理人，我們的主要貢獻是避免妨礙他們工作。這種做法看來很簡單：如果我的工作是管理一支高爾夫球隊，而傑克・尼克勞斯（Jack Nicklaus）或阿諾・帕瑪（Arnold Palmer）願意為我效力，我是不會去教他們如何揮桿的。

　　我們有一些重要的經理人本身很富有（我們希望他們全都是這樣），但這不妨礙他們繼續熱情地投入工作：他們之所以工作是因為樂在其中，享受表現傑出帶來的興奮感。他們總是站在東家的立場看事情（這是我們對經理人的最高恭維），對所經營的事業每一方面都極感興趣。

　　（在我們看來，那位耗費多年儲蓄前往梵蒂岡朝聖的天主教裁縫，是這種職業熱情的典型。他回到家鄉，教友們特地聚會，聽他對教宗的第一手描述。虔誠的教徒熱切問道：「快告訴我們，他是怎樣的人？」我們的英雄一句廢話也沒說，答道：「他穿44號衣服，中等身材。」）

　　查理和我明白，只要找對球員，幾乎所有球隊經理人都可以表現出色。我們認同奧美廣告天才創辦人大衛・奧格威（David Ogilvy）的理念：「如果我們每個人都雇用比我們弱小的人，我們將變成一家侏儒公司。反之，如果我們每個人都雇用比我們強大的人，我們將成為一家巨人公司。」

　　我們的管理方式還有一個好處：我們可以輕鬆地擴展波克夏的事業版圖。一些管理學專著明確指明每一名主管只能管理多少名下屬，但這種理論對我們沒有什麼意義。如果你手下的經理人正直能幹，對所經營的事業滿懷熱情，那麼你就算再多管十幾位、甚至更多這種經理人，也能應付

裕如，有時間睡午覺。相反地，如果你手下的經理人狡詐、無能或無心工作，只要一個就夠你操心了。倘若我們找到的經理人都具備波克夏既有經理人的稀有特質，那麼即使我們的經理人數目倍增，查理和我也完全能夠妥善管理。

我們打算繼續只跟我們喜歡且欽佩的人合作。此原則不僅是我們爭取佳績的最佳保障，還能確保我們享有美好時光。相反地，跟那些令你反胃的人合作，有如為錢結婚—— 在任何情況下都很有可能是一件蠢事；如果你本來就已經很有錢，那更是愚不可及。

————————

在波克夏，我們覺得，若我們去教傑出的執行長（例如執掌蓋可的東尼〔Tony Nicely〕）如何經營他們的事業，那就真是蠢到家了。事實上，如果我們一直在背後指指點點，絕大多數的波克夏經理人很可能早就不幹了（大致上他們不必為**任何人**工作，因為約75％的人本身很富有）。此外，他們是商界的馬克・麥奎爾（Mark McGwire；譯注：美國職棒著名打擊手），不需要我們去告訴他們怎麼拿球棒或何時揮棒。

儘管如此，在波克夏掌控股權下，即使是最好的經理人也能有更好的發揮。首先，我們廢除執行長一職常有的繁文縟節和無益的活動。我們的經理人能完全掌控自己的行事曆。第二，我們交給每一位執行長一項簡單任務：根據下述三項假設經營事業：（1）自己是公司唯一的股東；（2）公司是自己和家人目前與未來唯一擁有的資產；以及（3）至少未來一百年都不能出售公司，或與其他公司合併。很自然地，我們也告訴他們，不要讓會計方面的考量影響決策，哪怕只是輕微的影響也要避免。我們希望波克夏的經理人考慮真正重要的事，而不是去想這些事將如何反映在財務報表上。

上市公司的執行長很少能像我們的經理人那樣經營事業，這主要是因為他們的股東非常重視短期績效和標準財報所呈現的盈利。波克夏的股東則截然不同：他們的投資期限之長，在上市公司中無出其右，而且未來數十年肯定也將是如此。事實上，波克夏多數股票是落在準備到死仍持有的投資人手上。因此，我們可以要求我們的經理人以盡可能提升長期價值為經營目標，而不是為下一季的盈餘費心。當然，我們並不忽略公司眼下的業績（多數情況下，這也是很重要的），但我們從不希望旗下事業為爭取短期績效而犧牲長期競爭力。

　　我認為蓋可的成就彰顯了波克夏管理模式的效益。查理和我從不曾指示東尼如何做事，未來也不會這麼做。但我們為他提供了一個好環境，讓他充分發揮所長，專注於真正重要的事。他不必將時間或精力耗費在董事會議、媒體訪問、投資銀行業者的簡報或是與券商分析師的溝通上。此外，他也永遠不必為融資、信用評等或市場對公司的盈利預期而煩惱。而且，因為我們獨特的股權結構，他知道這種營運模式未來數十年也不會改變。在如此的自由環境下，東尼和蓋可能夠發揮他們幾近無限的潛力，創造輝煌的業績。

————————

　　每一天，波克夏旗下事業的競爭地位都會以無數種方式變得強一些或弱一些。如果我們滿足顧客，撙節不必要的支出，改善產品和服務，公司將變得更強。相反地，如果我們冷待顧客或放任成本膨脹，我們的事業就會衰敗。每天來看的話，我們的行動產生的作用細微到難以察覺，但長久累積下來，效應是極大的。

　　我們的長期競爭地位因為這些細微的行動而增強時，我們稱這種現象為「拓寬護城河」（widening the moat）。如果我們希望十年或二十年後

擁有強健的事業，我們就必須這麼做。當然，我們總是希望短期內賺更多錢，但如果短期與長期目標有衝突，則必須以拓寬護城河為優先。

倘若管理層為達成短期盈利目標而做了一些錯誤決策，導致公司在成本、顧客滿意度或品牌實力等方面陷入非常不利的處境，隨後再如何精明能幹，也彌補不了已造成的傷害。不信的話，看看汽車和航空業當前的經營困境：現任經理人接下前任留下的燙手山芋，處境極為艱困。查理喜歡引用富蘭克林（Ben Franklin）的名言：「一盎司的預防勝於一磅的治療。」但有時傷害一旦造成，再怎麼治療都於事無補。

五、員工和產業變遷 [11]

Employees and Business Change

7月時我們決定結束紡織業務，年底時這件不愉快的工作已大致完成。這項業務的歷史深富啟發性。

1965年，巴菲特合夥事業有限公司（我是這家投資合夥公司的一般合夥人〔general partner；譯注：有限合夥公司中責任無限的合夥人〕）買下了波克夏哈薩威的控股權。當時波克夏哈薩威帳面資產淨值為2,200萬美元，全在紡織業務上。不過，該公司的內在商業價值顯著低於此數，因為紡織業務無法產生與帳面資產值相稱的收益。事實上，在此前九年中（也就是波克夏與哈薩威兩家公司合併經營期間），公司總營收5.3億美元，總虧損1,000萬美元。公司財報不時呈現盈利，但整體而言，總是進一步退兩步。

我們收購波克夏哈薩威時，南方的紡織廠基本上沒有工會，一般認為在競爭上明顯占優勢。絕大多數北方紡織業者已結束營業，許多人認為我們也將把公司清算掉。

然而我們認為，公司若由資深員工蔡斯（Ken Chace）掌舵，業績將大幅改善。我們隨即任命蔡斯為公司總裁。就這項任命而言，我們完全正確：蔡斯和不久前接任總裁的墨利森（Garry Morrison）都是傑出的經理人，一點也不輸給我們較賺錢事業的經理人。

1967年初，我們以紡織業務產生的現金進軍保險業，購入國民保險公司（National Indemnity Co.）。這筆資金部分來自紡織業務的盈餘，部分來自減少對紡織庫存、應收帳款和固定資產的投資。此次撤退證明是明智的：紡織業務在蔡斯管理下雖然大有起色，但從不曾賺大錢，即使在景氣高峰期也不例外。

隨後波克夏持續多角化投資，紡織業務績效不佳對公司整體業績的拖累逐漸減輕，因為該業務在公司事業中的比重越來越小。我們保留紡織業務的原因，在1978年的年報中已說明過（也曾在其他地方概括說明）：「（1）我們的紡織事業是所在社區非常重要的雇主；（2）管理層坦誠報告困難，並努力解決問題；（3）勞工通情達理，配合我們一起處理問題；（4）這項業務應該能夠產生適度的現金報酬。」我還表示：「只要這些條件不變（我們預期不會變），即使有更誘人的投資機會，我們也將繼續支持我們的紡織事業。」

然而，事實證明我在第四點上錯得離譜。雖然1979年紡織業務略有盈利，但隨後虧損連連，消耗了大量資金。到了1985年中，連我也已經看得清清楚楚，這項業務幾乎肯定會一直虧損下去。如果有買家願意接手經營，就算價格低一點，我也傾向賣給他，而不是將公司清算掉。但我終於看清的經濟現實，其他人也看得很清楚，因此根本沒人願意接手。

我不會只是為了稍稍提高公司的資本報酬率，就把盈利不理想的事業

結束掉。但是，我也認為，即使是非常賺錢的公司，也不宜支持一盤看來將永遠虧損的生意。亞當・斯密會反對我的第一個觀點，馬克思會反對第二個，但中庸之道是唯一能讓我安心的做法。

我必須再次強調，蔡斯和墨利森都極具才幹和創意，非常積極地嘗試振興我們的紡織事業。為了追求持久獲利，他們重新規畫產品線、調整設備配置和銷售通路。我們還大手筆收購了同業 Waumbec Mills，希望產生顯著的綜效（企業界想不到如何解釋一項收購行動的意義時，最喜歡講綜效）。但結果這一切都行不通，都怪我沒有及早抽身。《商業週刊》（*Business Week*）近期一篇文章指出，1980年以來共有250家紡織廠結束營業。這些公司的老闆並非擁有我不知道的某些訊息，他們不過是分析得比較客觀而已。我忽略了孔德（Auguste Comte）的忠告：「智者應是心靈的僕人而非奴隸」，才會選擇相信自己想要相信的。

美國國內紡織業面對產品廉價化、同質化的局面，在一個產能顯著過剩的全球市場中掙扎求存。我們面臨的大部分問題，可直接或間接歸因於外國業者的競爭，他們的工人領的薪資遠低於美國同業。但我們關廠絕對不是我們的勞工的錯。事實上，相對於美國工人的一般薪資水準，我們的紡織工人薪資低廉，而整個紡織業都是如此。談判工作合約時，工會的領袖和會員十分理解我們的成本劣勢，並未要求不切實際的薪資升幅或不利於生產力的工作條件。相反地，他們跟我們一樣努力維持競爭力。即使在公司清算期間，他們也極力配合（諷刺的是，如果多年前工會表現蠻橫，我們的境況會好一些；因為如此一來我們就會明白情況已無可救藥，因此會早一點關廠，不必再蒙受進一步的顯著虧損）。

多年來，我們一直都能選擇在紡織業務方面投下大筆資本支出，而這在某種程度上可降低變動成本。每一個投資方案看似都能即時產生龐大效益。事實上，若以標準的投資報酬率來衡量，這些投資方案的經濟效益，通常高於我們在盈利豐厚的糖果業和報紙業進行類似的投資。

但這些紡織業投資的效益是虛幻的。我們在國內外的許多競爭對手都正進行類似的投資，一旦這麼做的公司夠多，他們已縮減的成本就成為整個紡織業降價的基準。個別而言，每家公司的資本支出看來都符合成本效益，是理性的決定；但整體而言，這些投資的效果相互抵銷，是不理智的（這種情況就像看遊行時，每個人都踮起腳尖，以為這樣就能看得更清楚）。每一輪投資過後，所有業者都投入了更多資金在紡織業上，但報酬率依舊不振。

因此，我們面對一個悲慘的抉擇：巨額資本支出可以使我們的紡織事業免於沒頂，但它將占用越來越多資本，報酬率低得可憐。而且，即使完成這些投資，外國紡織業者仍占有巨大的勞動成本優勢。但是，不投資的話，我們的競爭力將日益衰弱，即使面對國內同業也會相形見絀。我總覺得，自己的處境就像伍迪・艾倫（Woody Allen）在他某部電影裡所講的：「人類徘徊在有史以來最重要的十字路口：一條路通往絕望和徹底絕望，另一條路通往徹底毀滅。讓我們祈禱大家有正確選擇的智慧。」

想了解在一個產品廉價化、同質化的產業，這種投資或不投資的兩難如何影響業者，可以參考一個富啟發性的例子：柏林頓工業（Burlington Industries），在二十一年前和現在都是美國最大的紡織公司。1964年，柏林頓營收為12億美元，我們公司則是5,000萬美元。該公司在配銷和生產上實力堅強，我們永難望其項背，而且盈利紀錄也遠比我們優秀。1964年底，該股股價為60美元，我們公司則是13美元。

柏林頓決定固守紡織本業。到了1985年，該公司營收約為28億美元。在1964至85年間，柏林頓總資本支出約為30億美元，遠高於任何一家美國紡織公司，相當於每股投入逾200美元，而該股市價也不過是60美元左右。我確信這些資本支出很大一部分是用於降低成本和擴張業務。因為柏林頓決心留在紡織業，我想這樣的資本支出應該算是相當理性吧。

儘管如此，柏林頓的實質銷售金額萎縮了，而且銷售報酬率和股東權

益報酬率均遠低於二十年前。該公司於 1965 年執行股票分割，一股變成兩股，如今股價約為 34 美元，換算之下僅略高於 1964 年的 60 美元。在此期間，美國消費者物價指數已成長兩倍多。因此，以購買力來衡量，該股股價其實只有 1964 年底的三分之一左右。期間該公司定期配發股息，但這些股息以購買力衡量也已大幅縮水。

對股東來說，這當然是很糟糕的結果。由此可見，前提錯誤的話，再勞心勞力也可能無補於事。這種情況使人想起詹森博士（Samuel Johnson）的名言：「一匹能從一數到十的馬是匹了不起的馬，但不是了不起的數學家。」同樣的道理，一家在紡織業明智投資的紡織公司是一家了不起的紡織公司，但不是一家了不起的企業。

我從自身經驗和對其他企業的觀察中得出一個結論：經理人的經營績效（以投資報酬率衡量）是否傑出，產業因素遠比管理表現重要；換句話說，你上了哪一條船，遠比你划船划得多有效率還重要（當然，無論身處的產業環境是好是壞，才智與努力總能發揮顯著作用）。如果你發現自己上了一艘不停漏水的船，想辦法換船通常比費力補破洞有益得多。

───────

我們的事業，並不是全都注定能提升獲利。一個產業的經濟基礎崩潰時，有才幹的經營團隊或許能緩和衰退速度，但不斷遭侵蝕的基本面終將壓倒傑出的經理人。（如同我一位睿智的朋友多年前告訴我：「如果你想贏得傑出企業家的美譽，一定要選一個大有可為的產業。」）目前報業的基本面絕對是每況愈下，此趨勢已導致我們的《水牛城新聞報》（Buffalo News）盈利下滑，而且跌勢幾乎肯定會持續下去。

查理和我年輕時，報業真是美國最能輕鬆賺大錢的生意之一。一名不是那麼傑出的出版商曾講過一句名言：「我的財富是拜美國兩個偉大的體

制所賜：壟斷和任人唯親。」一家報社只要能壟斷一個城市的市場，無論報紙辦得多爛、管理層多無能，都必定能賺取暴利。

報業的驚人利潤不難解釋。在20世紀大部分時間裡，報紙是美國民眾的首要資訊來源。無論是運動、財經或政治，報紙都是最重要的訊息來源。同樣重要的是，報紙廣告是民眾找工作或了解區內超市商品價格最便利的管道。

絕大多數家庭因此覺得報紙是每天的必需品，但很自然地不想付錢買兩份報紙。廣告主喜歡在發行量最大的報紙登廣告，讀者則通常喜歡廣告和新聞版面最多的報紙。這兩個因素互為因果，產生了報業的一個叢林法則：最大者生存。

因此，一個大城市裡同時有兩份或更多的報紙發行時（一個世紀前，幾乎所有大城市都是這樣），占得領先優勢的一份通常會成為遠遠壓過對手的贏家。競爭壓力消失後，勝出的報紙在廣告和發行方面的定價能力即大幅增強。該報一般會每年調高廣告收費和報紙售價，盈利因此源源不絕。對報社主人來說，這就是經濟天堂（有趣的是，報紙以往定期報導汽車和鋼鐵等產業多麼賺錢，而且顯露不以為然的態度，但對自身點石成金的狀態，卻從不啟發一下讀者。嗯……）。

不過，早在1991年的致股東信中，我已斷言，報業景氣獨好的情況已開始改變。當時我寫道：「事實將證明，媒體業的景氣將顯著失色，遠不如幾年前我、業界與債權人所想的那麼亮麗。」對此評論和我隨後發出的警告，部分報紙出版商忿忿不平。而且，報業資產仍炙手可熱，許多人願意高價接手，彷彿報紙真是永不損壞的搖錢樹那樣。事實上，許多睿智的報社主管每天記錄和分析國際政經大事，但對自身產業的發展卻視若無睹或漠不關心。

但現在，幾乎所有的報社主人都明白，他們在消費者爭奪戰中正節節敗退。簡而言之，如果有線電視、衛星廣播和網際網路早在報紙之前面

世，我們今天所看到的報紙很可能根本就不會出現。在波克夏，史坦‧利普西（Stan Lipsey）將《水牛城新聞報》經營得有聲有色，而該報主編瑪格莉特‧蘇麗文（Margaret Sullivan）也讓我深感光榮。在美國的大報中，《水牛城新聞報》的市場滲透率是最高的。我們的財務表現也優於多數都市報，儘管水牛城的人口和經濟趨勢並不理想。

儘管如此，這項事業面對無情的壓力，利潤率將因此下滑。沒錯，我們在水牛城的網路新聞業居領先地位，這部分將繼續吸引更多讀者和廣告生意。但是，新聞網站的經濟潛力實在有限，因為網路上免費的資訊和娛樂來源層出不窮，滑鼠點一下就能享用。因此，新聞網站的價值，頂多只是以往壟斷某個市場的實體報紙的一個零頭。

對一名在地居民來說，擁有本市的報社一如擁有當地職業球隊，仍可馬上揚名立萬，隨之而來的通常是權力和影響力。許多有錢人對此趨之若鶩。此外，富公民意識的有錢人可能覺得，本地人擁有報社，對貢獻社區大有作用。這也是四十多年前彼得‧基維（Peter Kiewit）在奧馬哈購入當地報社的原因。

因此，未來估計仍會有人因為非經濟理由購買報社，情況類似有錢人購買球隊。不過，有抱負的報業大亨可要注意了：別以為報紙的營收不可能低於開銷，別以為虧損不可能越滾越大──報業不存在這種法則。經營一份報紙，固定成本很高；銷量下滑時，這可是令人頭痛的問題。而且，隨著報紙的重要性衰減，擁有報社的「心理」價值也會萎縮。相對的，擁有球隊則估計不會有類似問題。

除非是陷入無可挽回的虧損黑洞，我們將一直經營《水牛城新聞報》，這一點我們先前已經講過了。查理和我熱愛報紙（我們每人每天看五份），而且相信自由、富活力的新聞媒體，是維持偉大民主體制的關鍵要素之一。我們希望，實體加網路的某形式結合，可讓報紙免於走上財務末路。我們將致力為《水牛城新聞報》發展出可持續的業務模式。我相信我們

會成功。不過，我們的報紙盈利豐厚的日子已經結束了。

六、社會和社會契約 [12]

Society and Social Compacts

我們有兩家很大的公司：柏靈頓北方聖塔菲鐵路公司（BNSF）和中美能源（MidAmerican Energy，後更名為波克夏哈薩威能源），它們具有一些重要的共同特徵，使它們與我們的許多其他事業顯著有別。這兩家公司的一個關鍵特徵，是它們在壽命極長的受管制資產上有巨額投資，其融資仰賴波克夏並未擔保的巨額長期債務。它們不需要我們的信用支持：兩家公司都有營利能力，即使在非常不利的業務環境下，也能輕鬆支付其債務利息。

兩家公司均受嚴格管制，而且將一直必須在廠房和設備上做出重大投資。它們也都必須提供高效率和滿足顧客的服務，才能贏得所在社區和監理機關的尊敬。而作為回報，它們必須確信自己能從未來的資本投資上賺取合理的報酬。

鐵路對美國的未來非常重要。以噸英里（ton-mile）計，鐵路負擔了42％的美國城市間貨運量，而BNSF是全美最大的鐵路公司，占全美鐵路業貨運量約28％。稍微算一下，我們便知道BNSF負擔了**整個**美國超過11％的城市間貨運量。因為美國人口有往西部遷移的趨勢，BNSF所占的貨運量比重大有可能逐漸增加。

這一切意味著BNSF肩負巨大的責任。我們是美國經濟的循環系統不可或缺的一部分，必須持續維護和改善我們2.3萬英里的鐵軌，以及相關的橋梁、隧道、火車頭和車廂。為此我們必須預料社會的需求，而非只是被動因應。為了履行我們對社會的責任，我們將經常耗費遠高於公司折舊金額的資本支出。我確信我們新增的巨額投資將能賺得合理的報酬。明智的監理和明智的投資是一枚銅板的兩面。

在中美能源，我們也參與了類似的「社會契約」。外界期望我們投入越來越多資金，以便滿足顧客未來的需求。如果我們能保持高效運作、提供可靠的服務，我們確信這些投資將能帶給公司合理的報酬。

中美能源在美國為240萬名顧客提供電力，是愛荷華、懷俄明和猶他州最大的供電業者，在其他州也是重要的供電業者。我們的管線輸送的天然氣占全美的8%。顯然，數以百萬計的美國人每天都仰賴我們的服務。

無論是站在股東還是顧客的立場，中美能源均表現傑出（波克夏持有該公司89.8%的股權）。中美能源於2002年收購了北方天然氣（Northern Natural Gas）的管線系統，隨後不久，該管線系統的表現在業界權威的評比中倒數第一，是43個管線系統中表現最差的。但在最近一次評比中，該系統的表現高居第二，僅次於我們另一個管線系統肯恩河（Kern River）。

供電業務方面，中美能源的表現同樣出色。我們在1999年收購了愛荷華供電業務後，至今不曾調漲電費。同期該州另一家主要電力公司調漲電費超過70%，如今收費遠高於我們。在某些都會區，兩家公司並肩運作，而我們的顧客電費遠比鄰居便宜。有人告訴我，在這些城市裡，類似的房子若是由不同公司供電，房價顯著有別：由中美能源供電的房子，房價較高。

到2011年底時，中美能源投入運作的風力發電能力將達到2,909 MW（百萬瓦特），在全美受管制的電力公司中高居第一。中美能源在風力發

電上的投資高達驚人的54億美元（已投入和已決定投入的金額）。我們能承擔如此巨額的投資，是因為中美能源保留了所有盈餘，不像多數公用事業公司那樣通常將多數盈餘派發給股東。

———————

中美能源一貫地履行它對社會的承諾，而社會也可敬地予以回報。除了極少數例外，我們的監理機關總是迅速容許我們從我們必須承擔的越來越大規模的投資中賺取合理的報酬。展望未來，我們將盡一切可能滿足所在地區的服務期望。我們相信，在這種情況下，監理機關將容許我們從我們的投資中賺取應得的報酬。

我們認為社會大眾和我們的鐵路公司之間有一種「社會契約」（一如我們的公用事業公司）。如果雙方均逃避責任，兩敗俱傷將是無可避免的後果。因此，締約雙方應該明白，以鼓勵互惠的方式行事，對彼此都是好事，而我們相信雙方都會明白這一點。如果美國沒有一流的電力和鐵路系統，這個國家是不可能充分發揮其經濟潛力的。我們將為維持一流的電力和鐵路系統盡自己的責任。

七、股東為本的企業慈善模式 [13]

An Owner-Based Approach to Corporate Charity

最近一項調查發現，約50％的美國大公司會比照董事的慈善捐贈，做出同等金額或甚至更多的捐贈（有時金額是董事捐款的三倍）。結果是公司董事（股東的代表）將錢捐給自己喜歡的慈善組織，從未徵詢股東的意見（我想，如果這種程序反過來，由股東選定捐贈對象，然後拿董事的錢去捐，不知這些董事會作何感想）。甲拿了乙的錢送給丙，而甲是立法者，這件事大家稱為徵稅。但如果甲是一家公司的經理人或董事，就叫作慈善行為。我們仍然認為，除了那些對公司有明顯直接效益的捐獻外，公司的捐獻應反映股東而非經理人或董事的公益偏好。

───────

1981年9月30日，波克夏接獲美國財政部一項租稅裁決。拜此裁決所賜，各位股東青睞的公益事業未來絕大多數年度應將獲得可觀的捐助。

未來每一位股東均可指定波克夏慈善捐款的受益團體，每位股東可指定的金額依持股數量按比例計算。各位指明捐給哪一家慈善組織，波克夏負責開支票。財政部的裁決確認，我們的股東指明公司慈善捐款流向哪些團體，對股東個人的所得稅沒有影響。

在股權集中的公司，指定公司的捐贈對象是股東例行行使的權利之一。但在股權分散的公司，這項權利卻幾乎完全遭經理人壟斷。如今我們的股東也可以行使這項權利了。

在股權分散的公司，經理人通常會安排所有慈善捐獻，股東完全沒有

置喙的餘地。捐獻分為以下兩大類：

（1）被視為對公司有直接效益的捐獻，效益約與捐獻成本相當；
（2）被視為對公司有間接效益的捐獻，效益是透過各種難以測量、相隔良久的反饋體現出來。

在波克夏，第一類捐贈過去全部由我和公司其他經理人負責安排，未來也將如此。但是，此類捐贈的總金額向來相當低，估計未來亦將如此，因為沒有多少捐贈可以證明能對波克夏產生與捐贈成本大致相當的直接效益。

波克夏的第二類捐贈幾乎一直是零，因為我覺得企業界的慣常做法並不恰當，但又想不出更好的辦法。我覺得企業界的慣常做法不妥，是因為經理人決定捐給誰，主要是看哪些團體開口要求，以及其他企業如何回應這些呼籲，而不是客觀地評估受益團體的活動。這種做法往往重因循而輕理性。

常見的結果，就是經理人拿股東的錢捐給自己青睞的公益團體，而經理人通常極受特定的社會壓力所影響。此外，通常還有一種不協調的情況：許多企業經理人對政府分配納稅人稅金的方式強烈不滿，但對自己使用股東資金的方式卻洋洋自得。

看來波克夏需要另一種捐贈模式。我不希望你拿我的錢按你的想法做公益，同樣的道理，我覺得我也不應該拿各位的錢（以公司的名義）按我的想法做公益。講到如何做公益，各位的想法完全應受尊重，我的意見不會比各位的更重要。而對各位和我來說，若想以符合節稅原則的方式做公益，基本上應透過公司捐出善款，而非由我們個人去捐。

在此情況下，我認為波克夏應仿效股權集中的公司，而不是股權分散的大型上市公司。如果你和我各持有一家公司50%的股權，我們的慈善捐贈決策會很簡單。與業務運作直接相關的公益團體會首先獲得捐贈，剩下

的捐贈預算，則大致按持股比例，各分一半給我們各自支持的慈善組織。如果公司經理人有建議，我們會仔細聆聽，但最後由我們決定。雖然我們的組織形式是一家公司，但就公益事務而言，我們的做法像是一家合夥事業。

儘管波克夏是一家股權分散的大型上市公司，我仍希望盡可能維持這種合夥事業模式。財政部的裁決使我們得以在公益捐贈上採行這種模式。

波克夏的慈善捐獻能由股東主導流向，對此我深感欣慰。很多大公司有所謂的員工捐贈配對政策，也就是公司會根據員工的慈善捐贈做同等的捐贈（而且，請注意：許多公司還有董事捐贈配對政策；這兩種做法均日益普及），但據我所知，沒有一家公司有股東捐贈配對政策。這個情況很諷刺，但卻是可以理解的，因為許多大公司的股票是由許多機構投資人輪流持有，他們的投資期限很短，缺乏長期股東的視野。

我們的股東則完全不同。每年年底，波克夏逾98％的股票，是由那些年初時已經是股東的人持有。這種對公司不離不棄的態度，反映各位的事業主心態。作為各位的經理人，我希望盡可能以各種方式呼應這種精神。股東指定捐款流向的政策，正是例子之一。

————————

我們讓股東指定公司慈善捐贈對象的新政策，獲得廣大股東異常熱烈的回應。符合資格參與計畫的股份（也就是以股東本人名義登記在股東名冊上的股份）共932,206股，參與率高達95.6％。即使剔除巴菲特相關股份，參與率仍超過90％。

此外，超過3％的股東主動寫信或寫便條給我們，除一人外全部支持該計畫。股東參與率和發表意見的熱烈程度，是我們前所未見的；以往即使公司派員工或收費高昂的專業代理機構積極遊說，股東也不曾對任何事

務如此熱烈回應。這次我們連回郵信封都沒有提供，各位仍如此熱情參與。這種自發的行為彰顯了新政策之成功，也彰顯了我們股東的可貴特質。

對於自己的資金該捐贈給誰，我們的股東顯然樂於擁有並行使決定權。沒有一位股東回函請波克夏的經理人（當然是要動用經理人高人一等的智慧）代他決定捐贈對象，對此信奉「權威式」（father-knows-best）公司治理的人士應會感到驚訝。此外，也完全沒有股東表示，願以自己的那份捐款配對公司董事的慈善捐贈，捐給公司董事青睞的公益團體（這是許多大企業低調的普遍做法，而且正日益流行）。

總計 1,783,655 美元的善款捐給了 675 家股東指定的公益團體。在此之外，波克夏及其子公司繼續按照營運經理的決定，做一些地方層級的慈善捐贈。

未來會有一些年度（十年中可能有兩三年），波克夏的慈善捐贈將未能產生理想的節稅效果，或完全無助節稅。在這些年度，我們將暫停股東指定捐贈計畫。在所有其他年度，我們會在 10 月 10 日左右通知各位每股可指定捐贈的金額。通知書將附上回函，各位約有三個星期的時間決定捐贈對象。

股東指定捐贈對象的做法，以及許多其他成功的構想，是波克夏副主席查理‧蒙格想出來的。不管頭銜如何，查理和我以夥伴的方式共同管理波克夏所有子公司。我們極度享受管理合夥人的工作，簡直是太愛這份工作了。我們也很榮幸有各位當我們的財務合夥人。

––––––

在我們的股東指定捐贈計畫之外，我們旗下事業的經理人也會做一些包括商品在內的捐贈，每年金額介於 150 萬至 250 萬美元之間。這些捐贈

的受益者爲地方公益組織，如聯合勸募（The United Way），對我們的事業產生的效益約與捐贈額相當。

不過，我們的營運經理人和母公司管理人員，除了以波克夏股東身分參與公司的指定捐贈計畫外，不會拿波克夏的資金捐贈全國性公益團體或他們個人青睞的慈善活動。如果各位的員工，包括執行長，希望捐錢給母校或其他跟個人有關係的機構，我們認爲他們應該自掏腰包，而不是拿各位的錢。

容我補充一句，我們的指定捐贈方案不難執行。去年秋天，我們從國民保險公司借調了一名員工，用兩個月的時間幫我們執行7,500名股東的捐款指示。我估計，一般公司的員工捐贈配對方案，行政成本遠高於我們。事實上，波克夏母公司一年的行政費用總額，還不到我們慈善捐款金額的一半（不過，查理堅持要我向各位報告，我們490萬美元的行政費用，有140萬是花在公司的飛機「無可辯解號」〔The Indefensible〕上）。[14]

以下爲各位股東指定的主要捐贈對象類別：

（1）569筆善款捐給347家基督與猶太教會
（2）670筆善款捐給238家大專院校
（3）525筆善款捐給244家中小學（約三分之二爲非教會學校，三分之一爲教會學校）
（4）447筆善款捐給288家藝術、文化或人文機構
（5）411筆善款捐給180家教會主辦的社會服務機構（基督教與猶太教約各占一半）
（6）759筆善款捐給445家非教會社會服務機構（約40％和青年有關）
（7）261筆善款捐給153家醫院

（8）320筆善款捐給186家醫療相關組織（例如美國心臟學會和美國癌症學會）

我覺得此清單有三個特別有趣的地方。首先，它在某種程度上反映了人們自由捐贈的意願。我們能從中看到，人們在不受募捐者施壓或公益團體感性訴求所影響時，會想捐錢給哪些組織。第二，上市公司幾乎從不捐款給基督或猶太教會，但這些機構顯然是許多股東想支持的對象。第三，波克夏股東的捐贈對象反映出股東間的理念歧異：130筆善款捐給了支持維護墮胎權的團體，有30筆則捐給了反對墮胎的組織（不包括教會）。

去年我向各位報告：我在考慮是否提高波克夏股東在指定捐贈方案上的捐款金額，並就此徵詢大家的意見。我們收到幾封寫得很好的來信，反對整個捐贈方案，理由是管理層的工作是經營事業，而不是強迫股東做慈善捐獻。不過，回應我們的股東絕大多數注意到指定捐贈方案的節稅功能，並敦促我們提高捐款額。有幾位已將持股傳給子孫的股東告訴我，他們認為我們的捐贈計畫特別有意義，因為可以讓年輕人及早思考回饋社會的議題。換句話說，這些股東認為該計畫不但是行善的工具，還具有教育功能。最後我們還是在1993年調高了指定捐款額，從每股8美元調高至10美元。

———————

2003年，我們在不情願的情況下終止了股東指定捐贈計畫，原因是墮胎議題引發爭議。多年來，我們的股東指定捐款給許多與此議題有關的公益組織，支持和反對墮胎的組織皆有。結果我們經常收到一些反對捐款給維護墮胎權組織的意見，其中一些人士和團體後來開始抵制波克夏子公司的產品。

2003年，波克夏的廚具直銷事業 The Pampered Chef 有許多獨立會員開

始感受到上述人士的抵制。這意味著信任我們、但既非我們員工、又無法參與波克夏決策的一些人，陷入收入銳減的窘境。

對我們的股東來說，相對於他們自己捐錢，以波克夏的名義捐款有小幅節稅的好處。此外，指定捐贈方案符合我們的「合夥」經營原則。但跟那些辛辛苦苦建立起自身事業的忠心會員的損失相比，這些好處微不足道。事實上，查理和我覺得，為了讓我們和其他股東能稍微少繳一點稅，就導致正派勤勞的人受到傷害，可真不是什麼善行。

波克夏如今不會在母公司的層面做任何捐獻。我們各家子公司會沿用波克夏收購前業已運行的慈善政策，唯一的不同是：子公司前股東利用公司資金所做的個人捐贈，如今由他們自掏腰包。[15]

八、有理有節的高層薪酬政策 [16]

A Principled Approach to Executive Pay

資本報酬率平平無奇時，公司靠增加資本投入來提高盈餘，並不是值得誇耀的管理成就。各位坐在自己的搖椅上，也能輕鬆做到同樣的事。例如，將銀行戶頭裡的錢增加三倍，你能賺取的利息也會增加三倍。你不會期望別人因此熱烈讚頌你的成就。可是，企業執行長宣布退休時，公關聲明往往會讚揚執行長任內表現傑出，例如將公司盈餘提升了三倍──然後也不會有人分析一下：這些盈餘成長是否不過是多年來保留盈餘加上複利的結果？

如果在這位執行長任內，公司持續取得高人一等的資本報酬率，又或者期間公司占用的資本僅增加一倍，那麼這位執行長或許真的值得稱讚。但如果資本報酬率萎靡不振、公司占用的資本與盈餘同步增加，則大家不應鼓掌。存款帳戶的利息若留在戶頭裡生息，每年利息也能逐年增加（若利率固定不變，利息年成長率與利率相同）：利率只需要8％，十八年後年息即可增加三倍。

企業卻往往忽略此一簡單的數學規律，因此損害了股東的利益。在許多公司的薪酬方案下，經理人完全或主要靠著保留盈餘來提升盈利，即可獲得極為優渥的獎勵。例如，企業向經理人發放認股價固定的十年期股票選擇權是很常見的事，而且這些企業的股息發放率通常還非常低（也就是股息僅為盈利的一小部分）。

舉一個例子就能說明這種做法的不公平之處。假設你有一個存了10萬元的存款帳戶，利率8％，由一位受託人「管理」，他有權決定每年的「配息率」，也就是發給你的現金占年度利息收入的百分比。未發給你的利息即為「保留盈餘」，會留在戶頭裡生息。假設這位受託人以他過人的智慧，將配息率設定為25％。

根據這些假設，十年後你的帳戶裡會有179,084元。此外，在受託人的英明管理下，你每年的利息收入會從8,000元增至13,515元，增幅約為70％。而你的「股息」也同步成長，從第一年的2,000元增至第十年的3,378元。每一年，在經理人的公關公司製作的年度報告裡，你會看到所有績效指標全都節節攀高。

為了好玩起見，讓我們更進一步，假設這位受託人獲得一個十年期的固定價格選擇權，可按第一年的公允價值認購你的「企業」（亦即你的存款帳戶）的一部分。利用這樣一個選擇權，你的經理人將從你身上大撈一筆，而他要做的，不過是將你的大部分利息收入留在存款帳戶裡生息。如果他懂權謀又懂一點數學，一旦建立了穩固的地位，他就會降低配息率。

別以為這個例子很離譜，企業界許多犒賞經理人的認股權，運作原理其實完全一樣：這些選擇權價值膨脹，不過是因為管理層保留盈餘不發放給股東，而不是因為他們管理資本的表現非常出色。

在選擇權問題上，企業經理人其實抱持雙重標準。撇開認股權證（warrants，企業發行認股權證可即時獲得可觀報酬）不說，我相信找遍整個企業界，都不會有人願意以全部或部分事業為標的，發行十年期的固定價格選擇權給外界。事實上，十個月就已經是極限了。經理人尤其不可能以資本持續增加的公司為標的，對外發行長期選擇權。外人若想取得這種選擇權，必定得為選擇權有效期間所增加的資本支付十足的代價。

不過，經理人雖然不願意讓別人占公司便宜，他們卻不介意自己占公司便宜（自己跟自己談判，很少會吵架的）。經理人經常安排公司向他們和其他員工發放十年期固定價格認股權。這種選擇權首先完全漠視保留盈餘會自動增加公司價值此一事實，其次是忽略了資本的持有成本。因此，這些經理人最後就像上述的存款帳戶管理人那樣，靠著選擇權，從一個自動增值的帳戶裡大撈一筆。

當然，認股權也常發給有才幹、有貢獻的經理人，有時讓他們得到了完全合理的獎勵（事實上，真正優秀的經理人得到的薪酬，往往遠低於他們應得的）。但這種公平合理的結果只是碰巧而已。認股權發行案一旦獲准，員工得到多少獎勵通常就與個人表現無關。因為這種認股權是不可撤銷且無條件的（只要經理人仍然是公司員工即可），遊手好閒者與表現突出者一樣能從認股權中獲益。對於那種準備像李伯（Rip Van Winkle；譯注：美國作家華盛頓‧歐文〔Washington Irving〕一篇短篇故事中的主角，在林中一睡二十年）一樣打個十年瞌睡的經理人來說，這樣的「激勵」制度，真是再好不過了。

（我忍不住要說一個企業發行長期選擇權給「外人」的例子。當年克萊斯勒陷入財務危機，美國政府為一些「救命」貸款提供擔保，部分代價

由克萊斯勒以發行認股權的形式支付。當這些認股權對政府產生巨大價值時，克萊斯勒試圖修改條款，降低政府能得到的報酬，理由是不修改的話，政府得到的報酬不但遠高於該公司原本的預期，而且與政府在此事中的貢獻完全不成比例。該公司為政府所得的報酬與表現不成比例大傷腦筋，此事成了全美矚目的新聞。這種不平之鳴說來真是稀奇：企業經理人常常因為公司發放給他們的認股權而獲得沒道理的巨額獎勵，但據我所知，整個企業界也不曾有人因為自己或同事的這種不當得益而忿忿不平。）

　　諷刺的是，員工認股權制度的支持者常宣揚認股權使得經理人和股東在財務上同坐一條船，因此是好制度。但事實上，兩者坐的船大不相同。沒有股東能逃避承擔資本成本，持有價格固定的認股權的人則完全不必承擔資本成本。股東衡量投資報酬時，無法不考慮虧損風險，而持有認股權的人是沒有虧損風險的。事實上，你會想擁有認股權的事業，通常是那種你不想投入資本、成為股東的事業（若有人送我一張樂透彩券，我很樂意接受，但我永遠不會花錢買）。

　　此外，股息政策方面，對認股權持有人最有利的政策，對股東可能最不利。想想前述的存款帳戶例子：完全不派息的政策對擁有選擇權的管理人最有利。相反地，帳戶主人會傾向百分百派息，因為這樣才能阻止管理人分享保留盈餘產生的好處。

　　雖然有這麼多缺點，在某些情況下，員工認股權仍有可取之處。我的批評重點在於這項工具被濫用了。就此而言，我想強調三個要點：

　　首先，認股權無可避免地與企業整體績效掛鉤。因此，照理說，認股權只應該發給那些背負整體績效責任的經理人。職責僅限於特定領域的經理人，應根據他們所能負責的績效來決定獎勵。打擊率高達三成五的球員會期望獲得巨額獎勵，而這也是應該的，就算他效力的球隊成績墊底也是如此。而打擊率一成五的球員則不應獲得獎勵，就算他的球隊贏得冠軍也

一樣。只有那些背負團隊績效整體責任的人，才應該獲得與團隊成績掛鉤的獎勵。

第二，認股權應謹慎設計。除非有特殊原因，否則保留盈餘與資本的持有成本這兩項因素應納入考量。同樣重要的是，認股權的定價應切合實際情況。有人提出收購建議時，經理人總是不厭其煩地強調，市場價格與公司的真正價值可能有天壤之別。既然公司股價可能遭受嚴重低估，那麼經理人為什麼要以市價為基礎，讓自己可以透過認股權購買公司部分股權呢？（有時他們可能會做得更過分：經理人與董事有時會研究稅法，算出一個內部人士可認股的最低價格。他們這麼做時，常會設計出對公司稅負最不利的認股權方案。）除了一些極不尋常的情況外，無論是外部還是內部人士，以優惠價格認股都會損害既有股東的利益。結論顯然是：認股權必須按企業的真實價值定價。

第三，我想強調，有一些我非常欽佩的經理人（他們的經營績效遠勝於我）不同意我對固定價格認股權的看法。這些經理人建立了行之有效的企業文化，而固定價格認股權是對他們有幫助的一項工具。他們發揮領導能力、以身作則，以認股權為激勵手段，教會部屬像事業主那樣思考。這種企業文化非常稀有，果真存在時，或許應盡力保持原狀——儘管認股權方案可能衍生一些缺乏效率且不公平的情況。此時最好抱持「東西沒壞就別去動它」的態度，而不是「不惜代價追求完美」。

———————

十年期固定價格認股權（誰不想要呢？）是高層薪酬設計不當的好例子。假設停滯公司的執行長庸碌先生獲得這樣一項選擇權，足以讓他認購公司1％的股權。在此情況下，為了照顧私利，他顯然應完全停止派發股息，並動用公司全部盈餘買回自家股票。

假設在庸碌先生的領導下，停滯公司名副其實地業績停滯。在上述認股權發出後十年內，停滯公司每年均靠著100億元的淨值賺得10億元；最初公司已發行股份為1億股，因此每股盈餘為10元。庸碌先生完全不派股息，並動用全部盈餘回購股票。假設該公司本益比一直維持十倍，那麼認股權到期時，該股股價已上漲了158％。這是因為經過十年的股票回購，公司發行在外的股份已縮減至3,870萬股，每股盈餘因此增至25.80元。單憑留住盈餘、不派息給股東，庸碌先生就發了大財：儘管公司盈利能力一點也沒改善，他靠著行使認股權就賺到1.58億元，真酷！更驚人的是，如果停滯公司在這十年間盈利**衰退**20％，庸碌先生仍可賺到超過1億元。

如果庸碌先生保留全部盈餘、但不用於回購股票，而是用在一些績效令人失望的業務項目和收購案上，即使這些投資的報酬率只有區區5％，庸碌先生仍可海撈一票：假設停滯公司的本益比一直維持十倍，庸碌先生的認股權仍可為他賺得6,300萬元。此時股東們難免會想：當初不是說這項認股權會使管理層與股東「利益一致」嗎？

當然，如果股息政策「正常」，例如將三分之一的盈餘用於派息，情況的確不會那麼極端，但一事無成的經理人仍可獲得豐厚獎勵。

企業執行長都清楚此中算術，曉得每一分錢的股息都會減少認股權的價值。但是，在要求股東核准固定價格認股權發行案的文件中，我從不曾看到對經理人與股東之間這項潛在利益衝突的說明。執行長在公司**內部**莫不宣揚資本有代價（capital comes at a cost）的道理，但不知道為什麼，他們就是忘了告訴股東：固定價格認股權能讓管理層免費取得資本。

事情並不是非如此不可：董事會其實可以輕易地將保留盈餘的自動增值作用反映在認股權的設計上。但是，好奇怪，好奇怪，幾乎從不見有公司發行這種認股權。事實上，認股權的行使價可根據保留盈餘調整，薪酬「專家」對此似乎聞所未聞，但他們對有利於管理層的各種薪酬設計卻瞭若指掌（俗話說，吃人的嘴軟，拿人的手短）。

執行長如果被炒魷魚，常常還能海撈一票。事實上，光是他清理辦公桌走人的這一天，他能「掙得」的錢，可能比一名美國勞工洗一輩子廁所的收入還多。常言道：一事成，百事順（nothing succeeds like success）。忘了這句話吧。如今對企業高層來說，一面倒的法則是：一事**無成**，百事順（nothing succeeds like failure）。

————————

在波克夏，我們的激勵制度是獎勵那些在職權範圍內達成績效目標的經理人。時思糖果（See's Candies）業績突出，《水牛城新聞報》的主管不會因此得到獎勵，反之亦然。我們決定發放多少獎金時，也不會考慮波克夏的股價表現，因為我們認為：無論公司股價是漲是跌還是持平，表現出色的事業單位仍應獲得獎勵。同樣的道理，即使波克夏股價飆漲，事業單位若績效平平無奇，員工也不會得到特別獎勵。此外，「績效」的定義會根據事業單位的經濟基本面適當調整：在一些子公司，經理人只是運氣好，搭上了景氣順風車；在另一些子公司，經理人則必須與無可避免的逆境搏鬥。

在此制度下，經理人的獎金可以非常可觀。在各事業單位，關鍵經理人有時能領到相當於底薪五倍的獎金，甚至更多。1986年看來將有一位經理人可領得逾200萬美元的獎金（我希望是這樣）。我們不會設定獎金上限，而獎金多寡與階層架構無關。小業務單位的經理人表現傑出時，領到的獎金可能遠高於大業務單位的經理人。我們也認為，年資和年齡等因素不應影響績效獎金（雖然這些因素有時會影響底薪）。打擊率達三成的打擊手，無論是20歲還是40歲，對我們來說價值相同。

波克夏的經理人顯然都可以用他們得到的獎金（或其他資金，包括借來的錢），在公開市場購入波克夏的股票。許多經理人已經這麼做，而且

有些人現在持股頗重。這些經理人承擔自購股票的風險和持有成本，因此真正與其他股東利益一致。

————————

　　在波克夏，我們致力追求一如我們的資本配置那樣合理的薪酬政策。例如，我們根據史考特費澤公司（Scott Fetzer）而不是波克夏的業績以釐定拉夫・謝依（Ralph Schey）的薪酬。這麼做再合理不過了，因為他僅負責史考特費澤的業務。如果拉夫的現金或認股權獎勵與波克夏整體表現掛鉤，那真的毫無道理。比方說，他可能在史考特費澤擊出全壘打，而查理和我則在波克夏一再犯錯，使得他的傑出表現對集團業績無濟於事。相反地，如果史考特費澤表現吊車尾，而波克夏其他子公司業績亮麗，又有什麼理由要以現金或認股權慷慨獎勵拉夫呢？

　　釐定薪酬時，我們不吝於提出重賞的承諾，但也會確保經理人得到的獎勵，直接反映其職權範圍內的績效。如果一項業務必須投入大筆資本，我們在衡量經理人的績效時，會就他動用的額外資本，按某個相當高的利率計算資本成本；而當經理人將資本交還給我們時，也會以同樣的高利率計算其貢獻。

　　這種「資本非免費」的績效考核方式，清楚體現在史考特費澤的主管薪酬制度上。拉夫若能利用額外的資本產生豐厚的報酬，他就絕對有理由這麼做。額外投入的資本產生的報酬超過某一門檻後，拉夫的獎金將水漲船高。不過，我們的激勵方式是賞罰分明的：倘若額外投入的資本產生的報酬不符理想，拉夫的薪酬和波克夏的業績會一同受損。因此，拉夫若無法有效運用他管理的事業所產生的現金，那麼將這些資金交給母公司，是對他的薪酬最有利的做法。

　　現在，上市公司一講起薪酬制度，很流行形容該制度使管理層的利益

與股東保持一致。對我們來說，「一致」的意思是管理層與股東是眞正甘苦共嘗的夥伴，而不是管理層只願意「共富貴」。許多「利益一致」的薪酬制度不符合此一基本條件，不過是某種「正面我贏，反面你輸」的狡詐設計。

典型的員工認股權，便是一種常見的利益不一致設計，因爲認股權行使價並未定期調高，以反映保留盈餘提高公司價值的事實。事實上，一名經理人若獲得十年期的固定價格認股權，他只要維持平庸的工作表現，保持很低的股息發放率，在複利作用下，他的認股權將能讓他大賺一筆。疑心重一點的人甚至會發現：發放給股東的股息越少，持有認股權的經理人能賺到的錢越多。我至今還不曾在要求股東核准認股權方案的文件中，看過對此重要事實的說明。

我忍不住要告訴大家，我們跟拉夫・謝依的薪酬協議，在我們買下史考特費澤後，只花了五分鐘左右就跟當事人談妥，完全不需要律師或薪酬顧問的「幫助」。該協議體現數個非常簡單的原則，其條款不是企管顧問喜歡的類型，因爲這些顧問通常必須堅稱問題複雜棘手（而且當然還需要每年檢討評估），否則很難索取高昂的顧問費。我們與拉夫的協議從未調整過：1986年時，他和我都認爲這是非常合理的協議，至今仍然如此。我們與其他子公司經理人的薪酬協議同樣簡單，只是具體條款會視相關事業的經濟特質適度調整，例如某些子公司有部分股權是由經理人持有。

在所有情況下，我們追求的是公平合理。經理人不管個人表現好壞皆可能獲得優渥報酬的制度，很可能大受某些經理人歡迎。畢竟，誰會拒絕免費的樂透彩券呢？但這種薪酬制度是在揮霍公司的財富，還會擾亂經理人的心思，耽誤了正事。而且，上梁不正下梁歪，母公司政策不當很可能會鼓勵子公司仿效。

在波克夏，對整個集團負有管理責任的人，只有查理和我。因此，照理說，可以根據波克夏整體業績領取薪酬的人，只有我們兩人。儘管如

此，這不是我們想要的薪酬安排。我們很謹慎地規畫公司以及我們的工作，好讓我們能與自己欣賞的人合作，做自己喜歡的工作。同樣重要的是，我們極少被迫做一些無聊或討厭的事。此外，身為集團總部的主管，我們也享受到許多物質和精神方面的額外好處。在如此理想的環境下，我們不期望股東給我們巨額薪酬，我們也根本不需要。

事實上，就算完全不支薪，查理和我仍樂於做我們的輕鬆工作。我們衷心認同雷根總統的箴言：「或許真的從未有人因為刻苦工作而死掉，但我想，幹嘛要冒這個險呢？」

————————

1991年，我們完成了一宗大收購，買下北美工作鞋與工作靴的龍頭廠商布朗鞋業（H. H. Brown Shoe）。該公司的銷售與資產報酬率向來優秀。鞋業不好做：美國每年賣出約十億雙鞋子，85％左右是進口的，多數美國製鞋公司績效不佳。廠商必須提供大量鞋款和不同尺寸，庫存因此相當高，而應收帳也套住了大量資金。

布朗鞋業有一個與眾不同之處：該公司的薪酬制度，是我所見過最特別的其中一個，但深得我心。布朗鞋業的一些主要經理人底薪為每年7,800美元，外加某一百分比的盈利分紅；而計算分紅時，公司的盈利必須先扣掉資本成本。因此，這些經理人可說是真正與股東利益一致。相反地，多數企業經理人講一套做一套，為自己設計的薪酬制度一面倒地重獎勵、輕懲罰（幾乎一定將股東提供的資本當成是不用成本的）。無論如何，布朗的薪酬制度對公司和經理人均產生極佳的效果，這是很自然的：膽敢拿個人能力下重注的經理人，通常真的能力高強。

執行長薪酬失控暴漲，是不難理解的現象。當經理人聘請員工，或公司與供應商討價還價時，雙方對自身利益同樣關切。一方的得利是另一方的損失，而牽涉的利益對雙方均有重要意義，雙方因此會展開實實在在的談判。

　　但是，當執行長（或其代表）碰上薪酬委員會時，通常是前者爭取利益的動機遠比後者強。例如，執行長一定會認為，十萬股與五十萬股的認股權是天壤之別。然而，對薪酬委員會來說，兩者的差別可能不大重要——特別是在絕大多數公司，無論是發十萬股還是五十萬股認股權，對公司的公告盈餘皆不會有任何影響。在這種情況下，薪酬談判往往有點像是在玩數字遊戲。

　　執行長侵占股東利益的行為在1990年代變本加厲：各公司的執行長就像在競逐貪婪之王的頭銜那樣，極力爭取離譜的薪酬方案；而一旦成功，其他經理人很快就會要求自己的雇主比照辦理。促使貪瀆之風擴散的，通常是企管顧問和企業的人力資源部，他們很清楚誰是自己的衣食父母。一名薪酬顧問就這麼說：「有兩類客戶是你不想得罪的：既有的客戶和潛在的客戶。」

　　近年來，薪酬委員會往往就像搖著尾巴的小狗，只懂溫順地聽從企管顧問的建議。這些顧問向來不是以效忠為顧問費買單的股東著稱；對他們來說，股東是一群無名氏（如果你不清楚某人站在哪一邊，那麼對方肯定不是站在你這邊）。沒錯，按照證券交易委員會（SEC）的規定，薪酬委員會必須在委託書中說明薪酬建議的根據。但是，相關措辭通常是公司律

師或人力資源部擬就的樣板文字。

這種裝模作樣的把戲代價高昂，不應再玩下去了。除非有能力代表股東談判、維護股東利益，否則董事不應擔任薪酬委員會的委員。薪酬委員必須說明自己對薪酬問題的看法，以及打算如何評估管理層的績效。而且，處理股東的資金時，他們必須當成自己的錢來處理。

1890年代，龔帕斯（Samuel Gompers；譯注：美國勞工聯盟〔AFL〕創辦人）告訴大家，勞工組織的目標就是「再多些！」1990年代，美國企業的執行長繼承了此一訴求。結果是許多執行長發了大財，而他們的股東卻經歷財務災難。

企業董事應制止這種竊盜行為。經理人表現真正傑出時，支付高薪是完全正確的。但是，情況若非如此，董事們就應該喊一聲「少一些！」近年過度膨脹的薪酬若成為未來的標準，豈不荒謬透頂？薪酬委員會應摒棄近年的陋習，重新出發。

九、風險、名譽和氣候變遷 [17]

Risk, Reputation and Climate Change

查理和我認為公司執行長絕不能將風險控管工作交給別人負責。這項工作實在太重要了。例如，在波克夏，我們帳上的衍生商品合約都是我發起和負責監控的，僅有的例外是數家子公司（比如中美能源）與營運有關的合約，以及通用再保險公司一些不甚重要的殘留責任契約（runoff contracts）。如果波克夏陷入困境，那將是我的過錯，而不是因為某個風險控管委員會或風控長（Chief Risk Officer）判斷錯誤。

在我看來，大型金融機構的董事會若不堅持公司執行長為風險控管負全責，那將是嚴重失職。如果執行長沒有能力做好風險控管，他應該去找其他工作。倘若執行長在這項工作上失敗了，因此迫使政府介入，為公司提供資金或擔保債務，則執行長和董事會在財務上必須承受嚴重後果。

美國若干最大型的金融機構崩潰，並不是股東的過錯，但股東首當其衝，在多數情況下損失了90％或更多的持股價值。整體而言，他們在過去兩年間最大的四宗金融機構災難中，損失超過5,000億美元。如果我們說這些股東獲得「救助」，那是很可笑的。

但是，這些破產公司的執行長和董事基本上毫髮無傷。他們因為沒盡責而造成災難，自己的財富或許因此受損，但仍然可以過著奢華的生活。我們必須改變的，正是這些執行長和董事的行為。如果他們的公司和國家因為他們行事輕率而受到傷害，他們理應付出高昂的代價，而且此代價不能由保險公司或他們所傷害的公司代為承受。長期以來，企業執行長和許多董事獲得極其豐厚的財務獎勵，如今我們必須確保他們在嚴重犯錯時將會受到應得的懲罰。

———————

〔波克夏2010年的年報含以下附錄，是巴菲特於2010年7月26日寫給波克夏經理人的備忘錄。〕這是我每兩年寫給大家的信，目的是再次強調，波克夏最重視的是我們所有人繼續積極捍衛波克夏的名譽。我們不可能是完美的，但我們可以力求完美。如我逾二十五年來在這些備忘錄中所說的：「我們可以承受金錢上的損失，甚至可以損失很多錢。但我們承受不起名譽損失，哪怕只是損失一點點名譽。」我們必須繼續堅持以這種標

準來衡量我們的所有行為：做事不能只求合法，還要想想，如果一名不友善但有頭腦的記者，在全國大報頭版撰文報導我們的行為，我們是否樂見事情曝光？

你們的夥伴有時會說：「現在所有人都這麼做。」如果這是替一項商業行為辯解的主要理由，那它幾乎總是很糟的理由。評估道德決定時，此理由是完全不可接受的。每次有人拿這句話當理由，實際上就是承認自己無法提出有力的理由。如果有人以這句話替自己辯解，你可以告訴他：「你去跟記者或法官這麼說，看看對方是否接受。」

假如你看到一些事情，對於其正當性或合法性感到猶豫，請務必跟我說。這種令你遲疑的情況，很可能太接近越軌，因此往往是應該摒棄的。在正當的範圍內，可以賺的錢已經夠多了。如果你覺得某些行動接近越軌，你應該直接假定它是越軌的，然後忘了它。

由此推論，一旦遇到重要的壞消息，請盡快告訴我。我可以承受壞消息，但我不想在問題惡化了一段時間之後才去處理它。當年所羅門公司（Salomon）就是因為不願意立即面對壞消息，結果使一個可以輕鬆解決的問題嚴重惡化，幾乎拖垮這家有八千名員工的公司。

如今在波克夏，有人在做一些你和我發現後會不高興的事。這是無可避免的：我們現在雇用了超過25萬人，一天當中這些人完全沒有不當行為的機率是零。但如果我們一嗅到不當行為的氣息就立即認真處理，將能大大減少這種行為。你處理這種問題的態度表現在你的行為和言語上，而這是決定你的事業單位發展出什麼文化的最重要因素。組織的表現取決於文化甚於明文規定。

在其他方面，你想和我談多談少都可以。各位管理自身的業務都有一流的表現，有自己的作風，不需要我的協助。你必須問我意見的事，只有員工退休福利的變動，以及異常巨額的資本支出或收購計畫。

在今年的年會上，我們將審議一項有關氣候變遷的提案。提案人希望我們提出一份報告，說明氣候變遷對我們的保險業務可能造成的危險，以及我們目前如何應對這些威脅。

在我看來，氣候變遷極有可能對地球造成重大問題。我說「極有可能」而不是「肯定」，是因為我身上沒有科學細胞，而且我清楚記得當年多數「專家」對千禧蟲（Y2K）問題的駭人預測。但是，如果這種結果看來很有可能發生，而且若迅速採取行動有可能化解危險（哪怕只有很小的機會），那麼我或任何人去要求百分百的證據以證明氣候變遷即將對世界造成巨大破壞，都將是愚蠢的。

這個問題與關於上帝是否存在的帕斯卡賭注（Pascal's Wager）有相似之處。你可能還記得，帕斯卡認為，假使上帝真的存在的可能性非常小，以上帝真的存在為前提來行事仍是明智的，因為這麼做可能得到無限的報酬，而不相信上帝則有可能遭受無窮的苦難。同樣的道理，即使地球將遭遇一場真正大災難的可能性只有1％，但拖延將導致情勢無可挽回，則現在無所作為就是魯莽的。這就是諾亞守則：如果要生存下去不能沒有方舟，今天就開始建造方舟吧，即使眼下晴空萬里。

前述提案人認為，因為波克夏是規模巨大的保險公司，承保各種風險，所以面對氣候變遷會受到特別大的威脅。這種想法是可以理解的。提案人可能擔心氣候變化將導致財物損失激增。事實上，如果我們以固定價格承作十年或二十年的保單，這種擔心或許是有道理的。但保單通常是一年簽一次，每年重新定價以反映風險的變化。損失風險升高，將迅速導致保費提高。

回想1951年我第一次對蓋可產生興趣時，該公司每份保單的平均損失成本約為每年30美元。想像一下，如果我當時預測2015年每份保單的損

失成本將增至每年約1,000美元，你會作何反應？你可能會問：損失成本如此暴漲，難道不會造成災難性後果嗎？嗯，答案是不會。

多年來，通貨膨脹導致事故車輛的維修成本和相關醫療費用均大幅增加。但是，在成本增加的同時，保費也迅速相應提高。因此，看似矛盾的是，損失成本不斷上漲，反而提高了保險公司的價值。如果成本保持不變，波克夏現在擁有的會是一家每年做6億美元生意的汽車保險公司，而不是一家每年做230億美元生意的公司。

到目前為止，氣候變遷並未導致颶風或保險公司承保的其他天氣相關事件變得更頻繁或造成更大損失。因此，美國的超級巨災保費（super-cat rates）近年持續下降，而這也是我們已從超級巨災保險業務抽身的原因。如果超級巨災變得更頻繁、造成更大損失，則有可能——但遠遠稱不上確定——使波克夏的保險業務規模擴大、賺更多錢。

作為公民，你也許因為擔心氣候變遷而夜不成眠，這是合情合理的。如果你住在低窪地區，你也許會想考慮搬家。但如果你單單站在大型保險公司股東的立場思考，氣候變遷不應該是你需要擔心的事。

十、企業文化 [18]

Corporate Culture

我們在資本配置上的彈性，是我們在事業上至今頗有成就的主要原因。例如我們可以利用時思糖果或美國商業資訊（Business Wire）貢獻的

資金，幫助我們支付收購柏靈頓北方聖塔菲鐵路公司的代價；時思糖果和美國商業資訊是我們兩家經營得極好的公司，但也是再投資機會相當有限的兩家公司。我們的另一項優勢，是滲透整個波克夏集團的企業文化，這是別人難以複製的。在企業界，文化非常重要。

首先，代表各位股東的波克夏董事的思想和行為都像事業主，而我們的經理人也是如此。我們的許多子公司是歷史悠久的家族經營事業，經營者選擇波克夏作為其公司的收購者。他們加入我們的集團時，本來就是抱持事業主心態，而我們提供一種鼓勵他們保持這種心態的環境。擁有熱愛自身事業的經理人，是我們的重大優勢。

文化會自我繁衍。官僚程序會衍生更多官僚程序，堂皇的企業宮殿容易誘發飛揚跋扈的行為。（有個機智的人說過：「你坐進自己車子的後座，車子不動的話，你就知道自己不再是執行長了。」）在波克夏的「世界總部」，我們的年度租金支出是270,212美元。此外，我們在辦公家具、藝術品、可樂飲料機、午餐室和高科技設備上的投資總共是301,363美元。只要查理和我將大家的錢當成自己的錢那樣審慎管理，波克夏的經理人也很可能會同樣審慎地管好所負責的事務。

我們設計公司的薪酬方案、我們的年度會議以至我們的年報，全都希望能增強波克夏的文化，使它能有效地排斥和驅逐理念不同的經理人。這種文化逐年增強；未來查理和我退下來之後，它將保持完好很久很久。

第二篇

投 資
Investing

我們手上的華盛頓郵報公司股票，是1973年中買進的，購入價不超過當時該公司每股實質價值的四分之一。計算價格對價值的比率不需要超凡的眼光。多數證券分析師、經紀商和證券業主管會和我們一樣，估計華盛頓郵報公司內在企業價值介於4億至5億美元之間，而該公司股票總市值1億美元，則是每天都可以從報紙上看到的資料。我們的優勢在於我們的態度：我們從葛拉漢那裡學到一件事——成功投資的要訣，就是在市價遠低於企業實質價值時，買進優質企業的股票。

　　然而，1970年代初，多數機構投資人卻認為，考慮買賣股票的價格時，企業價值不是重要因素。現在說來教人難以置信，但當時這些機構投資人正為著名商學院的學者所迷惑。這些學者當時提出的新理論蔚為風潮，該理論認為股票市場效率十足，計算企業價值對投資活動而言一點也不重要，甚至連思考企業價值也是浪費時間。（這些學者真是惠我良多：在鬥智的競賽中，無論是橋牌、西洋棋還是選股，如果對手所受的教導令他認為思考是白費力氣的事，還有什麼比這更能讓你占優勢的呢？）**19**

一、農場、不動產和股票 [20]

Farms, Real Estate and Stock

1973至1981年間，美國中西部農場資產價格暴增，因為當時人們普遍相信通膨即將失控高漲，而小型農村銀行的放款政策也產生推波助瀾的作用。然後這個泡沫破滅了，農場資產價格暴跌50％或更多，負債的農場主人和放款給他們的銀行因此嚴重受挫。愛荷華州和內布拉斯加州在這個泡沫破滅後破產的銀行，數目是在2008至09年的大衰退中破產銀行的五倍。

1986年，我向聯邦存款保險公司（FDIC）購入一個面積400英畝的農場，位於奧馬哈以北50英里處。這花了我28萬美元，顯著低於一家已倒閉的銀行數年前接受這個農場為擔保品所發放的貸款。當時我對經營農場一無所知。但我有個兒子熱愛務農，他告訴我這個農場可以種出多少蒲式耳的玉米和大豆，以及經營費用大概是多少。我根據這些估計，計算出這個農場的正常報酬率約為10％。我當時也認為長期而言，農場的生產力將成長，而農產品的價格也將上升。這兩項預期後來證實都正確。

我不需要奇特的知識或資訊，便能知道這項投資沒有虧損風險，還可能大有賺頭。當然，農場偶爾會收成不好，而農產品的價格有時也會令人失望。但這有什麼關係呢？我們也會有異常好的年頭，而且我永遠不會有出售這項資產的壓力。現在我購入這個農場已近三十年，它每年的盈利已經增加了兩倍，其價值是我當年所付價格的五倍或更多。我現在對務農仍一無所知，日前去了農場一次，是這麼多年來的第二次。

1993年，我做了另一筆小投資。賴利·席佛斯坦（Larry Silverstein）告訴我，資產清理信託公司（RTC）打算出售位於紐約大學旁邊、紐約市的一筆零售不動產（我在所羅門公司當執行長時，該公司的辦公室是向

賴利租的）。當時同樣是有一個資產泡沫破滅了：這一次是商用不動產泡沫，而政府成立了RTC，以便處置倒閉的儲蓄銀行持有的資產；這些銀行之前樂觀的放款作業，助長了愚蠢的商用不動產投機活動。

這筆投資的分析同樣簡單。一如我那個農場，這項物業的無槓桿當期收益率（unleveraged current yield）約為10％。不過，RTC並未妥善管理這項物業；待幾個空置的店面租出去之後，租金收入將能增加。更重要的是，占用20％空間的最大租戶當時所付的租金為每平方英尺約5美元，遠低於其他租戶平均支付的70美元。最大租戶的租約在九年後到期之後，租金收入必將大增。而且這項物業的位置極好：紐約大學不會搬到其他地方。

我加入了一個小團體，成員包括賴利和我的朋友費德·羅斯（Fred Rose），一起買下了這項物業。費德是經驗豐富的高級不動產投資人，他將和他的家人負責管理這項物業。他們做得很好。舊租約到期之後，這項物業的盈利增加了兩倍。如今我們每年收到的分紅，超過最初投資成本的35％。此外，我們最初的抵押貸款在1996和1999年兩度辦理了再融資，我們因此獲得數筆特別分紅，總金額超過我們最初投資成本的150％。我至今還不曾親自去看過這項不動產。

奧馬哈農場和紐約物業產生的收益，未來數十年很可能會增加。雖然成長不會是戲劇性的，但這兩筆投資在我這一生中是穩健且令人滿意的，未來對我的子孫而言也將是如此。我講這兩個故事，是為了說明投資的一些基本道理：

- 你不必是專家，也能賺得滿意的投資報酬。但如果你不是專家，你必須認清自身的局限，並奉行必定會有不錯結果的做法。務必避免複雜化，也不要孤注一擲。如果有人承諾你可以快速賺大錢，你應該快速地說「不」。
- 考慮標的資產時，應集中關注它未來的生產力。如果你對粗略估

計這項資產未來的收益毫無把握，你應該忘了它，然後考慮其他標的。沒有人有能力評估每一個投資機會。但全知是不必要的：你只需要明白自己的行動。

- 如果你著眼於買進資產後未來的價格變化，你其實是在投機。投機並無不對。但我知道自己沒有成功投機的本事，而對那些宣稱自己持續投機成功的人，我也抱持懷疑態度。擲硬幣的人有一半會贏得第一擲，但這些贏家如果繼續玩下去，**沒有一個**能期望自己可以贏到錢。一項資產的價格最近上漲，**永遠都不是**買進的理由。

- 針對我那兩筆小投資，我只考慮這兩項資產可以產生什麼，完全不關心它們每天的價格變化。比賽的勝利者是專心比賽的人，而不是那些一直盯著記分板的人。如果你週末不看股價也能享受生活，你應該試著在週一至週五也這樣。

- 形成自己的總體觀點，或了解其他人的總體或市場預測，都是浪費時間的事。事實上，這是危險的，因為這可能導致你無法看清真正重要的事實。（我看到電視上的來賓圓滑地評論市場的未來動向時，就想起美國職棒傳奇球員米奇・曼托〔Mickey Mantle〕這句尖酸的話：「你不走進那個廣播間，還真不知道棒球多麼易打。」）

- 我那兩筆資產是在1986和1993年購入的。隨後一年（1987和1994年）的經濟、利率或股市表現如何，對我做這兩個投資決定毫無意義。我不記得當時新聞或「權威人士」在說些什麼。無論他們說什麼，玉米將繼續在內布拉斯加州的農場裡生長，學生將繼續湧向紐約大學。

我的這兩筆小投資與股票投資有一個重大差別。如果你投資在股票上，股市開盤期間，你的持股每分鐘都會有最新的市價；而我的農場或紐

約物業，至今還不曾見過有人開價。

　　股票投資人的持股，市場持續提供可能劇烈波動的報價，對投資人理應是一件大好事——對某些投資人來說，確實是這樣。畢竟如果有個情緒非常不穩定的人擁有我農場旁邊的另一個農場，而他每天都向我開出一個價格，我可以按該價格將我的農場賣給他，又或者向他買進他的農場（這個價格會因為他的精神狀態而在短期內大幅波動），我理應受惠於他這種古怪的行為，對不對？如果他開出的價格低得離譜，而我又有剩餘的現金，我應該買進他的農場。如果他開出的價格高得離譜，我可以把自己的農場賣給他，又或者繼續經營我的農場。

　　但是，持有股票的人太常讓好事變成壞事了：其他持股人善變且往往不理智的行為，經常導致他們也出現不理智的行為。因為總是有人喋喋不休地議論大盤、經濟、利率和個股的價格表現，有些投資人認為聽「權威人士」的說法十分重要——更糟的是，有些人還認為應該根據他們的意見做一些事。

　　有些人可以平靜地擁有一座農場或一間房子數十年之久，但如果看到源源不絕的股票報價，並不斷聽到「專家」暗示投資人「不要只坐在那裡，要有所行動」的評論，他們就很容易陷入精神錯亂的狀態。市場流動性本應是無可置疑的好事，但對這些投資人來說，卻變成了一種詛咒。

　　照理說，市場「閃崩」（flash crash）或出現其他的極端波動，不至於嚴重傷害投資人，正如有個古怪的農場主不斷向我開價，不應損害我的農場投資。事實上，市場崩跌對真正的投資人應該是好事：如果他手上有現金，他可以在市價遠低於資產價值時買進。對投資人來說，市場彌漫著恐懼的氣氛是**好事**，市場中的人普遍得意忘形才值得謹慎提防。

　　2008年末金融市場極度恐慌期間，我不曾想過出售我的農場或紐約物業，儘管總體經濟顯然正在醞釀一場嚴重的衰退。此外，如果我百分百持有一家長期前景良好的強健企業，我當時如果考慮賣掉它，也無疑是愚蠢

的。既然如此，若我持有一些好公司的少數股份，爲什麼要賣掉呢？沒錯，當中可能會有個別公司的最終表現令人失望，但作爲一個投資組合，它們無疑將會有好表現。眞的有人相信美國許多生產力驚人的資產，以及無限的人類才智，會被某種東西吞噬掉嗎？

查理和我購買股票時，我們的分析方法和我們收購整家公司時所用的非常相似（我們視少量的股份爲整家公司的一小部分）。首先我們必須考慮這個問題：我們可以合理地估計這家公司未來五年或更長時間的盈利嗎？如果可以，而該股市價相對於我們估算的每股價值的區間下檔是合理的，我們將會買進股票（或收購整家公司）。但如果我們沒有能力估算未來的盈利（通常是這樣），我們就會放棄，然後研究其他機會。查理和我共事的五十四年間，我們**從不曾**因爲總體經濟或政治環境又或者其他人的看法，而放棄一項誘人的投資。事實上，我們做投資決定時，從不曾討論這些不重要的事。

二、市場先生 [21]

Mr. Market

查理和我替波克夏的保險子公司購買股票時（套利交易留待下節討論），抱持的態度就像在收購一家私人企業一樣。我們會考慮公司的經濟前景、管理團隊，以及我們必須支付的價格。我們從不預設套現的時間或價格。事實上，只要我們預期一家公司能以令人滿意的速度提升其內在價

值，我們便樂意永久持有。在投資時，我們視自己為企業分析師，不是市場分析師、不是總體經濟分析師，甚至也不是證券分析師。

我們的投資方式使得交投熱絡的市場對我們很有用，因為它會不時提供一些令人垂涎的投資機會。但交投熱絡絕非必要：我們持有的股票即使長時間沒有買賣，我們也不會在意，就像我們擁有的公司如世界百科全書（World Book）或費區海默（Fechheimer）沒有每日的股票報價，我們也不會因此煩惱。無論是擁有部分或全部股權，我們的財務績效取決於所投資公司的財務績效。

班傑明・葛拉漢——我的良師益友——很久以前就如何看待市場波動提出了一番見解，我認為是對追求成功投資最有益的真知灼見。他說，你應該把股市的報價想成是某位極度通融的「市場先生」提供的，他是你在一家私人企業的合夥人。每一天，市場先生風雨無阻地現身，向你報一個價格，表示願意按此價格買進你的股份，或是將他的股份賣給你。

儘管你和市場先生的合夥事業可能具有穩定的經濟體質，市場先生的報價卻一點也不穩定。因為說來悲哀，可憐的市場先生罹患無藥可治的情緒病。有時候他心情很好，眼中只看到對合夥事業有利的因素，此時他會報一個非常高的買／賣價，因為他擔心你會買斷他的股份，奪走他唾手可得的利益。有時候他心情很差，眼中所見盡是對合夥事業以至整個世界不利的因素，此時他會報一個非常低的價格，因為他怕你會把你的股份賣給他。

此外，市場先生有一個可愛的特點：他不介意受冷落。今天你對他的報價不理不睬，明天他還是會提出新的報價。是否交易全由你決定。在這種情況下，市場先生越是躁鬱，情況對你越有利。

不過，就像舞會上的灰姑娘那樣，你得注意一項警告，否則一切將會變成南瓜和老鼠：市場先生是來服務你的，不是來指導你。對你有用的，是他的錢包而不是頭腦。如果他在某些日子的行為特別愚蠢，你可以不理

他，也可以占他便宜；但如果你受他影響，後果可能是災難性的。事實上，假如你不確定自己遠比市場先生更了解你們的合夥事業，而且遠比市場先生更懂得評估其價值，你根本就不應該玩這個遊戲。一如打牌的人所言：「如果你打了三十分鐘還不知道誰最弱，那你就是最弱的。」

今天的投資界可能會覺得葛拉漢的市場先生論過時了，因為多數投資專業人士和學者都在談效率市場、動態避險和貝他係數。他們對這些議題感興趣是可以理解的，因為對投資顧問來說，神祕兮兮的投資技術顯然是有價值的。畢竟，有哪位巫醫能靠「兩粒阿斯匹靈」這種簡單的處方揚名立萬、發大財？

這些投資祕訣對投資大眾有多少價值，則完全是另一回事。我個人認為，投資成就不會是來自神奇的方程式、電腦程式，或個股與大盤價格走勢圖上的買賣訊號。投資人若能發揮良好的商業判斷力，同時避免自己的想法和行為受市場情緒影響，就能成功。市場情緒極易煽動人心，為免受影響，我牢牢記住葛拉漢的市場先生論，而事實證明這非常管用。

遵循葛拉漢的教誨，查理和我評估我們的有價證券投資是否成功時，是看這些公司的經營成效，而不是它們每天或每年的股價變化。市場可能會短暫忽略一家公司的傑出經營績效，但最後還是會確認此一事實。如葛拉漢所言：「市場短期表現像一個投票器（voting machine），但長期而言像一個稱重器（weighing machine）。」而且，只要公司的內在價值以令人滿意的速度成長，其成就需要多久才獲得市場肯定並不是那麼重要。事實上，市場較晚認清事實可能是好事，因為這意味著我們有機會以超值的價格增加持股。

當然，有時市場會高估一家公司的價值。在此情況下，我們會賣掉手上的股票。此外，我們有時也會賣掉價格合理、甚至是遭低估的持股，因為我們需要籌措資金，買進價值遭更大幅低估的股票，或是我們覺得自己比較了解的公司。

但我們必須強調，我們不會只是因為持股已升值，或是已持有很長一段時間就賣掉股票（華爾街的箴言中，最蠢的一句可能是「你不會因為獲利了結而破產」）。只要所投資的公司預計能產生令人滿意的股本報酬率、管理層能幹又正直，而且市場並未高估公司的價值，我們很樂意永久持有一家公司的股票。

不過，我們的保險子公司持有一些打算永遠持有的個股，即使市場大幅高估其價值，我們也不打算賣掉。事實上，我們將這些投資當成我們所控制的優質企業看待，視它們為波克夏永久的一部分，而不是一旦市場先生報價夠高就會賣掉的資產。對此我要加上一條但書：這些股票由我們的保險子公司持有，倘若絕對有必要，例如必須籌措資金支付異常巨額的保險賠償，我們會賣掉部分持股。但我們將致力管好業務，希望永遠不必被迫賣掉這些股票。

查理和我均堅信買進並持有好企業，此決心顯然牽涉個人面和財務面考量。在某些人看來，我們的態度可能是非常古怪的。（查理和我長期奉行大衛·奧格威的忠告：「怪癖要趁年輕時養成，免得老來被視為老瘋癲。」）當然，華爾街近年來迷戀交易，我們的姿態因此一定顯得突兀。在許多華爾街人士眼裡，企業和股票不過是交易的材料罷了。

但是，我們的態度符合我們的個性和我們喜歡的生活方式。邱吉爾曾說：「你塑造你的房子，然後是房子塑造你。」我們很清楚自己希望經歷什麼樣的塑造方式。因此，如果我們和我們非常喜歡且欽佩的人合作能賺得報酬率 X，而換成是無趣或令人厭惡的合作方式則可賺取報酬率 X 的110％，我們會選擇前者而非後者。

我們來做個小測驗：如果你打算一輩子吃漢堡而自己沒養牛，你應該

希望牛肉價格高一些還是低一些？又或者說，你不時會買車，自己又不是汽車廠商，你應該希望汽車價格貴一些還是便宜一些？當然，這兩個問題的答案都是不言自明的。

現在是大考：如果你預期自己未來五年是一名淨儲蓄者（也就是有餘錢可以投資），你應該希望期間股市上漲還是下跌？許多投資人會答錯這一題。儘管他們未來多年將是股票的淨買入者，他們會因為股價上漲而得意洋洋，在股價下滑時則垂頭喪氣。換句話說，他們會因為自己將要買的「漢堡」漲價而歡呼。這種反應實在沒道理。只有那些近期將賣出股票的人，才應為股價上漲而雀躍。準備買股票的人，理應期待股價下滑。

對於不準備賣股票的波克夏股東來說，這個選擇更是再明顯不過了。首先，我們的股東即使花光自己所賺的每一分錢，其實仍在自動存錢，因為波克夏保留盈餘不發股息，等於幫股東「儲蓄」，而波克夏正是利用這些儲蓄購買企業和股票。顯而易見的是，波克夏以越便宜的價格購入資產，股東的間接儲蓄賺取的報酬越高。

此外，各位透過波克夏持有許多公司大量的股票，其中一些公司會定期買回自家股票。股價下滑時，這些股票回購行動能為我們帶來較大的效益。股價處於低檔時，花同樣的錢能買回更多股票，如此一來，波克夏的持股百分比也能以更大的幅度上升。例如過去幾年間，可口可樂和富國銀行在股價低檔完成的回購，對波克夏的好處遠大於今日在股價高檔進行回購。

每年年底，波克夏的股東幾乎完全是年初時的同一群人，因此我們的股東也是儲蓄者，在股市下滑時應歡呼雀躍，因為波克夏和我們投資的公司能以更具效益的方式運用資金。

因此，下次看到「股市下挫，投資人慘賠」這種新聞標題時，請微笑，並在心中改成「股市下挫，準備賣股的人慘賠，但投資人賺到了」。有買有賣才有交易，一方之失必然是另一方之得，這是不言自明之理，但記者和編輯常常忘了這一點。（正如打高爾夫球的人所言：「每一次推桿，不

管結果如何，總會有人高興。」）

　　1970和1980年代，許多個股和企業價格廉宜，我們因此獲益匪淺。當時的市場對炒短線的人很不友善，但對打算長期持有的人卻非常有利。近年來，我們在那些時間的投資決策證實是明智的，但現在我們很難找到很多好機會。作為一名企業「儲蓄者」，波克夏將繼續追求明智的資本配置方式，但要找到真正使我們雀躍的機會，恐怕得花一些時間了。

三、套利 [22]

Arbitrage

　　手頭現金過多時，我們的保險子公司有時會做一些套利交易，而不是持有準現金資產。我們當然比較喜歡做長期投資，但現金多過投資主意是常有的事。在這種情況下，套利有時能比持有國庫券賺取高得多的報酬。同樣重要的是，這麼做有助於我們抗拒降低長期投資標準的誘惑。（每次我們談完套利交易計畫，查理通常會說：「好吧，至少這樣你就暫時脫困了。」）

　　在1988年，我們的套利交易貢獻了異常巨額的獲利，無論以絕對金額或報酬率衡量均是大豐收。我們投入的資金平均為1.47億美元左右，稅前獲利約7,800萬美元。

　　既然交易規模這麼大，在這裡似乎應該詳細闡述套利交易的概念，以及我們的做法。套利此詞一度僅限於指在兩個不同的市場，同時買進和

賣出證券或外幣，目標是賺取兩個市場間的微小價差。舉例來說，荷蘭皇家石油公司（Royal Dutch）的股票同時在阿姆斯特丹、倫敦和紐約掛牌交易，分別以荷蘭盾、英鎊和美元買賣，三地市場的價格若有明顯差距，即可藉套利操作加以把握。有些人可能會稱此為「搶帽子」（scalping；譯注：此英文單詞也有剝人頭皮之意），難怪做套利交易的人會選用arbitrage這個法文名詞。

第一次世界大戰之後，套利（現在大家有時也用「風險套利」的說法）的定義已延伸至利用已公布的企業事件（如公司接受收購、合併、資本重組、組織重整、清算，或徵求股東賣回股票）追求獲利的操作。在絕大多數情況下，套利者期望不管股市是漲是跌皆能獲利。套利者最大的風險，是已公布的事件最後未如預期發生。

有時市場上也會出現一些很特別的套利機會。我24歲在葛拉漢紐曼公司工作時，曾把握這樣一個機會。當時布魯克林區有一家洛克伍德公司（Rockwood & Co.），生產巧克力，利潤有限。該公司1941年採用後進先出（LIFO）的庫存評價法，當時可可豆每磅賣5美分。1954年，可可豆短暫缺貨，價格飆漲至逾60美分。洛克伍德因此希望在價格回落前，快速將可可豆庫存高價出清。但如果就這麼賣掉可可豆，該公司必須繳納的稅金，接近所得的50%。

1954年的稅法及時派上用場。該稅法內含一條令人費解的規定：如果公司因為收縮業務，將庫存派給股東，這些庫存按LIFO計算的處置獲利可以不必課稅。洛克伍德決定結束可可脂銷售業務，並稱這涉及1,300萬磅的可可豆庫存。該公司因此提議買回自家股票，代價以這些多出來的可可豆支付，每股可換得80磅可可豆。

有好幾個星期的時間，我忙著買股票、賣可可豆，並定期到施羅德信託（Schroeder Trust），把股票換成倉庫保管單。盈利很可觀，而我唯一的費用是地鐵車資。

洛克伍德重整案的策畫者當時沒沒無聞，但眞是優秀的商業人才。他就是芝加哥人傑伊‧普利茲克（Jay Pritzker），當時32歲。如果你了解傑伊後來的事跡，你應該不會對洛克伍德重整案大獲成功感到意外。儘管公司正經歷嚴重的營運虧損，洛克伍德的股價從股票回購前的15美元，飆漲至回購後的100美元，保留持股的股東大蒙其利。評價股票有時會有比本益比更重要的準則。

　　近年來，絕大多數套利操作涉及企業併購，合意或敵意併購都可以。併購潮熾熱、反壟斷監理力量形同虛設，加上收購價節節攀高，套利操作因此大行其道，獲利極豐。套利者不需要什麼特殊才幹就能賺取厚利，此中要訣，就像彼得‧謝勒（Peter Sellers）主演的電影《無爲而治》（Being There）：「人在就行了。」華爾街人士則改編了一句諺語：「送人一條魚，你只能幫他一天。教他套利，一輩子不愁吃穿。」（不過，如果他是跟伊凡‧波斯基〔Ivan Boesky；譯注：華爾街著名套利者，1980年代因從事內線交易而入獄〕學套利，那可能就得吃牢飯了。）

　　評估套利機會時，你必須考慮以下四個問題：（1）已公布的事件實際發生的機率有多高？（2）資金將鎖住多久？（3）更好的結果（例如有競爭者提出更高的收購價）出現的可能性有多大？（4）事件若沒發生（例如併購案因爲反壟斷或融資障礙而告吹），會有什麼後果？

　　阿卡達公司（Arcata Corp.）是我們在套利操作方面的幸運奇遇之一，此交易說明了套利操作的種種曲折。1981年9月28日，阿卡達董事會原則上同意將公司賣給KKR公司（當時和現在都是主要的槓桿收購業者之一）。阿卡達是一家印刷和林業公司，當時正跟美國政府打一場官司。1978年，美國政府爲擴大紅杉林國家公園（Redwood National Park），徵用了阿卡達公司10,700英畝的林地，主要是老齡紅杉林。政府分數期支付9,790萬美元，但阿卡達認爲這遠遠不夠補償公司的損失。雙方也就徵地與付款之間應該採用什麼利率計算利息而僵持不下。授權法規指明單利

6%，阿卡達則認為應採複利計息，而且利率應遠高於6%。

當一家公司正進行結果難測、意義重大的訴訟之際，無論是可能獲得巨額利益還是蒙受龐大損失，提議收購這家公司都得面對一個額外的談判難題。為解決此問題，KKR提議以每股37美元收購阿卡達，外加政府就徵用紅杉林可能付出的額外賠償的三分之二。

評估這個套利機會時，我們必須問一個問題：KKR會完成交易嗎？因為在其他因素之外，KKR的收購提案有一條但書：該公司能夠就這項收購取得「令人滿意的融資」。對賣方來說，這種條款總是很危險的：它讓那些在提婚與完婚之間打退堂鼓的追求者可以輕易藉詞落跑。不過，我們不太擔心這一點，因為KKR以往完成交易的紀錄良好。

此外，我們還得問一個問題：KKR的收購提案若破局，結果會如何？對此我們同樣覺得可以放心，因為阿卡達的管理層和董事已經花了不少時間尋找買家，顯然決心把公司賣掉。KKR收購案若不成事，阿卡達料將另覓買家；當然，價格可能會低一些。

最後，我們還得問自己：紅杉林賠償訴訟可為阿卡達帶來多少收益？各位的董事長雖然分不清楡樹與橡樹，但這個問題難不倒他：他很酷地斷定，金額介於零與某個大數目之間。

於是，我們從9月30日起開始購入阿卡達股票，當時股價在33.50美元左右。八週內我們買進了約40萬股，約占該公司5%的股權。最初的公告說KKR將於1982年1月支付每股37美元。因此，如果一切順利，我們將賺得約40%的年報酬率──這還不包括可能錦上添花的紅杉林賠償。

但事情沒有那麼順利。12月時，公告的訊息是交易完成日期將稍微延後。不過，1月4日，KKR與阿卡達簽訂正式協議。受此激勵，我們以約38美元的價格加碼買進，持股增加至65.5萬股，占公司股權略多於7%。雖然交易完成日延後，但我們願意以更高的價格加碼，因為我們現在傾向相信紅杉林賠償額將接近某個大數目，而不是零。

2月25日，預定為交易融資的機構表示，「考慮到營建業極度不景氣，可能影響阿卡達業務」，它們正「檢討」融資條件。股東會議再度延期，預定4月舉行。阿卡達公司發言人表示，他「不認為收購案已觸礁」。套利者聽到這種保證，自然想起那句老話：「他說謊的樣子，就像貨幣貶值前夕的財政部長。」

3月12日，KKR宣布，先前的收購提案不可行，收購價必須降至33.50美元，兩天後調高至35.00美元。但是，3月15日，阿卡達董事會否決KKR的提案，接受了另一財團每股37.50美元、外加一半紅杉林賠償金的提案。股東通過這項交易，於6月4日收到每股37.50美元的現金。

我們收到2,460萬美元，成本為2,290萬，平均持股時間接近六個月，未計紅杉林賠償金的年報酬率為15％。考慮到這項交易遇到的麻煩，這樣的報酬率相當理想。

但好戲還在後頭。法官指派兩個委員會展開研究，一個負責鑒定紅杉林的價值，一個負責鑒定適用的利率。1987年1月，第一個委員會得出結論，指紅杉林值2.757億美元；第二個委員會則建議，適用的利率為約14％的複利。

1987年8月，法官採納委員會的結論，這意味著政府必須額外支付6億美元給阿卡達。政府上訴。但1988年，上訴尚未開審，雙方即同意以5.19億美元和解。結果我們每股額外獲得29.48美元，總共得到1,930萬美元。我們將於1989年再獲得80萬美元。

波克夏的套利操作方式與許多套利者不同。首先，我們每年僅做數宗交易，通常是非常大手筆的交易。多數套利者則會參與許多交易，每年可能超過50宗。這麼多案子同時在手，他們必然得將大部分時間花在監控交易進展，以及相關公司的股價走勢上。查理和我都不想過這種生活。（如果整天都得盯盤，致富又有什麼意思呢？）

因為我們每年只做幾宗大交易，只要有一宗大賺或大虧，套利交易成

績對公司業績的影響就會遠大於一般套利操作。波克夏至今不曾在套利交易上吃大虧，但這種事未來難免會發生。果真遇上時，我們會向各位詳細報告慘痛經歷。

我們與某些套利者的另一個不同之處，是我們只參與已公開宣布的交易。我們不去猜哪些公司會成為收購目標，也不會根據傳聞下注。我們只是看報紙，考慮少數大型併購案，然後根據我們對事件發生機率的判斷來決定怎麼做。

年底時，我們在套利交易方面唯一的重大部位，是334.2萬股納貝斯克（RJR Nabisco）股票，成本2.818億美元，市值3.045億。1月時，我們加碼至約400萬股，然後於2月全部出清。其中約300萬股賣給了收購納貝斯克的KKR，而KKR不接受的100萬股則迅速在公開市場賣掉。此宗交易稅前獲利6,400萬美元，優於預期。

稍早之前，我們熟悉的傑伊‧普利茲克也加入競逐納貝斯克。他代表一個由第一波士頓（First Boston）牽頭的財團，提出一個節稅導向的收購提案。套句尤吉‧貝拉（Yogi Berra）的話：「真是似曾相識啊。」

本來有一段時間我們應該會大量買進納貝斯克，但因為所羅門公司也參與競逐該公司，使我們的操作受到很大的限制。查理和我雖然是所羅門公司的董事，但向來刻意避免接觸該公司併購業務的相關消息。這是我們主動要求的，因為這種消息對我們不會有好處，事實上偶爾還會阻礙波克夏的套利操作。

然而，因為所羅門在納貝斯克競購案中可能投入巨額資金，依照法規，所有董事必須完全了解詳情並參與決策。如此一來，波克夏只能在兩段時間購買納貝斯克的股票：先是在管理層公布公司接獲收購提案，而所羅門尚未介入的短短數天內；然後是頗長一段時間後，也就是納貝斯克董事會決定將公司賣給KKR之後。因為我們在其他時間不能買進，我們擔任所羅門董事使波克夏損失不菲。

各位看到波克夏1988年的套利交易成果豐碩，可能會以為我們在1989年也將積極投入。但事實上，我們預計將保持觀望。

原因之一是我們手頭的現金減少了，因為我們打算長期持有的股票投資顯著增加了，這是好事。本報告的老讀者都知道，我們決定長期持有某些股票，絕不是基於對股市短期走勢的判斷，而是反映我們對所投資公司長期業務前景的研判。我們從不曾對股市、利率或經濟景氣一年後的狀況下判斷，以後也絕不會這麼做。

即使有很多現金，我們也很可能不會在1989年做很多套利交易。企業併購市場顯然已經衝過頭了。一如《綠野仙蹤》裡的桃樂絲所言：「托托，我覺得我們已經不是在堪薩斯了。」

我們不知道這種過熱的情況會持續多久，也不曉得促成過熱現象的政府、放款者和收購者的態度會因為什麼而改變。但我們可以確定的是，別人做事越不審慎，我們自己就應該越審慎。在某些併購案中，買方和提供融資的機構樂觀得毫無節制（在我們看來，他們往往樂觀得毫無根據），我們不想參與這種交易的套利操作。我們會記住赫伯·斯坦（Herb Stein）的話：「沒辦法永遠持續的事，總是會結束的。」

去年我們向各位報告，1989年我們在套利交易方面預計將保持觀望。結果正是這樣。套利是持有準現金資產的一種替代方式，而在1989年部分時間裡，我們手頭現金相對較少。而在其他時段，即使現金頗多，我們還是選擇不做套利，主要是因為我們覺得許多企業交易毫無經濟理性可言，參與這種交易的套利操作，太像玩接火棒的最大笨蛋遊戲（greater-fool game）了。（如華爾街人士雷·迪福〔Ray DeVoe〕所言：「天使不敢交易時，傻瓜蜂擁進場。」）我們將不時做一些套利交易，有時會

是大手筆的買賣，但前提是我們必須認爲勝算頗大。

四、對標準理論的批判 [23]

Debunking Standard Dogma

講過套利操作後，似乎也應該談談「效率市場理論」（efficient market theory, EMT）。該理論在 1970 年代蔚爲風潮，簡直就是學術界的聖訓。該理論基本上是說，個股分析是沒有用的，因爲所有的公開資訊已適當反映在股價上。換句話說，市場總是無所不知。教導效率市場理論的教授們因此表示，對著股價表用射飛鏢的方式選出來的股票投資組合，報酬率不輸於最聰明、最勤奮的證券分析師挑選的投資組合。神奇的是，倡導效率市場理論的不僅是學者，許多投資專業人士和企業經理人也信這一套。他們正確地注意到市場**通常**是有效率的，但錯誤地得出市場**永遠**有效率的結論。兩者其實有天壤之別。

我個人認爲，葛拉漢紐曼公司、巴菲特合夥企業和波克夏連續六十三年的套利操作紀錄（當然還有其他證據），已經證明效率市場理論非常愚蠢。在葛拉漢紐曼公司期間，我研究過該公司從創辦起，1926 至 1956 年間完整的套利交易成績，發現無槓桿報酬率（unleveraged returns）平均爲每年 20％。自 1956 年起，我開始應用葛拉漢的套利法則，先是在巴菲特合夥企業，然後是在波克夏。雖然我未曾精確計算，但多年來的經驗使我可以確定，1956 至 1988 年間年均報酬率遠高於 20％（當然，我身處的環境遠

比葛拉漢優越，他得熬過1929至1932年的大蕭條時期）。

我們的績效紀錄，完全具備公平檢視投資組合績效的必要條件：（1）三家公司在這六十三年間，曾買賣的不同證券數以百計；（2）操作績效未受少數幸運事件扭曲；（3）我們不需要發掘鮮為人知的事實，也不需要對企業產品或管理層有非凡的洞察力。我們不過是對廣為人知的事件做出反應；（4）我們的套利部位很明確，並不是事後特別挑選出來的。

這六十三年間，市場年均報酬率略低於10％（含股息）；也就是說，若所有收益都再投資下去，1,000元的原始投資金額可增加至40.5萬元。但是，若報酬率為20％，這1,000元可以變成9,700萬元。如此巨大的差異顯然具統計上的意義，自然也會激起人們的好奇心。

然而，效率市場理論的倡導者似乎對這種反證從不感興趣。沒錯，跟往日相比，他們已經減少談論此理論。但是，據我所知，迄今完全沒有人承認錯誤，儘管每一位學者均可能曾經誤導成千上萬名學生。在此同時，效率市場理論仍是主要商學院投資課程的核心內容之一。神學家會因為害怕神職失去神聖性而拒絕認錯，但會做這種事的，顯然不只他們。

大批學生和頭腦不清楚的投資專業人士受了效率市場理論蠱惑，這對我們和其他信奉葛拉漢理論的人來說，自然是天大的好事。無論是哪一種競賽，投資、鬥智或鬥力，倘若對手被教導盡力嘗試沒有用的「道理」，另一方自然大占便宜。從自私的立場出發，葛拉漢學派或許應該捐助大學設立講座教職，確保效率市場理論永遠傳承下去。

儘管如此，我還是得提出一個警告。近年來，套利似乎很容易賺錢，但其實這不是能保證每年獲利20％的投資方式，它甚至無法保證不虧損。如前所述，市場大部分時候是頗有效率的：在那六十三年間，我們每把握一個套利機會，就放棄了許多其他交易，因為相關資產的價格看來都很合理，根本無利可套。

投資人不可能光靠堅守某種投資類別或投資風格，就能在股市賺得豐

厚報酬。唯有審慎評估事實、持續堅守紀律，投資人才可能賺得高報酬。作爲一種投資策略，套利操作本質上並不比飛鏢選股法高明。

對於擁有優秀經營團隊的優質企業，我們希望永久持有其股票。我們的做法，跟那些在公司表現優異時急著獲利了結、表現不佳時死抱不放的投資人恰恰相反。彼得・林區（Peter Lynch）很巧妙地形容這種投資人的行爲是剪斷花朵、灌漑雜草。

我們一直認爲，表現持續出色、業務不難理解的公司異常珍貴，放棄在這種公司的持股通常是愚不可及的，因爲太難找到可替代的資產了。

有趣的是，企業經理人面對自己經營的事業，不難明白此道理：母公司擁有一家經濟體質長期看好的子公司，無論別人出什麼價格，都不大可能賣掉這家子公司。執行長會說：「我爲什麼要放棄手上的王牌呢？」但是，同一名執行長打理個人投資組合時，卻會聽從股票營業員的膚淺建議，不經意、甚至是性急地一直換股操作。此類淺見最糟糕的一條，可能是「你不會因爲獲利了結而破產」。你能想像執行長用這種理由遊說董事會賣掉明星子公司嗎？我們認爲，經營企業的道理同樣適用於股票投資：一般來說，投資人應緊抱手上的優質股票，就像事業主從不輕易放棄自己的優質事業那樣。

稍早我提過1919年投資40美元在可口可樂公司上能夠取得什麼樣的報酬。[24] 1938年，《財星》（Fortune）刊出一篇有關該公司的精彩報導，此時可口可樂已面世逾五十年，而且這種飲料也早已是公認的美國標誌之一。文章第二段寫道：「每年都有不少認眞的重量級投資人仔細分析可口可樂，對該公司的業績紀錄欽佩不已，但結果總是懊惱地認爲自己太晚發現這家公司了，因爲市場飽和與競爭加劇的陰霾似乎就在眼前。」

沒錯，1938年的確有競爭，而1993年也是。但值得注意的是，1938年可口可樂賣出2.07億箱汽水（將當年的加侖數換算為今天每箱192盎司的結果），在當時已是市場遙遙領先的業者；而1993年則賣出約107億箱，銷量比1938年增加了50倍。而且，對投資人來說，1938年買進也為時未晚：雖然1919年投資40美元購買1股（並將股息再投資購入股票），至1938年持股價值已增至3,277美元，但如果1938年另外投資40美元購買可口可樂的股票，至1993年底，持股價值已增至25,000美元。

　　我忍不住要再引述1938年《財星》報導裡的一句話：「真的很難找到一家規模與可口可樂相當、而且同樣一直賣同一商品的公司，能有可以媲美可口可樂的十年期業績。」五十五年過去了，現在可口可樂的產品線已有所擴增，但令人讚嘆的是，用這句話形容目前的情況仍非常貼切。

　　查理和我老早就認為，一個人要在他的投資生涯中做數以百計的精明決定，實在太難了。隨著波克夏的資本大幅膨脹，能夠顯著影響我們業績的投資項目銳減，我們上述判斷的說服力也越來越強。因此，我們採行的策略是只要精明幾次就夠了，而且也不必太精明。事實上，現在如果每年有一個很好的投資主意，我們就滿足了（查理說今年輪到我）。

　　按照我們的策略，我們不能遵循標準的分散投資教條。許多「專家」因此會認為，我們的策略所冒的風險必定高於傳統的多元化投資策略。我們不同意這種說法。我們相信，如果集中投資能使投資人集中心思（理應如此），風險即可**降低**，因為一來投資人對投資標的的分析會更到位，二來他必須對投資標的的基本特質有相當大的信心，才會決定買進。此處我們所稱的風險，是遵照字典的解釋：「虧損或受傷的可能性。」

　　但是，學術界卻喜歡賦予投資「風險」不同的定義，他們斷言投資風險是一檔個股或一個股票投資組合的相對波動性，也就是相對於大盤的波動性。學者們運用資料庫和統計技術，精確算出股票的「貝他值」，代表一檔個股過往價格走勢相對於大盤的波動程度。圍繞著這項概念，他們創

造出深奧的投資和資本配置理論。他們亟欲利用單一的統計指標來測量風險，卻忘了一個基本原則：約略正確好過精確但錯誤。

對事業主來說（我們視股東爲一家公司的事業主），學者對風險的定義實在離譜，離譜到會產生荒謬的結論。例如，按照貝他值理論，相對於大盤，一檔個股若大幅下挫（我們1973年買進華盛頓郵報公司時，該股就是這樣），在股價低檔買進的風險比在股價高檔時買進更大。如果有人願意大幅降價將一家公司賣給你，你會認爲低價購入的風險比高價購入更大嗎？

事實上，眞正的投資人**樂見**價格波動。葛拉漢在《智慧型股票投資人》第八章解釋了原因。他創造了「市場先生」，一位樂於助人的先生，每天都會向你開出一個價格，你可以把股票賣給他，也可以向他買進股票，隨你高興。市場先生越是躁鬱，報出的價格偏離合理水準越遠，提供的投資機會越是誘人，因爲市場劇烈波動意味著有時以離譜的低價就能買到優質的資產。投資人可以選擇不理會，也可以趁市場出現離譜的低價時積極買進，占市場先生的便宜。正常人不可能明白爲什麼學者會認爲這種價格將使得投資人冒更大的風險。

貝他理論的純粹派評估風險時，會不屑了解一家公司的產品、競爭者的動向，以及債務負擔。他們甚至可能連公司的名字都不想知道，因爲他們唯一重視的是這檔股票過往的價格走勢。反之，我們樂於忽略股價歷史，集中精力蒐集一切有助於增加我們對公司業務了解的資料。因此，我們買入一檔股票後，就算該股暫停交易一、兩年，我們也不會感到不安。我們若要了解全資持有的子公司（如時思糖果和布朗鞋業）的經營績效，並不需要每天知道他們的股票值多少錢。那麼，爲什麼我們持有可口可樂公司7％的股權，就需要每天追蹤其股價呢？

我們認爲，投資人眞正應該評估的風險，是一項投資的稅後報酬總額（包括脫手時的所得），按購買力計算，是否至少不低於原投資額加某一

合理的報酬率。此風險雖然沒辦法像工程計算般精確，但某些情況下仍能合理地推估，準確程度足以支持明智的投資決策。這種風險評估必須考慮的主要因素為：

（1）業務的長期經濟體質可確實評估的程度；
（2）管理層的能力可確實評估的程度，包括經理人充分發揮企業潛力和明智運用現金流的能力；
（3）管理層品格可靠的程度，也就是能否相信經理人會將經營成果交還給股東，而不是中飽私囊；
（4）投資成本，也就是買進公司股權的代價；
（5）未來的稅負和通膨水準，這會影響投資人的稅後實質投資報酬。

　　許多分析師很可能會認為這些因素太模糊了，因為根本沒有資料庫能提供現成的答案。雖然這些因素難以精確量化，但這不會降低它們的重要性，而且評估的困難性也並非不可克服。就像史都華大法官（Justice Stewart）那樣，雖然沒辦法定出猥褻的檢驗標準，他仍可斷言：「我看了就知道。」同樣的道理，投資人不必訴諸複雜的公式或股價歷史，也能「看見」某些投資項目固有的風險，雖不精確但非常管用。

　　貝他論者根本無法辨別企業內在風險的差異，譬如說兩家單一產品的玩具公司，一家賣寵物石或呼拉圈，另一家賣大富翁或芭比娃娃，光靠貝他值無法區分兩者的業務風險。但一般投資人只要適度了解消費者行為和影響長期競爭力的因素，就大有可能辨明其中差別。沒錯，每一個投資人顯然都會犯錯。但只要把注意力集中在少數容易理解的投資項目上，智能正常、留意資訊、勤奮用功的投資人就有能力合理地評斷投資風險，準確程度足以支持明智的投資決定。

　　當然，就許多產業而言，查理和我沒有能力辨明哪一家是「寵物石」，哪一家是「芭比娃娃」。而且，就算我們耗費多年時間研究這些產業，我們

很可能還是無法回答這個問題。阻礙我們的有時是我們自身的智能缺陷，有時是產業性質。例如，一家公司若是必須緊隨日新月異的科技發展，其長期經濟體質即無法可靠地評斷。三十年前，我們能預見電視或電腦製造業會變成什麼樣子嗎？當然不能（那些熱切投入這些產業的投資人和企業經理人，絕大多數也不能）。那麼，為什麼查理和我現在要認為自己能預見其他快速演變的產業之前景呢？我們將繼續堅持研究簡單的案子。當你眼前已經有一根針，為什麼還要去做海底撈針的事呢？

當然，有些投資策略（例如我們多年來的套利操作）是需要廣泛分散押注的。如果單一交易存在顯著風險，就必須藉由多宗相互獨立的交易來降低整體風險。因此，你可以自覺地做一筆高風險投資（也就是頗有可能造成虧損或傷害的投資），前提是你根據各種可能情境的概率計算盈虧後，相信盈大於虧，而且你有能力做多宗類似、但相互獨立的交易。絕大多數創投業者就是採用這種操作方式。如果你也這麼做，記得要像提供輪盤遊戲的賭場經營者那樣：因為概率對賭場有利，賭場希望見到客人踴躍下注，但不會接受單筆的巨額押注。

另一種需要廣泛分散投資的情況，是投資人不了解特定產業的經濟特質，但對美國整體產業的前景有信心，認為當一名長期投資人對自己有利。在此情況下，投資人應持有很多公司的股票，同時將投入時點分散在一段相當長的時間裡。例如，只要定期投資一檔指數基金，一無所知的投資人實際上能打敗多數投資專業人士。弔詭的是，「愚笨的」投資人只要承認自己的局限，就一點也不笨了。

另一方面，如果你是有知識的投資人，能了解企業的經濟體質，能找到五至十家股價合理、具長期競爭優勢的公司，傳統的分散投資法對你就沒有意義，只會損害你的投資績效，增加你的風險。此類投資人會買進在他心目中排名第20位的公司，而不是加碼持有前幾名的企業（也就是他最了解、風險最低、營收潛力最大的公司），這實在是我無法理解的事。

正如睿智的好萊塢女星梅‧蕙絲（Mae West）所言：「好東西越多越好。」

————————

　　我們不斷尋找理想的投資標的，也就是業務不難了解、經濟體質令人垂涎且歷久彌堅，由能幹且以股東利益為本的經理人管理的大公司。但光是這樣不能保證投資績效令人滿意：我們還必須以合理的價格買進，而且企業的經營績效也必須印證我們的評估。不過，這種尋找超級巨星的投資方式，是我們真正成功的唯一機會。我們必須處理的資金規模極為龐大，要靠巧妙地買賣平庸企業的部分股權來獲得豐厚的報酬，實在非常困難，查理和我自認沒這種本事。我們也不認為有許多人能靠不斷換股操作以取得長期投資成就。事實上，我們認為，稱那些頻繁進出市場的機構為「投資人」，有如將不斷玩一夜情的人稱為浪漫情人。

　　如果我的投資機會嚴格受限，例如僅限於奧馬哈的私人企業，我首先會嘗試評估每一家企業的長期經濟體質；其次是評估這些企業經營團隊的素質；第三是嘗試以合理的價格購買其中最好的幾家。我肯定不想平均地持有城內每一家企業的部分股權。那麼，為什麼波克夏面對一個由許多上市公司構成、規模更大的投資天地時，就要採取不同的做法呢？既然尋找傑出企業和一流經理人如此困難，我們為什麼要放棄已證實可靠的公司呢？我們的座右銘是：「如果你一開始就成功了，就不要試別的了。」

　　凱因斯的投資績效跟他的理論思想一樣傑出。1934年8月15日他寫信給生意夥伴史考特（F. C. Scott），以下這段彰顯了他的投資理念：「隨著時光流逝，我越來越相信，正確的投資方法，是將大筆資金投資於個人自認有相當程度的了解、且經營團隊完全可信賴的企業上。以為將資金分散投資在許多自己不甚了解、也沒理由特別有信心的企業上就能限制投資風險，是錯誤的想法……一個人的知識和經驗必然是有限的。無論何時，我

個人覺得可**徹底**信賴的公司，很少超過二至三家。」

　　1987年股市驚濤駭浪，但一年下來幾乎是回到原點：道瓊工業指數整年僅小漲2.3％。當然，各位都知道，雖然大盤幾近收平盤，但這一年之中股價就像在坐雲霄飛車。截至10月，市場先生像吃了興奮劑，股價節節高升，之後就忽然嚴重發病了。

　　這次股市如此震盪，主要是拜「專業」投資人所賜，他們管理的資金數以億計。許多盛名遠播的投資經理人如今最關心的，不是企業未來幾年有何作為，而是其他投資經理人未來幾天會有何動作。對他們來說，股票不過是遊戲的籌碼，如同大富翁裡的棋子。

　　這種態度的極致表現之一，是所謂的「投資組合保險」。1986至1987年間，許多大型資產管理業者採用了這種操作策略，其原理其實一如小投機客的停損單，不過是貼上一個新奇的標籤而已。按照這種操作方式，股價下滑時，經理人得賣掉投資組合裡的部分持股，或是等值的股價指數期貨；股價跌幅越大，經理人必須賣出的持股或指數期貨越多。這種操作方式完全不理會其他因素：股價跌幅超過某一門檻，巨額的賣單自動殺出。《布雷迪報告》（Brady Report；譯注：1987年10月美股崩跌，總統工作小組調查事件後所發表的報告）指出，1987年10月中，因這種操作方式而隨時可能拋出市場的股票，價值估計在600億至900億美元之間。

　　如果你認為投資經理人是受聘幫人投資的，你可能會覺得這種操作方式實在不可思議。一個人買了一座農場後，吩咐他的仲介商：一旦比鄰的農場以較低的價格賣出，就馬上替他賣掉一部分的農場；理性的人會做這種事嗎？又或者，你會因為某天早上9點30分，一間跟你家相似的房子以低於前一天的價格賣出，就在9點31分將自己的房子賣給任何一位出價者嗎？

但是，這正是投資組合保險的操作方式。根據這種策略，退休基金或大學投資組合若持有像福特汽車或奇異公司（GE）這種股票，它們的股價跌得越屬害，就越需要大量拋售它們。而且，按照「邏輯」推論，這些個股的價格一旦顯著回升，基金就應該把這些股票買回來（**這可不是我瞎編的**）。手握巨資的經理人奉行這種愛麗絲夢遊仙境式的操作策略，股市有時脫離正軌也就不足爲奇了。

然而，許多評論者卻從近期事件中得出錯誤的結論。他們很喜歡說：現在市場被大戶神經兮兮的行爲所主導，散戶因此全無機會。這個結論錯得離譜。我們認爲，投資人無論大小，只要堅持建構自己的投資組合，這種市況反而很理想。投資經理人不理性的大手筆投機行爲造成股價波動，眞正的投資人可因此獲得更多投資良機。只有當投資人因爲財務或心理壓力，被迫在不當時機拋售持股時，才可能因爲這種波動而受傷害。

五、「價值」投資：一個贅詞 [25]

"Value" Investing: A Redundancy

對我們來說，收購一家公司的控股權和購買一家上市公司的部分股權，兩者並無太多根本的差異。在這兩種情況下，我們都是希望投資於經濟體質長期看好的企業。我們的目標，是以合理的價格購入一流的公司，而不是廉價購入平庸的企業。查理和我均已明白，我們必須有絲綢才能做出絲綢錢包；給我們豬耳朵，我們是沒辦法的。

（值得一提的是，各位的董事長向來聰敏過人，因此只花了二十年就明白買進優質企業是多麼重要。在這段學習期內，我一直在尋覓「便宜貨」，很不幸地還真找到一些。我得到的懲罰，是上了一課，對農具製造商、二流百貨公司和新英格蘭地區紡織業者的經濟狀況加深了認識。）

當然，查理和我可能會誤判一家公司的基本經濟體質。若果真如此，無論這家公司是我們的全資子公司還是僅占少數股權的上市公司，我們都會遇到麻煩；當然，如果是後者，要脫身通常容易得多。（誤判企業是確實可能發生的事：一名歐洲記者被派去美國採訪鋼鐵大王卡內基〔Andrew Carnegie〕，訪問完成後拍電報給編輯：「天啊，你絕對不會相信，開圖書館竟然可以賺這麼多錢。」）

無論是收購控股權還是少數股權，我們不僅希望投資好公司，還希望這些公司是由優秀、有才幹且令我們喜歡的經理人所掌管的。如果我們看錯了人，則具控股權的公司有一個明確的優勢：我們有撤換管理層的權力。但現實中，這個優勢有點虛幻，因為換管理層就像換配偶一樣，痛苦且費時，結果如何還得看運氣。

我認為握有一家公司的控股權有兩個主要好處。首先，如果我們能控制一家公司，就可以決定如何配置資本。假如我們只是一家上市公司的少數股東，我們對公司的資本配置很難有什麼影響力。這一點很重要，因為許多公司的執行長並不擅長配置資本。這並不奇怪，多數執行長能爬到最高位，是因為他們在行銷、生產、工程、行政或甚至是辦公室政治方面表現傑出。

一旦成為執行長，他們就有新的職責，必須決定資本如何配置，而這又是他們從未經手、且很難精通的一項關鍵工作。打個誇張點的比方，這就像一名才華橫溢的音樂家，最後不是進卡內基音樂廳表演，而是被任命為聯邦準備理事會主席。

執行長不擅長資本配置可不是小事：一名執行長在位十年，若公司每

年保留的盈餘相當於公司淨值的10％，十年之後，公司使用的資本就已經有逾60％是源自這位執行長的決策。

執行長若知道自己的資本配置能力不足（並非所有執行長都有這種自知之明），通常會嘗試向部屬、企管顧問或投資銀行家尋求協助。查理和我常見識到這種「協助」的結果。總的來說，我們覺得他們更可能幫倒忙。

結果是美國企業界做出大量不明智的資本配置決定（這就是爲什麼各位常常聽到企業「重整」）。不過，波克夏一直很幸運：在我們不具控股權的主要持股中，相關企業的管理層大致能維持適當的資本配置，有時表現還非常出色。

擁有控股權的第二項優勢與稅負有關。作爲一家控股公司，波克夏因爲持有企業的少數股權，必須吸收可觀的賦稅成本，而如果我們的股權達80％或以上，則沒有此問題。這個稅負問題存在已久，但稅法修訂使得這項稅負於1986年顯著增加。結果同樣的盈利，若來自持股80％或以上的子公司，效益可能比來自少數股權投資高50％。

少數股權投資有一項重大的潛在優勢，有時足以抵銷其劣勢：股市有時會超跌，我們因此有機會以低得離譜的價格（遠低於經談判收購控股權所須付出的代價）買進一流企業不具控股權的股份。例如，我們於1973年以每股5.63美元的代價購入我們的華盛頓郵報公司持股，而該公司1987年每股稅後營業利潤高達10.30美元。又例如蓋可，我們的持股是在1976、1979和1980年買進的，平均成本爲每股6.67美元，而該公司去年每股稅後營業利潤高達9.01美元。就這種個案而言，市場先生實在夠朋友。

————————

我們的股票投資策略多年來大致不變，一如我們在1977年的年報中所說：「我們挑選上市公司的股票時，評估方式跟我們打算百分百收購一

家公司時基本相同。我們希望投資的企業是（1）我們能夠理解的；（2）長期前景看好；（3）經營者誠實能幹；以及（4）能以非常誘人的價格購入。」如今看來，我們只需要做一個小調整：考慮到市場狀況和我們的規模，我們現在可以將「非常誘人的價格」換成「誘人的價格」。

你可能會問，但是要怎麼判斷價格是否「誘人」呢？面對這項問題，多數分析師認為他們必須在「價值」與「成長」投資法之間做選擇，而人們通常認為兩者是截然對立的。事實上，許多投資專業人士認為，將這兩個詞混在一起，是一種智能上的異性裝扮癖。

我們認為這是一種糊塗的觀念（必須承認，鄙人多年前也曾相信這種含混不清的理論）。在我們看來，兩者是緊密相連的：計算價值時，成長必然是其中一部分；成長貢獻的價值可大可小，可正可負。

此外，我們覺得「價值投資法」是累贅的說法。投資不就是尋求至少能收回成本的價值嗎？明知某個股的價格高於自己估算的價值，仍願意買進，期待以更高的價格轉手，這種行為應該稱為投機（投機並不犯法，也非不道德，但在我們看來，也沒有很厚的油水）。

無論適當與否，人們仍普遍使用「價值投資法」一詞。通常它是指購入具特定條件的股票，例如低股價淨值比、低本益比，或是高股息殖利率。遺憾的是，即使一檔股票完全符合這些條件，投資人仍無法確定該股一定物有所值。相對的，條件相反（高股價淨值比、高本益比，以及低股息殖利率）的股票也可能極具投資價值。

同樣的，業務成長本身與企業價值沒有必然的關係。沒錯，成長往往有助提升價值，有時作用還無比巨大。但此效應絕非必然。美國航空業的情況就是一個好例子：投資人不時投入巨資，支持國內航空業進行無利可圖（甚至是虧損慘重）的業務擴張。對這些投資人來說，當年奧維爾·萊特（Orville Wright；譯注：發明飛機的萊特兄弟的弟弟）如果在小鷹鎮（Kitty Hawk）試飛失敗，他們的境況會好得多；因為航空業越是成長，股東的

災難越大。

　　企業的投資必須產生可觀報酬，成長才能惠及投資人。換句話說，每投資一元以擴充業務，必須爲公司帶來超過一元的長期市值，投資人才能受惠於企業的成長。報酬不理想的公司投入資金擴充業務，這種成長只會傷害投資人。

　　約翰‧伯爾‧威廉斯（John Burr Williams）在他逾五十年前的著作《投資價值理論》（*The Theory of Investment Value*）中，提出了計算價值的公式，在此摘要如下：**任何一檔股票、債券或一家企業今天的價值，是由持有該資產期間的現金流入與流出量決定的；將這些現金流的預估值以某一適當的利率折算爲現值，就能算出這項投資的價值。**注意，股票與債券適用同一公式。儘管如此，兩者間有一個棘手的重大差異：債券有票面利率和到期日，未來的現金流量原則上是明確的；但股票則不同，投資分析師必須自行預估未來的現金流量。而且，公司管理層的素質對債券投資的現金流量通常不會有影響，主要的例外是管理層實在無能或無良，以致公司無法向債權人還本付息。相反地，公司管理層的素質對股票投資未來的現金流量卻可能有重大影響。

　　按現金流折現法衡量最具投資價值的項目，就是投資人應該選擇的投資，無論標的企業成長與否、盈餘穩定還是波動、股價相對於當前盈餘或帳面淨值是高是低。此外，雖然現金流折現法的分析結果通常是股票比債券更值得投資，但此結果並非必然：如果計算結果顯示債券更值得投資，投資人就應該選擇債券。

　　撇開價格不說，最值得投資的企業，就是那種能在很長時間內運用大筆額外資本賺取很高報酬的公司。最糟糕的投資，是那些剛好相反的公司，也就是持續利用越來越多的資本產生極低報酬的公司。遺憾的是，很難找到第一種企業：高報酬的公司需要的資本相對較少。此類公司若將大部分盈餘以股息的形式派發給股東，或是大量買回自家股票，股東通常可

因此得益。

雖然股票評價的數學計算並不難,但即使是富經驗且聰明的分析師,在預估未來現金流量時仍可能輕易出錯。在波克夏,我們嘗試以兩種方法處理這個問題。首先,我們盡可能只投資那些我們自認了解的公司。也就是說,我們的投資標的必然是業務相對簡單且性質穩定的公司。如果一家公司的生意很複雜,而且持續涉及許多變數,我們自認沒本事預測其現金流量。但我們不介意這項短處。對絕大多數投資人來說,關鍵不在於他們知道多少東西,而在於他們能否務實地面對自己不懂的東西。只要能避免犯大錯,投資人其實不需要做對很多事。

第二點同樣重要:我們堅持自己所付的價格必須有一定的安全邊際(margin of safety)。如果計算結果顯示,某個股的價值僅略高於市價,我們不會想買進。班傑明·葛拉漢非常強調此一安全邊際原則,而我們也相信這是成功投資的基石。

明智的股票投資人在次級市場買賣,績效會比購買新發行的股票好,原因主要與股票的定價方式有關。次級市場不時受大眾的愚蠢行為主導,持續地提供能撮合買賣的價格。無論價格多麼荒謬,對需要或想要出售手上股票或債券的投資人來說(任何時候總會有一些這種投資人),這就是他們能賣出的價格。很多時候,每股價值2元的公司,股票市價只有1元或更少。

另一方面,初級發行市場則是掌控在控股股東和企業手上,他們通常能選擇發行時機;如果市況不理想,也可以選擇不發行。可想而知,無論是公開發行還是私下議定的交易,這些賣方是不會讓買方占便宜的:你幾乎不可能以1元的價格買到每股價值2元的股票。事實上,只有當原股東覺得市場願意付出偏高的價格買進時,他們才願意讓公司發行股票(當然,賣方會以比較巧妙的方式表達這個意思,通常是說:他們不願意在市場低估公司價值時發行股票)。

新年伊始，波克夏認購了300萬股首都企業／美國廣播公司（Capital Cities／ABC, Inc.，以下簡稱「首都企業」），價格為每股172.50美元，這是1985年3月初我們承諾認購時該股的市價。多年來，我公開讚揚首都企業的管理層：我認為他們是美國所有上市公司中最好的。湯姆·墨菲（Tom Murphy）和丹·柏克（Dan Burke）不但是優秀的經理人，還正是你會希望自己女兒嫁給他們的那種人。能與他們共事真是我的榮幸，這當中樂趣無窮，認識他們的人都明白我的意思。

我們認購股票所提供的資金，幫助首都企業以35億美元的代價收購美國廣播公司。對首都企業來說，美國廣播公司是一項未來幾年經濟體質不甚誘人的重大投資。我們對此完全沒有不安，必要時我們可以非常耐心地等待（無論你多能幹、多努力，有些事就是急不來：就算讓九個女人懷孕，你也沒辦法在一個月內生一個孩子出來）。

為了展現我們的信心，我們簽訂了一項特別協議：未來很長一段時間內，首都企業執行長湯姆（或丹，如果他成為執行長的話）將行使波克夏持股的投票權。此安排是查理和我主動提出的，並非湯姆的主意。此外，我們也就出售持股為自己設定多重限制，目的是確保我們不會未經管理層同意，將持股賣給某位大股東（或有意成為大股東的投資人）。這項安排跟我們多年前投資蓋可和華盛頓郵報公司的做法類似。

因為大額股權通常享有一定的溢價，有些人可能認為我們設定這些限制損害了波克夏的財務利益。我們的看法恰恰相反，我們認為這種安排對相關企業的長期經濟前景有利，因此對身為股東的我們也有利。拜這種安排所賜，一流的經理人得以專心經營業務，為股東創造最大的長期價值。這比「旋轉門資本家」（revolving-door capitalists）進進出出，不斷在打股權交易的主意，經理人因此備受干擾的情況好得多（當然，有些經理人將

私利置於公司和股東利益之上，理應被撤換。不過，我們投資時會盡力避開這種公司）。

如今企業股權高度分散，企業因此難免不大穩定。一家上市公司隨時可能有大股東浮上檯面，滿口安定人心的說詞，但實際上往往包藏禍心。我們一如既往為自己的持股設定限制，是希望讓公司享有某種安定性；如果我們不這麼做，這種安定性就難有保障。穩定的環境、優秀的經理人和優質的業務，是企業獲利豐收的沃土。我們的做法，正是出於這種經濟考量。

當然，人性面因素也很重要。我們不希望我們喜歡、欽佩的經理人，在歡迎我們成為大股東後，因為擔心我們會做出什麼出人意表的事而失眠。我已經告訴他們不會有什麼意外的事，而上述安排正是要實踐我們的口頭承諾。簽訂書面協議也意味著這些經理人得到的是波克夏公司的承諾，不必擔心萬一我個人在波克夏的生涯提前結束（我個人的定義是：只要我活不過一百歲，就算是提前結束），事情會有變卦。

此次認購首都企業的股票，我們在價格上沒有占到任何便宜。我們的認股價完全反映近年來市場對媒體股和媒體資產的顯著熱情（某些媒體資產的交易甚至已接近狂熱狀態）。這不是一個可以撿便宜的市場。不過，這項投資讓我們同時得到優質事業和傑出人才，我們非常樂意投入巨額資金。

當然，有些股東可能會想：巴菲特1978至80年間才以每股43美元的價格賣掉波克夏手上的首都企業股份（鄙人典型的靈光一閃下的決定），現在卻以每股172.50美元的價格買進同一家公司，搞什麼鬼？因為預見各位可能有此一問，1985年我花了很多時間苦思冥想，希望給大家一個能自圓其說的漂亮答案。

大家稍安勿躁。

Intelligent Investing

在我們看來，按兵不動往往是明智的做法。我們和多數企業經理人都不會因爲市場預期聯邦準備理事會將小幅調整貼現率，或是某位華爾街「權威人士」改變了對大盤的看法，就狂熱地買賣盈利豐厚的子公司。既然如此，如果我們持有的不是子公司而是優質企業的少數股權，爲什麼就要有不同的做法呢？投資上市公司股票和收購子公司，兩者的成功要訣並無不同：你不過是希望以合理的價格購入經濟體質優越、管理層能幹又誠實的公司。在此之後，你只需要留意這些特質是否有變。

執行得當的話，採行這種策略的投資人結果通常會發現自己有數檔核心持股，占整個投資組合很高的比重。這名投資人如果收購若干大學籃球明星未來職業生涯收益的 20％，應該也會得到類似的投資結果。當中有數名球員將成爲 NBA 明星球員，他們貢獻的收益將成爲這名投資人的主要收益來源。如果只是因爲這幾項最成功的投資貢獻了絕大多數的收益，就建議這名投資人賣掉這幾項投資，那就像建議公牛隊把麥可·喬丹（Michael Jordan）賣掉，原因是他對球隊太重要了。

各位研究一下我們所投資的子公司和上市公司股票就會發現，我們偏好不大可能經歷巨變的公司和產業。原因很簡單：無論是投資子公司或股票，我們尋覓的是我們相信十年或二十年後幾乎肯定能占有巨大競爭優勢的公司。快速變化的產業環境或許可以提供中大獎的機會，但不可能有我們尋求的確定性。

有一點必須強調：作爲公民，查理和我樂見改變，因爲新觀念、新產品和富創意的技術提升了我國民眾的生活水準，而這顯然是好事。但是，

作為投資人，我們對變動不居的產業的態度，一如我們對太空探險的看法：我們為此鼓掌，但不想親身參與。

當然，所有生意或多或少會改變。我們1972年收購時思糖果，如今該公司的情況已有許多改變：糖果的種類、使用的機器和銷售的管道均有改變。但是，今天人們購買盒裝巧克力的原因，以及光顧時思而不是其他公司的原因，則幾乎完全未變，一如1920年代時思家族建立其事業時的情況，而且未來二十年、甚至是五十年仍不大可能改變。

投資股票時，我們也追求這種確定性。以可口可樂為例，在羅伯托‧古茲維塔（Roberto Goizueta）的領導下，該公司行銷產品的熱情和創意顯著增強。在唐‧克亞夫（Don Keough）和道格‧伊維斯特（Doug Ivester）的輔助下，羅伯托改善了公司每一方面的運作，為股東創造了驚人的價值。但是，可口可樂的事業基礎，也就是撐起公司競爭優勢和強健體質的素質，多年來並無改變。

最近我在看可口可樂公司1896年的年報（各位還認為自己閱讀速度很慢嗎？），當時可口可樂雖然已是軟性飲料的龍頭廠商，但可樂才面世約十年。不過，該公司未來百年的藍圖已經勾勒完畢。那一年可口可樂營收為14.8萬美元，總裁艾薩‧坎德勒（Asa Candler）宣稱：「我們要讓全世界知道，可口可樂是促進所有人的健康和快樂的最佳產品，我們的宣傳努力未曾鬆懈過。」雖然「健康」的說法可能有點牽強，但我非常樂見隔了一百年，可口可樂今天仍堅守坎德勒的中心思想。坎德勒當年還說（今天的羅伯托也可以這麼說）：「從未有類似的商品能如此深受大眾喜愛。」那一年可樂糖漿銷量為116,492加侖，而1996年則是約32億加侖。

我忍不住要再引用坎德勒的一句話：「今年約從3月1日起……我們聘請了十名旅行推銷員，他們將與總部保持有系統的聯繫；藉由這種做法，我們幾乎覆蓋了整個美國市場。」這正是我心目中的銷售團隊。

像可口可樂這種企業，大可稱為「必定成功的公司」（The Inevitables）。分析師對十年或二十年後可口可樂將賣出多少汽水可能稍有不同意見，而我們說這種公司「必定成功」，也不是要低估它們在製造、配銷、包裝和產品創新等方面必須繼續付出的努力。但是，說到底，理智清明的觀察者皆不會質疑可口可樂在可見的未來仍將主導全球汽水市場；即使是該公司最有力的競爭對手，只要誠實評估事態，也不會有這種質疑。事實上，可口可樂的優勢很可能會進一步增強。

顯然，高科技業或新興產業中會有許多公司未來的成長率將遠高於「必定成功的公司」。但我寧願選擇可以確定的好成績，而非只是有希望獲得的極佳成績。

當然，儘管我們花了一輩子的時間，查理和我也只能找到數家「必定成功的公司」。光是取得市場領導地位並不足以確保長期成功：通用汽車、IBM 和西爾斯（Sears）曾長期稱霸自身的產業，但數年前均曾備受衝擊。雖然某些產業有大者恆大的特質（龍頭廠商的優勢牢不可破，最大者生存幾乎是必然的法則），多數產業並非如此。因此，每一家必定成功公司的周遭，均可能有數十家冒牌貨，也就是那些眼下似乎很強，然而一旦競爭加劇就可能不支倒地的公司。必定成功的公司非常難得，查理和我因此知道自己永遠不可能找到 50 或 20 家這種明星企業。因此，我們的投資組合中，除了真正的巨星，也有一些潛力極佳的希望之星。

當然，即使是最優秀的公司，你也可能會付出過高的投資成本。此風險不時浮現，而在我們看來，目前投資幾乎任何一檔個股（包括必定成功的公司），成本過高的風險均頗大。在市場過熱時購入股票的投資人必須明白，即使是一流的公司，其價值仍可能需要很長一段時間才追得上他們付出的價格。

比這嚴重得多的問題，是一家優質企業的管理層忽略了一流的本業，分心收購體質普通甚至差勁的公司。發生這種情況時，投資人通常得承受很長時間的煎熬。不幸的是，多年前可口可樂曾發生這種事。（你能相信

數十年前可口可樂曾投入養蝦業嗎？）查理和我投資那些大致看來體質一流的公司時，最擔心的正是管理層失去焦點。不過，以可口可樂目前和未來管理層的素質而言，這種情況不會再發生了。

＊　＊　＊　＊　＊

就各位自身的投資，容我補充幾點看法。無論是機構還是個人，絕大多數投資人會發現，投資股票最好的方式，是持有手續費低廉的指數型基金。此方法的投資報酬，肯定優於多數投資專業人士所能提供的淨報酬（也就是扣除各種費用後投資人得到的報酬）。

不過，如果你選擇建立自己的投資組合，有幾點心得值得記住。明智投資並不複雜，但也遠非易事。投資人需要掌握的，是正確評估特定企業價值的能力。請注意，我是說「特定」企業：你不必是每一家公司的專家，甚至不必熟悉很多企業。你只需要在自己的能力範圍內，正確評估一些公司的價值。你的能力範圍涵蓋多少家公司並不是那麼重要，自知之明才是最重要的。

你不必了解貝他值、效率市場假說、現代投資組合理論、選擇權定價公式或新興市場，也一樣能投資成功。事實上，你對這些東西一無所知或許更好。當然，絕大多數商學院的主流觀點跟我的看法不同，這些學院的金融課程正是以上述理論為核心內容。但是，在我們看來，學習投資的人只需要學好兩門課：如何評估一家企業的價值，以及如何看待市場價格。

作為一名投資人，你的目標不過是以合理的價格，購入一家業務容易了解的公司的股權，而這家公司的盈餘於未來五年、十年以至二十年料將顯著成長。假以時日，你會發現，符合上述標準的企業很少，因此當你找到一家時，就應大量買進。此外，你還必須盡力抗拒偏離上述準則的誘惑：如果你不願意持有一檔股票十年之久，最好連十分鐘也不要持有。只

要投資組合裡的公司整體盈餘多年下來持續成長，投資組合的市值也將跟著成長。

　　雖然人們很少認識到這一點，但這正是波克夏為股東創造價值的方式。多年來，我們的「透視盈餘」成長速度十分理想，而我們的股價也同步成長。倘若我們投資的企業的盈餘未能成長，波克夏的價值也不可能大幅增加。

　　數家我們握有重大投資部位的公司去年業績令人失望。不過，我們相信這幾家公司擁有重要的長期競爭優勢，這一點對長期投資績效非常重要。查理和我有時相信自己能確認一家公司是否擁有長期競爭優勢，但更常見的情況是我們辦不到（有時是信心不足）。這就是為什麼我們不買科技股，儘管我們跟大眾一樣相信科技業者的產品和服務將改變我們的社會。問題在於我們無法洞察哪些科技業者擁有真正**持久**的競爭優勢，而這個問題不是我們努力鑽研就能解決的。

　　必須指出的是，我們不曾因為自己不熟科技業而煩惱。畢竟，查理和我不具資本配置專長的商業領域本來就很多。例如，講到評估專利、製造程序或地質可能性的價值，查理和我就一竅不通。我們因此完全避免評斷相關問題。

　　如果我們稱得上有什麼長處，那就是我們有自知之明，很清楚自己是否在能力範圍內操作，能警惕自己別做力有未逮的事。預測在快速變遷的產業中經營的公司之前景，就遠遠超出我們的能力範圍。假如其他人宣稱自己有能力預測這些產業的前景，而且股市走勢似乎印證了他們的觀點，我們既不羨慕，也不會仿效。我們將堅守自己了解的領域。如果我們偏離了這項原則，那一定是不小心之故，而不是因為我們焦躁不安，以期盼代

替理性。幸運的是，在我們關注的領域內，波克夏幾乎肯定能不時找到投資良機。

眼下我們擁有的優質企業股價並不誘人。換句話說，我們喜歡這些公司的生意多過它們的股票。這就是我們沒有增加持股的原因。儘管如此，我們並未大幅收縮我們的投資組合：如果我們必須在價格合理的可疑股票與價格可能偏高的可靠股票之間做選擇，我們會毫不猶豫地選擇後者。不過，我們真正希望找到的，是股價合理的可靠企業。

我們對股價水準的保留態度並非僅限於我們的持股，對大盤同樣適用。我們從不曾嘗試預測股市未來一個月或一年的走勢，而現在也不打算這麼做。但是，目前〔1999年末〕股市投資人對未來的投資報酬率看來顯然是過度樂觀了。

我們認為企業盈利成長率與本國經濟活動量（也就是國內生產毛額〔GDP〕）緊密相關，而我們預期美國GDP實質成長率約為3％。此外，我們假設通膨率為2％。查理和我無法確定這2％有多準確，但這是市場的看法：抗通膨美國公債（TIPS）的殖利率比標準美國公債低兩個百分點左右。如果你認為通膨率將高於2％，你大可買TIPS並放空一般美債，而倘若事實證明你是對的，你就能藉此獲利。

假如企業盈利果真與GDP同步以約5％的年成長率增加，市場對美國企業價值的估計值就不大可能以顯著更高的速度提升。加計股息殖利率，我們即可得出美股的整體投資報酬率，而此數值遠低於多數投資人近年實際獲得的報酬率，也遠低於他們目前預期的未來報酬率。如果投資人的預期回歸理性水準（這幾乎是一定會發生的事），股市勢將大幅下修，投機活動集中的類股跌勢將尤其顯著。

總有一天波克夏將有機會大手筆購買股票，對此我們深具信心。但是，如某句歌詞所言：「誰曉得何時何地？」在此之際，若有人試著向你解釋某些類股的走勢為什麼如此瘋狂，請記住另一句歌詞：「蠢人會告訴

你原因，有智慧的人從不嘗試解釋。」

─────────

〔當收購整家公司和投資股票的價格均過高時，〕我們嘗試學習泰德・威廉斯（Ted Williams；譯注：美國棒球史上最佳打擊手之一）的做法。泰德在他的著作《打擊的科學》（*The Science of Hitting*）中解釋，他將打擊區劃分成77塊，每塊約為一個棒球那麼大。他知道，如果他只在球進入理想的區塊時才揮棒，打擊率可高達四成；如果球落在最難打的角落時也揮棒，則打擊率會跌至二成三。換句話說，耐心等待好打的球是通往名人堂的大道，不分青紅皂白地揮棒則是通往小聯盟之路。

打個比方，目前迎面而來的投資機會若算是在好球帶之內，也只是落在難打的角落。如果我們揮棒，得到的報酬率鐵定不理想。但如果我們今天統統不打，也沒人能保證接下來的球會比較好打。或許以前誘人的價格只是一時的異常現象，今天十足的價格則並非異常。與泰德不同的是，我們不會因為連續棄打三個落在好球帶角落的球而遭到三振出局。但是，扛著球棒站在那裡，日復一日，也真不好玩。

七、雪茄菸蒂與制度性強制力 [27]

Cigar Butts and the Institutional Imperative

羅伯·班奇利（Robert Benchley；譯注：美國幽默作家及演員）曾說：「家裡養一隻狗，小男孩會學到忠誠、堅毅，以及躺下前先轉三圈。」從經驗中學習有時會有這種缺點。但無論如何，在犯新錯誤之前，回顧過去的錯誤仍是一件好事。那麼，我們就快速回顧二十五年來的錯誤吧。

- 我的第一個錯誤，當然就是收購波克夏的控股權。雖然我知道波克夏的紡織業務前景不佳，但我仍因為該公司看起來很便宜而買下它。我早年投資股票時，曾因為撿便宜而賺到不錯的報酬，但1965年收購波克夏時，我已經開始明白這種策略不理想。

如果你買進一檔股票的價格夠低，即使公司業務前景非常糟糕，短期內通常還是會有不錯的表現，讓你有機會獲利了結，賺得不錯的報酬。我稱這種操作方式為「雪茄菸蒂」投資法。街上抽剩一口的雪茄菸蒂或許沒什麼價值，但因為購買價「實在超值」，這一口就是利潤所在了。

除非你是清算專家，否則以這種方式收購企業是愚蠢的做法。首先，原先的「超值價」到頭來很可能證實並非那麼超值。經營一盤處境艱困的生意，通常是剛解決一個問題，另一個問題馬上就浮現——廚房裡永遠不會只有一隻蟑螂。第二，即使你最初得到一些甜頭，很快也將因為公司績效不佳而得不償失。舉個例子：你以800萬美元收購一家企業，轉手賣掉或選擇清算皆可獲得1,000萬美元，如果你很快就選擇轉手或清算，你的確可以賺得不錯的報酬。但如果這家公司十年後才以1,000萬美元賣掉，而期間每年報酬率只有區區數個百分點，則投資報酬率整體而言是令人失

望的。倘若你投資的是優質企業，時間是你的朋友；但若是二流公司，時間是你的敵人。

你可能覺得這道理再簡單不過了，但我卻得付出慘痛代價才學到這個教訓——事實上，我是受了多次教訓才學懂。收購波克夏後不久，我買了一家名為赫區柴德肯恩（Hochschild, Kohn）的巴爾的摩百貨公司，是透過後來併入波克夏的多角化零售公司（Diversified Retailing）買進的。收購價顯著低於公司帳面淨值、經營團隊一流，而且還有一些額外的甜頭，包括未反映在帳面上的房地產價值，以及後進先出（LIFO）庫存評價法產生的緩衝餘裕。這種好機會我怎麼可能錯過呢？唉⋯⋯三年後，我僥倖能以接近成本的價格轉手賣掉。

- 這就講到了一個相關教訓：好騎師配上良駒才會有好成績，騎一匹劣馬是不可能勝出的。波克夏的紡織生意和赫區柴德肯恩百貨均有能幹誠實的經理人，他們若是經營經濟體質良好的企業，一定會有好成績。但如果他們陷入流沙堆中，那是不可能有什麼作為的。[28]

我講過很多次：聲譽卓著的經營團隊接手一家產業基本面出了名虛弱的公司，結果聲譽不變的是後者。我真希望自己沒有製造出那麼多實例。我的行為就像梅·蕙絲所承認的：「我是白雪公主，但我迷迷糊糊的。」

- 另一個相關教訓：不要逞強，盡可能走輕鬆的路。在收購和監督各式各樣的企業二十五年之後，查理和我並沒有學會如何解決商業難題。我們學會的是避開它們。我們之所以有今天的成就，是因為我們集中精力找那些我們跨得過的一英尺低欄，而不是我們鍛鍊出跨越七英尺高欄的本領。

這一點說起來似乎有點不太公平，但無論是經營企業還是投資，堅持

做簡單明瞭的案子，往往遠比決心解決難題有利可圖。當然，有時你還是必須處理棘手的問題。另一種情況是一家優質企業陷入一時的巨大難關，但問題是可以解決的；這是絕佳的投資機會，多年前美國運通和蓋可公司的情況就是這樣。不過，總的來說，我們寧願避開龍而不是去當屠龍英雄，而且這麼做也確實績效斐然。

- 我最意外的發現：企業中潛藏著一股極其重要的無形力量，或可稱為「制度性強制力」（institutional imperative）。在商學院時，沒人提醒我有這麼一股力量，而當我在商界碰上它時，也未能直覺地理解其性質。我最初以為，正派、明智且經驗豐富的經理人自然能做出理性的商業決定。但我逐漸發現，事實並非如此。相反地，制度性強制力往往扼殺了理性。

　　舉例來說：（1）組織會抗拒任何與現行方向相左的改變，有如受制於牛頓第一運動定律（慣性定律）；（2）工作量自然會填滿預計的工作時間，同樣的道理，企業總會有可用盡手頭資金的投資項目或收購案；（3）企業領袖亟欲執行的項目，無論有多蠢，部屬很快就會提供具體的報酬率和策略研究報告，支持領袖的英明決定；（4）無論是擴張業務、收購公司、設定管理層薪酬或是任何其他事務，同業的行為總會有人盲目仿效。

　　上述企業行為模式往往是錯的，但其根源不在於貪腐或愚蠢，而是體制中的一股力量。因為忽略了這股力量的威力，我犯了一些代價高昂的錯誤。在此之後，我致力以抑制制度性強制力的方式組織與管理波克夏。此外，查理和我也盡力集中投資那些看來對此問題有所警覺的公司。

- 在犯了其他一些錯誤後，我學會了只跟自己喜歡、信任和欽佩的人合作。如我先前所言，這種做法本身無法保證成功：二流的紡織或百貨公司不會只是因為經理人是你心目中的理想女婿人選

就成功。但是，只要企業經濟體質健全，老闆或投資人若能聘用這種經營人才，公司一定大有可為。反之，無論企業前景如何亮麗，經理人若缺乏我們欣賞的特質，我們也不想投資。我們從不曾跟壞人做生意而得到好結果。

- 我最嚴重的一些錯誤是公眾看不見的：有一些個股和公司，我明知是好東西，但卻沒有出手投資。錯過自己能力範圍以外的投資良機並非罪過，但問題是有數宗大收購案明明已經送上門來，而我也完全有能力理解其特質，結果卻白白錯過。對波克夏的股東（包括我在內）來說，這種猶豫不決的行為，代價實在很大。

- 我們的財務政策向來保守，或許有人會認為這是一個錯誤，但我卻不這麼認為。事後看來，波克夏的負債比率若顯著提升至仍算正常的水準，股東可獲得的報酬率顯然會比實際均值23.8％高出許多。早在1965年，我們或許已能斷定，提高財務槓桿為股東創造效益的機率高達99％。換句話說，我們當年或許已能斷定，公司在正常的負債比率下，因為某些外部或內部因素而備受衝擊，陷入短暫的難關或甚至債務違約的機率只有1％。

　　但我們不喜歡這種99：1的機率，永遠也不會喜歡。在我們看來，困窘不堪、名譽掃地是極為嚴重的事，陷入這種境地的機率哪怕只有1％，也是不可接受的；即使有99％的機率可以顯著提升投資報酬，我們也認為是得不償失。如果你的行為是明智的，你肯定能得到好結果；在絕大多數情況下，提高財務槓桿不過是加快事情的進度。查理和我做事向來不急：我們享受過程遠甚於結果，雖然我們也學會了適應結果。

八、攸關生死的債務和股價大跌 [29]

Life, Debt and Swoons

　　除了零碎的數額外，我們避免舉債，僅在以下三種情況下使用債務融資：（1）我們某些短期投資策略涉及持有美國政府（或機構）債券，偶爾會利用附買回（repos）取得融資。這種操作具高度投機性，僅涉及流動性最高的證券。（2）我們會以一些計息的應收帳款為抵押，借入資金使用。我們很清楚這些應收帳款的風險特徵。〔（3）一些子公司，例如波克夏哈薩威能源，可能會有一些借款，它們會出現在波克夏的合併資產負債表上，但波克夏並沒有擔保這些債務。〕

　　就風險角度考量，十項彼此不同、互不相干的公用事業若能產生兩倍於利息費用的盈餘，要比利息保障倍數高得多的單一公用事業安全得多。一場大災難即可能毀了一家公用事業公司，無論該公司的債務管理政策是多麼保守——卡崔娜颶風（Katrina）對紐奧良當地電力公司的蹂躪就是一個好例子。但一場天災（例如美國西部某州發生地震）不可能對波克夏哈薩威能源產生同樣的衝擊。杞人憂天如查理，也想不出任何可能導致波克夏哈薩威能源收益全面大減的事件。因為該公司受當局規管的收益來源日益多元化，它一定會持續使用巨額的債務融資。

　　情況大致就是這樣。除此之外，我們不想為了併購或營運所需而背負重大債務。當然，傳統商業觀念會認為我們過於保守，只要適度提高財務槓桿，就能安全地提高股東的報酬。或許是如此。但波克夏數十萬名投資人當中，許多人將大部分身家放在波克夏的股票上（必須強調的是，本公司許多董事和重要經理人也是這樣），公司如有不測，對他們來說無疑是一場大災難。

此外，我們有一些保險客戶受到永久的傷害，未來五十年甚至更長的時間裡，我們必須賠償他們的損失。對於他們以及其他一些人，我們承諾的是十足的保障：即使發生金融危機、股市停止交易（1914年就曾停止交易頗長一段時間），或甚至是美國遭遇核子或生化攻擊，我們承諾的保障也不會改變。我們頗樂意為巨大風險承保。事實上，我們承辦的單一巨災高額保單數量在保險業中無出其右。

我們還持有一個市值在某些情況下（例如1987年10月19日股市崩跌）可能急挫的投資組合。但是，無論發生什麼事，波克夏的資產淨值、收益來源和流動性將足以讓我們輕鬆處理問題。除此之外，任何其他運作模式皆是危險的。多年來，一些非常聰明的人付出慘重代價才學到以下教訓：無論你先前在多長的時間裡戰績彪炳，只要碰上一次結果是全部所得歸零，那麼你得到的必然就是零。我可不想親身經歷這種境況，更不想自己連累別人的財富一次歸零。

———————

毫無疑問地，有些人因為運用借來的錢而變得非常富有。但是，這種操作也可能令你一貧如洗。財務槓桿對你有利時，它會放大你的獲利。此時你的配偶覺得你很聰明，你的鄰居很羨慕你。但是，槓桿操作是會上癮的。嘗過槓桿的神奇好處之後，很少人會回歸較為保守的操作方式。我們小學三年級時便學過，無論之前的連串數字有多大，一旦乘以零，一切即化為烏有；有些人在2008年重新學到這項教訓。歷史告訴我們，槓桿太常產生一切歸零的結果了，即使運用槓桿的人非常聰明也不例外。

企業運用槓桿，當然也可能產生致命的後果。背負重債的公司，往往假定這些債務到期時將能獲得再融資。這個假設通常是正確的。但是，偶爾也會出現這種情況：公司的個別問題或全球信貸短缺導致債務到期時無

法再融資，只能還清欠款。此時公司就只能拿出現金還債。

這種時候借款人便認識到，信貸有如氧氣：它充裕時，沒有人注意它；它不足時，**所有人**都只關注這問題。哪怕只是短暫的信貸短缺，也可能摧毀一家公司。2008年9月，許多經濟領域驟然陷入信貸嚴重短缺的困境，整個美國頓時岌岌可危。

在波克夏，除了受管制的公用事業和鐵路子公司所持有的現金外，我們至少會持有100億美元的現金。因為這個原則，我們手上通常有至少200億美元的現金，以便公司能夠應付空前巨額的保險賠償（我們迄今最大的保險賠償為卡崔娜颶風造成的約30億美元理賠，這是保險業歷來損失最大的巨災），以及快速把握投資機會（即使在金融動盪時期也不例外）。

我們的現金主要放在美國國庫券上，同時避開收益率高數個基點的其他短期證券；這是我們遠在2008年9月商業本票和貨幣市場基金的脆弱性暴露出來之前，便已奉行的政策。我們認同投資作家雷·迪福的觀察：「人們因為追逐高收益而損失的錢，比歹徒持槍搶走的錢更多。」在波克夏，我們不倚賴銀行信用額度，也不簽必須提交擔保品的契約，除非金額相對於我們的流動資產微不足道。

因為在財務槓桿上如此謹慎，我們的報酬率略微受損。但是，持有大量流動資金使我們得以安枕無憂。此外，當我們的經濟偶爾爆發金融危機、其他公司忙亂求生時，我們將有充裕的資金和心理準備主動出擊。

正因如此，2008年雷曼兄弟宣告破產之後市場風聲鶴唳的25天內，我們投資了156億美元。

————————

短期的股價隨機波動可能掩蓋公司價值的長期成長，波克夏本身就提供了一些生動的例子。過去五十三年裡，波克夏藉由保留盈餘再投資和借

助複利的神奇力量，持續為股東創造價值。年復一年，我們不斷前進。但在此期間，波克夏的股價曾經歷四次真正的大跌。以下是血淋淋的細節：

時期	股價高點	股價低點	跌幅
1973年3月至1975年1月	93	38	59.1%
1987年10月2日至1987年10月27日	4,250	2,675	37.1%
1998年6月19日至2000年3月10日	80,900	41,300	48.9%
2008年9月19日至2009年3月5日	147,000	72,400	50.7%

我反對在任何情況下利用借來的錢持有股票，而這個表格顯示了我所能提出的最有力論據。股票的價格短期內可能跌到什麼程度，根本無法預料。即使你借的錢不多，而且你的持股並未因為股市暴跌而立即受威脅，你還是大有可能被各種可怕的新聞和嚇人的評論弄得惶惶不安。而人如果惶惶不安，是無法做出正確決定的。

在接下來的五十三年裡，波克夏（和其他公司）的股價亦將經歷類似上述表格所呈現的那種大跌。沒有人能告訴你這種情況何時會發生。燈號隨時都可能由綠變紅，中間甚至不會有黃燈的停頓。

不過，當股價大跌時，如果你並未因為負債而動彈不得，就有了絕佳機會可以把握。那正是時候該好好體會吉卜林（Kipling）的詩作〈如果〉中的詞句：

「如果你能保持清醒，當周遭的人都失去理智……

如果你能等待，而且不厭倦於等待……

如果你能思考，而且不以思考為終點……

如果你能在所有人都懷疑你的時候相信自己……

地球和它所有的一切都屬於你。」

第三篇

普通股
Common Stock

恐懼與貪婪這兩種傳染性極強的疾病偶爾就會發作，這是投資界無可逃避的宿命。此類疾病何時發作是無法預測的，發作時市場遭扭曲的程度，以及扭曲狀態持續多久，同樣不可測。因此，我們從不試圖預測這兩種疾病何時發作、何時消失。我們的目標比較簡單：我們希望盡可能做到別人貪婪時我恐懼，別人恐懼時我貪婪。

　　撰寫本文時，華爾街沒有什麼恐懼的跡象，反而充斥著樂觀的情緒。有何不可呢？有什麼比財富隨著多頭市場水漲船高，股票投資報酬遠遠超越上市公司平庸業績表現更使人振奮的呢？但遺憾的是，股票投資報酬不可能永遠超越企業經營表現。

　　事實上，因為股票投資涉及沉重的交易和投資管理成本，股票投資人的整體報酬率，長期而言必然不如上市公司的業績表現。例如，倘若美國企業整體而言每年股東權益報酬率為12%，股票投資人實際得到的報酬率必然顯著低於12%。多頭市場雖然可以產生一時的神奇效果，但畢竟無法推翻數學定律。[30]

一、吸引優質股東 [31]

Attracting Quality Shareholders

幾個月後，波克夏的股票可能就會在紐約證交所掛牌交易。我們能申請上市，是因為證交所理事會已通過一項上市新規定，並提交證券交易委員會（SEC）審核。一旦SEC核准新規定，我們料將申請上市，而且相信會獲准。

迄今為止，紐約證交所要求新上市的公司至少有2,000名股東，每一位至少持有100股。此規定是希望確保在紐約證交所上市的公司股東基礎廣闊，有利於維持良好的市場秩序。這100股的標準，就是目前在紐約證交所上市的所有普通股的交易單位，也就是所謂的「一手」（round lot）。

〔1988年時，〕波克夏發行在外的股票數量較少（1,146,642股），因此持有至少100股的股東數目不符合交易所規定的門檻。但是，十股的波克夏股票已經是一筆很大的投資。事實上，十股波克夏的價值，高於在紐約證交所掛牌的任何一檔股票的100股。紐約證交所因此願意讓波克夏的股票以十股為「一手」。

紐約證交所建議的新規定，不過是將2,000名股東每位至少持有100股的規定，改為至少持有一手股票。波克夏可輕易符合新規定。

對於公司有望上市，查理和我都很高興，因為我們相信股東將因此受惠。對於一個市場是否為波克夏股票的理想交易場所，我們有兩個判斷標準。首先，我們希望股票的價格與公司的內在價值保持一種穩定、合理的關係。這樣的話，每一位股東持股期間得到的投資報酬，就會與波克夏同期的經營績效相若。

這種情況絕非必然。許多個股的價格，經常在嚴重偏低與大幅偏高的

兩極之間擺盪。發生這種情況時，股東得到的獎勵或懲罰，與持股期間公司的經營表現往往不成比例。我們希望避免這種變幻莫測的情況。我們的目標，是讓我們的股東／夥伴因公司績效出色而得益，而不是利用其他股東的愚蠢行為獲利。

股價能長期保持合理水準，有賴既有和潛在股東保持理性。我們所有的政策與溝通工作，均以吸引事業導向的長期股東、濾除市場導向的短期作手為目的。迄今我們的做法相當成功，波克夏股票的交易價一直維持在異常貼近公司內在價值的水準。我們不認為在紐約證交所上市對波克夏股票維持合理價格會有正面或負面影響，因為無論是在哪一個市場，股東的素質均能帶給我們良好結果。

不過，我們的確相信上市可降低波克夏股東的交易費用，而這一點非常重要。雖然我們希望吸引的是長期持有的股東，我們也希望盡可能降低股東買賣股票的交易費用。長期而言，股東的整體稅前投資報酬，等於波克夏的營業利潤減去股票交易費用──後者就是經紀商收取的佣金加上造市商（market-makers）賺取的買賣價差。整體而言，我們認為在紐約證交所上市可以顯著降低這些交易費用。

交投熱絡的股票，交易費用是很重的，往往可高達上市公司盈餘的10％，甚至更多。這種成本實際上如同股東承擔的一項重稅，儘管這是因為個別股東決定「改變持股」所造成的，而且「稅款」是付給了金融界而非華府。我們的政策以及各位的投資態度大大降低了波克夏股東的這項「稅負」──我們相信它是大型上市公司中最低的。在紐約證交所掛牌可以縮窄造市商的買賣價差，進一步降低股東的交易費用。

最後一點：各位必須明確知道，我們尋求在紐約證交所上市，目的不是要推高波克夏股票的評價（valuation）。在經濟狀況相若的情況下，波克夏股票在紐約證交所的交易價格，應該跟在店頭市場（OTC）買賣時差不多，這是我們希望看到的情況。在紐約證交所上市不應是誘使各位買

進或賣出的因素，此事的影響僅限於：如果你決定買進或賣出波克夏的股票，可以節省一些交易費用。

————————

波克夏的股票於1988年11月29日已在紐約證交所上市。在此我想澄清在〔上述〕致股東信中未提及的一點：雖然我們的股票在紐約證交所是以一手十股為交易單位，但只要是一股或以上，都是可以買賣的。

如上述信件解釋，波克夏上市的首要目標是降低股東的交易費用，而我們相信此目標正逐步實現。一般來說，紐約證交所的買賣價差遠低於店頭市場。

負責波克夏股票交易的專業經紀商是韓德森兄弟（Henderson Brothers），該公司是紐約證交所現存專業經紀商中歷史最悠久的。該公司創始人威廉・湯瑪士・韓德森（William Thomas Henderson）於1861年9月8日以500美元的代價，購得在紐約證交所的專業經紀商席位（這種席位最近的交易價為62.5萬美元）。韓德森兄弟負責83檔股票的交易，在54家專業經紀商中排名第二。我們樂見波克夏的股票交易被分配給韓德森兄弟，至今對該公司的表現也非常滿意。韓德森兄弟董事長吉米・馬奎爾（Jim Maguire）親自處理波克夏的交易，這安排真是再好不過了。

我們的目標跟多數上市公司或許有兩點顯著的不同。首先，我們不希望波克夏股價顯著偏高。我們追求的是波克夏股價非常貼近公司的內在價值（而我們希望公司的內在價值以合理——不合理的話就更好——的速度增加）。

第二，我們希望波克夏股票交易量非常低。如果我們經營一家私人公司，有數名不過問公司事務的合夥人，而這數名合夥人和頂替他們的投資人時常希望離開我們的合夥事業，我們會感到非常失望。經營一家上市公

司時，我們的想法也是一樣。

我們的目標是吸引長期股東，他們購買波克夏股票時，心中並沒有出售持股的時間表或目標價，只想與我們永久結伴。有些公司的執行長希望他們公司的股票交投熱絡，我們不明白這種心態，因為這種情況只有在持續有許多股東想賣掉股票、離棄公司時才會發生。換成是其他機構（例如學校、俱樂部或教會），領袖會對組織成員離開感到歡欣鼓舞嗎？（但是，如果有某位經紀商的生計仰賴這種機構的會員流動，那麼就一定會有至少一個人是鼓勵會員流動的；譬如可能會有人說：「基督教已經無聲無息好一陣子了，或許我們下週應該改信佛教。」）

當然，不時總會有股東需要或想要賣掉手上的波克夏股票，我們希望會有理想的人選以公允的價格接手。因此，藉由我們的政策、表現和溝通工作，我們嘗試吸引我們心目中的理想新股東，也就是那種了解我們的事業、認同我們的長期投資理念，而且在評估經營績效上跟我們標準一致的投資人。如果我們能繼續吸引這樣的股東（同樣重要的是，能繼續遠離那些抱持短期或不切實際期望的投資人），波克夏股票的市價應可持續貼近我們的企業價值。[32]

二、股票分割與無形之腳 [33]

Stock Splits and the Invisible Foot

常有人問我們：為什麼波克夏不分割股票？人們這麼問，似乎通常是

假設股票分割對股東有利。我們不同意此觀點。我來告訴各位原因何在。

我們的目標之一，是讓波克夏的股價與公司內在價值維持一種合理的關係（請注意，我是說「維持一種合理的關係」，而不是「等於」內在價值：倘若備受尊崇的公司股價一般顯著低於內在價值，波克夏很可能也不會例外）。合理的股價有賴理性的股東，包括既有和潛在的股東。

如果公司的股東及／或受該股吸引的潛在買家容易做出不理性或情緒性決定，則公司的股票將不時出現一些離譜的價位。躁鬱型投資人會製造出躁鬱型股價（譯注：也就是在過度樂觀與過度悲觀的兩極之間擺盪）。這種失常現象雖然可能為我們買賣其他公司的股票製造好機會，但為了你我的利益，這種情況最好不要發生在波克夏身上。

股東皆優質絕非易事。雅思特太太（Mrs. Astor；譯注：美國19世紀末社會名流）可以精挑細選她心目中的400名社會精英，但任何人都可以購買任何一檔股票。股東「俱樂部」無法以智力、情緒穩定度、道德情操或衣著品味等標準來篩選新會員。因此，「股東優生學」看來是不可能實踐的。

但是，我們認為，如果我們持續將我們的經營和投資理念（**不含自相矛盾的訊息**）傳達給投資人，讓他們自行選擇，我們大致上還是能吸引並留住優質股東。打個比方，所有人都可以自由買票觀賞音樂會，但定位為歌劇的表演，與定位為搖滾演唱會的演出，在人們的自由選擇下，會各自吸引到相當不同的觀眾。

藉由我們的政策與溝通（我們的「廣告」），我們嘗試吸引那些了解我們的業務、態度和期望的投資人（同樣重要的是，我們嘗試說服那些不認同這些理念的人遠離我們）。我們想要的股東，是那種以事業主自居、投入後打算長期持股的投資人。我們也希望股東把注意力放在經營績效、而不是股票市價上。

具上述特質的投資人少之又少，但我們的股東絕大多數是這種人。我相信，我們的股票超過90％（很可能是超過95％）是由那些五年前就已經

是波克夏股東的人持有。而我個人估計，我們的股票逾95％是在那些以波克夏為最大筆股票資產的投資人手上；他們的波克夏持股價值，至少是第二大持股的兩倍。在至少擁有數千名公眾股東、市值超過10億美元的公司中，我們的股東以事業主心態思考和行動的程度，幾乎肯定排名第一。要提升這樣一群股東的素質，可真不容易。

如果我們分割股票，或是採取其他偏重股價而非企業價值的行動，我們將會吸引一批素質不如原股東的買家。假如我們將一股波克夏分割為100股，讓打算只買一股的投資人能買100股，這樣對這種投資人會比較有利嗎？那些認為會的人，如果因為我們分割股票或預期將會分割股票而買進波克夏，則我們的股東素質肯定會因此降低。（有些投資人容易受人影響，重視「紙張」甚於價值，擁有九張十元鈔票時，感覺比擁有一張百元大鈔富有。讓我們一些頭腦清楚的股東換成這種投資人，真的能提升股東整體素質嗎？）並非基於價值考量買進股票的人，很可能會因為非價值因素而賣出。這種投資人只會令公司股價更容易受到與企業基本面無關的因素影響，變得更飄忽不定而已。

我們制定公司的政策時，將致力避免吸引那些只注重股價短線表現的人購買我們的股票，同時盡可能吸引那種注重企業價值、了解情況的長期投資人。各位是在一個充滿了解情況的理性投資人的市場買進波克夏的股票，當有一天想賣掉時（如果真有這麼一天），各位理應有機會在特質相同的市場賣出。我們將努力維護這種市場狀態。

股市教人啼笑皆非的特點之一，是非常重視交易量。經紀人使用諸如「可銷售性」（marketability）和「流動性」（liquidity）等名詞，讚美那些交投熱絡的個股（沒本事填滿你荷包的人，可以滿懷自信地填滿你的耳朵）。但投資人應該明白：對莊家有利的事，必然不利於賭客。交投過熱的股市，其實是企業扒手。

舉例來說，假設某公司的股東權益報酬率為12％，而該公司股票年週

轉率高達100%。如果該股的市價等於每股帳面淨值，這家公司的股東每年光是爲了轉移股權，就得付出相當於公司淨值2%的費用。這種交易對公司的盈餘毫無助益，而且由此衍生的「摩擦」成本會吃掉六分之一的盈餘（這還沒把選擇權交易算進來，這種交易會進一步增加摩擦成本）。

這種「大風吹」遊戲（musical chairs）還眞是代價高昂。如果政府對企業或投資人課徵一項新所得稅，稅率高達16.67%，大家一定會異常肉痛，高喊反對吧？但投資人藉由股票交易，實際上自行承擔這樣一項稅負。

（我們知道有一種「把餅做大論」，此論認爲這種交易活動可以促進資本的合理配置。我們認爲此論似是而非，而且整體來說，交投過度熱絡的股市會妨礙股本的合理配置，結果反而把餅變小了。亞當・斯密認爲，自由市場中所有非共謀的行爲有如受一隻無形之手引導，而這種情況最有利於經濟進步。我們的看法是，賭場式的市場和神經兮兮的投資管理方式，有如一隻無形之腳，容易把人絆倒，妨礙經濟進步。）

我們來比較一下交投超活躍的股票和波克夏的股票。目前，波克夏股票的買賣價差約爲30點，或說略高於2%。視交易規模而定，波克夏股票賣方拿到的錢與買方成本之間的差額，可能介於4%（僅涉及幾股的交易）和1.5%（大宗交易，可藉由講價降低造市商的價差和經紀商的佣金）之間。因爲波克夏的股票買賣多數是大宗交易，所有交易的平均價差估計不會超過2%。

與此同時，波克夏股票的實際成交量（不包括交易商之間的買賣、贈與和遺贈）每年大概是已發行股份的3%。因此，整體而言，我們的股東每年爲轉讓股票的權利所付出的代價，可能約爲波克夏股票市值1%的6/100。根據這個非常粗略的估算，這筆費用約爲90萬美元——不是筆小數目，但遠低於平均水準。分割股票會推高這項成本，降低我們股東的整體素質，並導致我們的股票市價比較容易偏離公司的內在商業價值。我們看不到任何可以抵銷這些缺點的好處。

去年波克夏股價跨過了1萬美元的大關。有幾位股東跟我說，股價這麼高對他們造成一些問題：他們每年想贈送一些股票給別人，但按照稅法，對單一個人每年之贈與金額是以1萬美元為課稅門檻。也就是說，這種贈送的價值每年若低於1萬美元，是完全免稅的；超過1萬美元的話，則贈送者必須用掉其遺產及贈與稅終身免稅額的一部分；如果免稅額已用盡，就必須繳納贈與稅。

　　就此問題，我想提出三種應對建議。第一個方法適用於已婚股東。根據稅法，已婚人士每年可免稅贈送2萬美元的禮物給單一個人，只要請配偶就該年度的贈與內容簽署同意書，附在贈與稅申報單中就行了。

　　第二個方法：無論股東是否已婚，均可以優惠價將股票賣給贈與對象。例如，假設波克夏股價為1.2萬美元，股東若想贈送1萬美元給某人，即可以2,000美元的價格將一股波克夏股票賣給對方（注意：如果售價超過你的免稅額度，超出的部分仍得納稅）。

　　最後，你可以和贈與對象成立合夥企業，以波克夏的股票為資本，然後每年將你在這家合夥企業的權益贈送一部分給對方，贈送的價值隨你喜歡。只要每年不超過1萬美元，就不必繳納贈與稅。

　　循例得提醒各位：採取任何特殊贈與行動前，請諮詢閣下的稅務顧問。

　　在1983年的年報中，我們提出了對股票分割的看法〔見上文〕，我們的觀點至今未變。整體而言，我們認為我們的股東相關政策（包括不分割股票），幫助我們集結了一群素質稱冠美國上市公司的股東。我們的股東以長期事業主的心態思考和行動，對公司的看法跟查理和我很相似。波克夏的股價因此一直處於一個貼近公司內在價值的合理區間內。

　　此外，我們相信，波克夏的股票周轉率遠低於其他任何一家大型上市

公司。股票交易產生的摩擦成本（對許多公司的股東來說有如一項重稅）在波克夏是微乎其微（我們在紐約證交所的專業經紀商吉米‧馬奎爾造市技術了得，對壓低摩擦成本肯定大有幫助）。很明顯的是，股票分割不會顯著改變這種局面。如果我們因為分割股票而吸引了一批新股東，波克夏股東的整體素質肯定無法提升——我們認為反而會稍微降低。

三、波克夏的雙重股權：反制劣質複製基金 [34]

Berkshire's Dual Class: Thwarting Clones

在今年的股東會上，各位將必須就波克夏的資本重組提案進行表決。該方案如獲通過，波克夏將出現兩類普通股：現行普通股將稱為A股，另外將發行的一批新股則是B股。

每一股B股的權利為一股A股的三十分之一，另外受以下兩項限制：（1）一股B股的投票權只有一股A股的二百分之一（而不是三十分之一）；（2）B股股東不得參與波克夏的股東指定捐贈計畫。

資本重組完成後，股東可以隨時將一股A股轉換成30股B股。此轉換權僅單向適用，也就是說，B股股東不可以要求將B股換成A股。

我們打算讓B股跟A股一樣在紐約證交所掛牌交易。為了創造上市所需要的股東群，以及確保B股市場的流動性，波克夏預計將公開發行至少1億美元的B股新股。此次發行將透過公開說明書的方式進行。

B股的價格最終是由市場決定的，但理論上應該接近A股市價的三十

分之一。

A股股東若想以股票贈送別人，可以考慮將一兩股A股轉換成B股，這麼做應該比較方便。此外，倘若B股市場需求強勁，令其市價略高於A股的三十分之一，估計將會有人進行A、B股之間的轉換套利。

但是，因為A股股東擁有完整的投票權，A股將優於B股。我們因此也相信，絕大多數股東將繼續持有A股——巴菲特與蒙格家族正是打算這麼做；只有在我們為了方便贈與時，才會考慮將幾股A股換成B股。由於絕大多數股東料將持續持有A股，A股市場的流動性料將高於B股。

此次資本重組雖有好處，但波克夏也得承受一些代價；不過，這跟發行新股帶來的資金無關（我們會為這筆資金找到有效益的用途），跟B股的發行價格也毫無關係。撰寫本文時，波克夏股價為3.6萬美元——查理和我均不認為市場低估了波克夏的價值。因此，此次發行新股將不會降低既有股份的每股內在價值。就股票評價問題，容我講得更白一些：以波克夏目前的股價，查理和我是不會考慮買進的。

因為發行B股，波克夏將得承擔一些額外成本，包括大量股東造成的一些行政費用。但另一方面，B股可為希望以波克夏股票贈人的股東帶來方便。而那些希望我們分割股票的股東，也因此有了一個自助式股票分割管道。

不過，我們此次資本重組另有原因，主要是與市場上出現一些費用高昂、聲稱是低價版波克夏的單位信託「複製」基金有關。我們相信業界一定會大力推銷這種金融商品。這種投資工具的概念並無新意：近年來，曾有一些人士跟我說過，他們希望創造一種「全波克夏」投資基金，以低面額銷售。但直至最近，有意者均聽從我的勸阻，放棄他們的計畫。

我勸退這些人，並不是因為我喜歡投資大戶多過小投資人。若有可能，查理和我非常樂意為大量投資人將1,000美元變成3,000美元，幫助他們解決一些迫切的問題。

但是，要讓小額投資快速增值兩倍的話，我們就必須快速將波克夏的市值從目前的430億美元提升至1,290億（與美國市值最高的企業——奇異公司市值相若）。**我們實在辦不到**。我們能期望的最佳績效，是平均每五年讓波克夏的每股內在價值增加一倍，而我們的實際表現還可能遠遜於此。

總而言之，查理和我並不在乎我們的股東投資波克夏的金額是多是少。我們希望的是股東無論大小，都了解我們的業務，認同我們的目標和長期投資理念，並且了解我們的局限，尤其是股本龐大造成的局限。

最近出現的單位信託基金顯然不利於我們達成上述目標。推銷這種基金的經紀商，不過是想賺取豐厚的銷售佣金，而且投資人還得背負其他沉重的成本。業者將積極地向不大了解情況的大眾推銷，他們很容易受我們過往的投資績效所吸引，也容易因為波克夏和我近年的高知名度而受誘惑。結果可想而知：大量投資人注定將大失所望。

我們小面額的 B 股遠比這些「純波克夏」信託基金優秀。藉由發行 B 股，我們希望將此類複製基金逐出市場。

波克夏的既有和潛在股東應特別注意以下這點：近五年來，波克夏每股內在價值雖然以極佳的速度成長，但我們的股價漲得更快。換句話說，股價表現比公司營運績效更出色。

這種超優異的股價表現不可能無止境地持續下去，波克夏或任何一檔個股都不例外。**股價無可避免地會有表現落後於公司營運績效的時期**。這種股價波動雖然是股市的特質，但我們並不樂見波克夏股價經歷這種波動。我們希望看到的，是波克夏股票市價與公司每股內在價值亦步亦趨；如此一來，每一位股東得到的投資報酬，就能精確反映其持股期間波克夏的經營績效。

波克夏的股價走勢，顯然不可能符合這種理想狀態。但是，如果我們的既有和潛在股東在做投資決定時，能了解情況、重視公司的營運績效，

不輕易受希望賺取高額佣金的推銷員影響，則我們肯定能比較接近理想狀態。就此而言，如果我們能打擊上述信託基金之行銷，我們的處境必定會比較有利。這就是我們打算發行 B 股的原因。

───────────

我們在所羅門公司的協助下，完成了兩宗大規模的證券發行案，這兩個案子都有一些有趣的地方。首先是我們 1996 年 5 月發行了 517,500 股波克夏 B 股，淨發行所得爲 5.65 億美元。如我先前所言，我們這麼做，是希望阻止市場上標榜是「低價版波克夏」的信託基金流行起來。相關業者爲了推銷此類基金，肯定會利用我們多年來的績效紀錄（未來肯定無法重現）引誘天真的小投資人，而且會向他們收取高昂的手續費和佣金。

我想，業者很輕易就能賣出數十億美元的這種基金，而且初期的行銷成績將吸引更多業者推出類似基金（在證券業，能賣的東西就一定有人賣）。此類基金募集到的錢，將不顧一切地搶購波克夏的股票，但後者的供給是固定且有限的。結果很可能是我們的股票會出現投機泡沫。至少將有一段時間，波克夏股價大漲會產生一種自我證實（self-validating）效應：天真好騙的投資人認爲機不可失，一波接一波地搶購這種信託基金，導致更多資金追逐波克夏的股票。

抱持錯誤期望的買家蜂擁進場，想賣掉股票的波克夏股東可能會覺得這情況好極了，因爲他們可以趁機大賺一筆。然而，一旦泡沫破滅，留下來的股東將得承受苦果，因爲屆時波克夏不但聲譽受損，還得面對數十萬名忿忿不平的間接股東（也就是那些信託基金的投資人）。

我們發行 B 股不但制止了此類基金的銷售，還爲大眾提供了一個投資波克夏的低成本管道（如果他們聽過我們的警告後，仍想投資的話）。爲免經紀商過度積極推銷我們的 B 股（因爲銷售新股大有賺頭），我們此次

發行的佣金只有1.5％，是我們所知道的普通股承銷案最低佣金紀錄。此外，我們此次發行不設上限，因此可排斥典型的新股投機客——新股往往因為供給有限加上市場炒作而在短期內大漲，投機客期望的就是趁高脫手。

整體而言，我們盡力而為，希望只吸引有心長期投資的人購買B股。我們的努力大致上成功了：B股上市初期的成交量遠低於新股正常水準，顯示投機客涉入的程度頗低。此次發行為我們帶來約四萬名新股東，我們相信，大部分人既了解自己的投資，也認同我們的長期投資理念。

所羅門公司處理這宗特殊發行案的表現堪稱完美。該公司的投資銀行家完全明白我們想做什麼，所有發行安排均以達成我們的目標為原則。如果我們的發行按照標準模式做，所羅門公司能賺到更多，而且可能是十倍之多。但該公司的投資銀行家完全無意將我們導向標準發行模式，反而是提出對所羅門營收不利的方案，以確保波克夏能達成此次發行的目標。負責此案的是特里·費茲傑羅（Terry Fitzgerald），我們非常感謝他的貢獻。

因此，我們年底時想發行一檔債券，自然是再請特里幫忙。這檔債券可轉換為我們持有的部分所羅門股票。所羅門公司再度以一流表現完成任務，幫我們賣出了面值5億美元的五年期債券，籌得4.471億美元的資金。面額1,000美元的債券可轉換為17.65股所羅門股票，三年後波克夏有權按含利息的價值贖回。投資人如果不將債券轉換為所羅門的股票，最初認購折扣加上1％的票面利息，持有至期滿的報酬率為3％。但我們估計這些債券在期滿前將會被換成所羅門的股票。若果真如此，我們在此期間的利息成本將約為1.1％。

近年來，許多媒體報導指出查理和我厭惡所有投資銀行費用。事實完全不是這樣。過去三十年來，我們支付了大量手續費——第一筆費用，在1967年收購國民保險公司時付給了查理·海德（Charlie Heider）。我們其實非常樂意支付與服務品質相稱的手續費。就1996年所羅門為我們安排的

兩宗發行案而言，我們得到的服務是物超所值。

四、回購股票與理性反應 [35]
Buybacks and Rationality

我們重金投資的幾家公司，在股價與企業價值嚴重背離時，都會大量買回自家股票。作爲股東，我們深受這種做法鼓舞，也因此實際獲益，主要原因有兩個——一個很明顯，一個較微妙，而且不是很多人明白。明顯的原因涉及基本的算術：股價遠低於企業每股內在價值時，大量回購股票可立即顯著提高企業內在價值。企業買回自家股票時，往往能以一塊錢的代價獲得兩塊錢的現值。反之，收購其他企業則幾乎永遠不可能有這種好事：在許多收購案中，花一塊錢得到的價值，往往遠低於一塊錢，情況實在令人失望。

回購股票的另一個好處難以準確衡量，但長期而言可能一如第一項好處一樣重要。企業在市值顯著低於內在價值時回購股票，彰顯的是管理層以增加股東財富爲優先要務，而不是一心只想擴大經理人的事業版圖、忽略甚至不惜傷害股東的利益。有鑑於此，股東和潛在投資人會調高投資這家公司的報酬預估，而這會刺激股價上漲至較接近企業內在價值的水準。這種股價反應是合理的。相對於經理人自私自利的情況，一家公司若由以股東利益爲本的經理人掌管，投資人購買股票當然得付出較高的價格。（舉個極端例子，一家公司若由羅伯·韋斯科〔Robert Vesco；譯注：美國惡

名昭彰的金融逃犯〕掌控，你願意付多少錢當小股東？）

此中關鍵，在於行為證明一切。當回購股票顯然能增進股東利益時，經理人卻一再拒絕這麼做，其心態其實就暴露無遺。無論他嘴上說得多動聽，公關辭令（如本季最熱門的「股東權益極大化」）搬弄得多嫻熟，市場評價他掌管的資產時，會正確地打一個顯著的折扣。他的心並不相信他自己講的話——不久之後，市場也會這樣。

————————

只有在一定條件下，公司買回自家股票才是可取的。首先，公司必須在滿足近期業務需求之餘，還有剩餘的資金（現金加上合理的融資能力）。第二，公司的股票市價必須低於保守估計的企業內在價值。就這點而言，我們必須補充一句：企業必須為股東提供估算公司內在價值所需要的全部資料。若非如此，內部人士可能會占資訊不全的股東便宜，以顯著偏低的價格買進他們手上的股票。我們曾數次見識過這種難得情況。當然，有心人耍花樣時，通常是想推高股價，而非壓低股價。

如果公司的股價遠低於內在價值，回購股票通常是最好的做法。1970年代中期，市場上滿是回購良機，價格偏低的股票就像是對著企業經理人大喊：「買我吧，買我吧！」但做出正確反應的經理人少之又少。把握機會回購股票的公司絕大多數顯著促進了股東的利益，這是資金另作他用辦不到的。事實上，1970年代期間（以及此後斷斷續續的好幾年），我們曾特地追蹤那些積極回購股票的公司，因為這往往代表這些公司股價遭低估，而且公司管理層以股東利益為本。

這種日子已經過去了。回購股票如今蔚為風潮，但在我們看來，企業現在回購股票往往抱持一個心照不宣的不光彩動機：推高或支撐公司股價。當然，不管買家的身分或動機為何，眼下選擇出售持股的股東都會因

為有人願意接手而受益。但是，公司若以高於內在價值的價格買回股票，留下來的股東就會遭受懲罰。公司花 1.1 元去買 1 元的鈔票，對留下來的股東肯定不是好事。

查理和我承認，我們評估個股內在價值的能力，僅限於部分上市公司；而且，我們只相信大致的價值區間，不信一些假裝精確的數字。儘管如此，我們仍認為現在回購股票的許多公司付給售股的股東過高的價格，而此代價是由留下來的股東承受。如果要為這些公司辯護，我會說，執行長樂觀看待自身公司的前景是人之常情。而且，執行長了解自身公司的程度，當然遠比我高。但是，我還是不禁覺得：現今公司回購股票，往往是因為管理層想要「展現信心」或趕潮流，而不是想提升公司的每股價值。

企業有時也會說，回購股票是為了抵銷認股權以遠低於市價的價格行權、公司為此發行股票的影響。許多不幸的投資人正是奉行這種「高買低賣」策略，但他們從不是有意這麼做的！然而，企業經理人卻似乎非常樂意做這種蠢事。

當然，發放認股權和回購股票都可能是有道理的，但這並非因為兩者之間有什麼邏輯關係。理智行事的話，公司回購股票或發行股票，均必須有本身的理據。公司因為認股權行權──或任何其他原因──而發行股票，並不代表公司就應該以高於內在價值的價格買回自家股票。相對的，公司股價若遠低於內在價值，則無論公司稍早是否發行了股票（也不管是否有認股權等著行權），公司都應該回購股票。

───────

因為討論股票回購，我想藉此機會談談許多投資人對股票變動的不理性反應。[36] 波克夏如果買進某公司的股票、而該公司正在回購股票，我們是抱持兩個希望：第一個是正常的希望，也就是這家公司將長期保持不

錯的盈利成長率；第二個希望有點費解，也就是這家公司的股價表現將在頗長一段時間裡**落後於大盤**。第二點衍生一個推論：「唱好」我們持有的一檔股票，如果真的有效，其實會損害波克夏的利益，效果與評論者通常假定的恰恰相反。

且以IBM為例說明。IBM目前發行在外的股票有11.6億股，我們持有6,390萬股，占5.5％。該公司未來五年盈利如何，自然對我們有巨大的意義。在此之外，該公司未來五年很可能會動用500億美元買回自家股票。我要問大家一個問題：打算長期持有的股東，例如波克夏，應該期望未來五年發生什麼事？

我就不賣關子了：我們應該期望IBM在這五年裡股價**低迷**。

我們來算一下。假設IBM股價在這段時期平均為200美元，該公司花500億美元將買回2.5億股自家股票。如此一來，發行在外的股票將剩下9.1億股，而我們將占約7％。但如果IBM股價在這段時期平均為300美元，則公司僅能買回1.67億股。如此一來，五年之後還有約9.9億股，而我們將占6.5％。

倘若IBM在第五年賺200億美元，在「令人失望」的低股價情況下，我們所占的盈利將比股價較高的情況多整整1億美元。一段時間之後，我們的持股價值可能會比高價回購情況下的價值多5.5億美元。

這當中的道理很簡單：如果未來一段時間你將淨買進股票，無論是拿自己的錢直接買，還是藉由所投資的公司回購股票間接買，股價上漲將**損害你的利益**，股價下跌才對你有利。但是，**情緒因素**往往令情況變得較為複雜：多數人，包括那些未來將淨買進股票的人，看到股價上漲便感到安心。這些股東就像開車通勤的人看到汽油漲價便高興，只是因為自己的車子有夠用一天的油。

查理和我不期望能說服很多股東奉行我們的思考方式（我們觀察人性夠久，知道這是奢望），但我們希望各位知道我們個人是怎麼想的。在此

我要承認，早年我自己也會因為看到股市上漲而欣喜。後來我讀到葛拉漢那本《智慧型股票投資人》的第八章，也就是講投資人應該如何看待股價波動的那一章，我因此恍然大悟，此後低股價便成為我的好朋友。拿起這本書是我人生中最幸運的時刻之一。

說到底，我們的IBM投資結果如何，主要取決於該公司未來的盈利表現。但在此之外，IBM拿出可觀的資金可以買回多少自家股票，也是一個重要因素。如果股票回購使IBM發行在外的股票降至6,390萬股，我將放下我眾所周知的節儉個性，讓波克夏的員工休個有薪假。

────────

在投資界，關於股票回購的討論經常變得很激烈。但我建議這場辯論的兩造雙方先深呼吸一下：要評估回購是否可取，其實並不複雜。

站在離開之股東的角度，公司回購股票總是一個有利因素。雖然這種回購對市場日常運作的影響通常微不足道，但市場上多一個買家對賣方總是好事。

不過，對留下來的股東而言，回購的價格必須低於內在價值，回購才是有利的。在這種情況下，剩餘股份的內在價值將立即增加。打個簡單的比方：如果一家價值3,000美元的公司有三個平等的合夥人，公司以900美元的價格買下其中一名合夥人的權益，則留下來的合夥人立即各自獲利50美元。

但是，如果離開的合夥人獲支付1,100美元，則留下來的合夥人各自損失50美元。同樣的計算方法也適用於股份公司及其股東。因此，對留下來的股東而言，回購行動是增加還是減少價值，完全取決於回購的價格。

正因如此，企業的股票回購公告幾乎從不提及回購價的上限，這是

令人費解的事。如果公司管理層是要收購外部企業，就不可能發生這樣的事。考慮收購外部企業時，價格永遠都是決定收購或放棄的一個重要因素。

然而，上市公司的執行長或董事會考慮買下自己公司的一小部分股權時，往往看似不在意價格。如果他們管理的是一家只有幾名股東的非上市公司，當他們評估是否應該買斷其中一個股東的股份時，會不在意價格嗎？當然不會。

必須記住的是，在兩種情況下，即使公司股價低於內在價值，也不應該回購股票。其一是公司需要所有的可用資金來保護或擴張自身業務，並且不想增加債務。在這種情況下，公司應優先滿足內部資金需求。當然，這種例外情況有個前提，就是公司花了該花的錢之後，會有光明的前景。

第二種例外情況相對罕見，就是公司眼前有收購企業或其他的投資機會，而這些機會的價值遠高於買回公司價格偏低的股票。很久以前，波克夏就經常需要在這些選項方案中做出抉擇。以我們現在的規模，出現這種狀況的可能性已大幅降低。

我的建議是：在開始討論回購之前，公司的執行長和董事會成員就應該手牽手站出來，團結一致地宣布：「在某一價格下的明智之舉，在另一價格下卻是愚蠢的。」

———————

我們有三種方法可以使各位的投資增值。第一種**始終**是我們最重視的，那就是藉由內部成長或併購，提高波克夏所控制企業的長期營利能力。目前而言，內部機會可產生的報酬遠高於併購。但是，相對於波克夏可動用的資源，這些機會的規模不夠大。

第二種方法是購入許多良好或優秀上市公司的非控股權益。這種機會不時會大量出現，而且顯然非常誘人。但目前而言，我們幾乎找不到使我

們興奮的機會。

這主要是出於一個自明之理：很低的長期利率會推高所有生產性資產的價格，無論是股票、公寓、農場、油井，還是其他東西。其他因素也會影響估值，但利率始終是重要因素。

我們為各位創造價值的最後一種方法是買回波克夏的股票。藉由這種簡單的操作，我們提高了各位在波克夏擁有的眾多控股和非控股公司中所占的權益比例。只要正確掌握價格與價值間的關係，回購股票是我們為各位增加財富最簡單、最確切的方法。（除了為留下來的股東創造價值，還有另外一些人從中得益：回購股票可以帶給賣出股票者和社會一些好處。）

波克夏回購股票的機會不多，這是因為我們的股東素質非常好。如果我們的股票由短線投機客大量持有，則股價波動和股票交易量都會大幅增加。這種情況將使我們藉由回購股票為股東創造價值的機會大增。儘管如此，查理和我還是寧願和我們現在這些股東作伴，雖然他們令人欽佩的買進後長期持有的態度，使長期股東較難受惠於適時執行的股票回購。

————————

概括一下波克夏自身的回購政策：我獲授權以帳面值120％或更低的價格大量買入波克夏的股票，因我們的董事會認為，以這樣的價格回購股票，顯然能立即帶給留下來的股東重大利益。根據我們的估算，帳面值的120％對波克夏的內在價值來說是大打折扣，而因為內在價值的估算不可能精確，維持這種價差是合適的。

我獲得的授權並不意味著我們會把波克夏的股價「撐」在帳面值的120％。如果公司股價跌到這個水準，我們雖然希望以能創造價值的價格執行有意義的回購，但同時也會盡可能避免過度影響市場。

迄今為止，事實證明波克夏要實行回購股票相當不容易。這大有可能是因為我們在闡述回購政策時相當明確，從而傳遞了我們認為波克夏的內在價值顯著高於帳面值的120％之觀點。如果是這樣，那很好。我們比較希望看到波克夏的股價維持在圍繞著內在價值的一個狹窄區間內，既不希望股價高得不合理（若有股東對自己買進股票的價格非常失望，可不是一件有趣的事），也不希望股價太低。此外，對我們來說，以折扣價買斷「夥伴」的股權不算是令人滿足的賺錢方式。不過，市場環境可能創造出回購對留下來和離開的股東都有利的情況，屆時我們將果斷採取行動。

本節的最後一點意見：隨著回購股票的話題沸沸揚揚，有些人幾乎把它說成是不美國（un-American）的舉止，聲稱這是導致生產活動欠缺資金的企業不端行為。事實根本不是如此：目前美國企業和私人投資人都處於資金氾濫的狀態，需要尋找明智的資金運用方式。近年來，我並無發現任何誘人的商業計畫因為缺乏資金而夭折。（如果你有這種投資機會，請聯繫我們。）

五、股息與資本配置 [37]

Dividends and Capital Allocation

企業通常會向股東報告股息政策，但很少會加以解釋。企業往往會提出以下這種說法：「我們的目標是將公司盈餘的40％至50％用於派發股息，同時希望股息的成長率至少追得上消費者物價指數（CPI）的成長

率。」就這樣，管理層也不解釋爲什麼這種政策對股東最有利。但是，就企業的經營和投資管理而言，資本配置是至關緊要的事。正因如此，我們認爲企業經理人和股東應該好好想想，在哪種情況下應保留盈餘，哪種情況下則應將盈餘分配給股東。

首先要了解的是，企業盈餘並非「生而平等」。對許多企業來說，通貨膨脹會吃掉部分或全部盈餘，資產對盈餘比率很高的企業尤其如此。如果企業希望維持經濟實力，盈餘遭通膨蠶食的部分（我們且稱之爲「限制性盈餘」）是不能當股息派發給股東的。這種盈餘若派給股東，企業就可能難以維持銷售規模、損耗長期競爭優勢，或是折損財務實力。無論股息發放率是多麼保守，企業若是持續將限制性盈餘當作股息派發給股東，同時股本又未相應補強，公司必將步向衰亡。

對股東來說，限制性盈餘很少會是毫無價值的，只是評估其價值時必須打很大的折扣。事實上，無論企業的經濟潛力如何不濟，管理層都必須留住這些盈餘。（這種「不管投資報酬率如何不濟、盈餘一律保留」的情況，十年前聯合愛迪生公司〔Consolidated Edison；譯注：美國能源業者，紐約市的電力與瓦斯供應商〕無意中以極其諷刺的方式展現在世人眼前。當時受一項懲罰性法規影響，聯合愛迪生的股價只有帳面淨值的四分之一左右；也就是說，該公司每保留一元盈餘作爲再投資之用，這一元僅能產生 0.25 元的市值。但是，儘管存在這種黃金變爛鐵的情況，該公司仍保留大部分盈餘做再投資，而不是派發給股東。在此同時，紐約各處的建築和維修工地豎著該公司的標示，上面寫著該公司的口號：「〔爲了更美好的紐約，〕我們必須挖下去（Dig We Must）。」）

限制性盈餘可以不必多說了。接下來讓我們討論價值高得多的無限制盈餘。這種盈餘既可以保留，也可以分配給股東；至於該保留還是分配，我們認爲應視乎哪一種做法對股東比較有利。

不過，此原則並未獲得企業經理人普遍接受。他們往往傾向保留無

限制盈餘，原因可能是希望擴大自己管理的企業版圖，或是享受異常優渥的企業財務條件，諸如此類。但我們認為，保留盈餘的正當理由只有一個：**唯有當每保留一元的盈餘，能為股東創造至少一元的市值時，無限制盈餘才應當保留**。做此判斷時，經理人對企業能達成此標準必須有合理的信心，最好是有歷史經驗為後盾，情況合適時還必須佐以對未來的審慎分析。企業若要滿足保留盈餘的標準，則保留下來的資本所產生的報酬率，不能低於股東自行運用時一般能取得的報酬率。

為了說明上述原則，讓我們假設某位投資人擁有一檔票面利率10％的無風險永久債券。該債券有一項非常特別的條款：每一年投資人可以選擇領取10％的現金利息，或是將利息再投資在條款完全相同的債券上，也就是票面利率10％、可以選擇領現金利息或將利息再投資的無風險永久債券。如果某年無風險長債的市場利率為5％，投資人就不應該領取現金利息，因為他可以選擇將利息換成利率10％的債券，而該債券的市值會顯著高於債券面值。在此情況下，投資人即使有現金需求，也應該選擇將利息換成債券，然後在市場上套現，這樣他能拿到的現金會比直接領取現金利息多。假設這檔債券的投資人都是理性的，那麼在市場利率5％的情況下，將不會有人選擇直接領取現金，即使那些需要現金過活的人也不會。

但是，如果某年市場利率為15％，則理性的投資人都不會選擇將利息投資在利率10％的債券上。在此情況下，即使投資人完全不需要這筆現金，他仍然應該選擇領取現金利息。假如將利息再投資在利率10％的債券上，這些債券的市值會顯著低於可領取的現金利息。倘若投資人想要利率10％的債券，他可以領了現金利息後在市場上買進，而買進價相對於債券面值會有很大的折扣。

股東在思考公司的無限制盈餘是應該保留還是發放時，也可以使用上述分析法。當然，股東的分析工作比上述的債券投資人困難得多，而且可能出錯，因為公司保留盈餘能賺取的報酬率是一個浮動不定的數字，不像

債券那樣是一個合約規定的數字。股東必須推測中期內保留盈餘平均能取得的報酬率。不過，一旦得出合理推測的結果，餘下的分析就很簡單：如果盈餘再投資下去，能得到相當高的報酬率，公司就應該保留盈餘；相反地，如果盈餘再投資的報酬率不理想，則應該派發給股東。

許多企業經理人在考慮子公司是否應將盈餘派發給母公司時，基本上會採用上述原則。在此層面上，經理人完全可能像明智的股東那樣思考。但母公司層面的股息決策則往往是另一回事。決定母公司的股息分配時，經理人往往無法站在股東的立場思考。

按照這種精神分裂式的做法，如果某公司有多家從事不同業務的子公司，子公司A投入額外資本的平均報酬率估計是5％，而比較賺錢的子公司B則估計有15％，則該公司的執行長會要求子公司A上繳全部盈餘，好讓母公司把錢投資在子公司B。執行長的商學院教育一定會促使他這麼做。但如果他自己運用額外資本的報酬率向來平均只有5％，而市場利率是10％，這位執行長決定母公司的股息政策時，很可能只會依循公司慣例或產業的普遍做法。而且，他會要求子公司的經理人充分解釋為什麼將盈餘保留在子公司，而不是發放給母公司；但他自己卻極少會向母公司的股東就股息問題做同樣的解釋。

評斷經理人是否應該保留盈餘時，股東不應只考慮近年公司總共增加投入多少資本、額外產生了多少盈餘，因為有時一項核心業務的表現即可能扭曲了增量資本與盈餘的關係。在高通膨時期，一家公司若擁有某項經濟特質格外優異的核心業務，該業務利用少量的額外資本就能產生極高的報酬（去年我們討論商譽時講過這一點）。[38] 除非該業務正處於高速成長階段，否則表現優異的業務本來就是會產生大量剩餘現金。如果企業將這些錢大部分投入低報酬率的業務，拜核心業務的表現格外優異所賜，公司保留盈餘的整體報酬率仍可能很出色。這種情況就像是高爾夫球配對賽：即使所有業餘選手都毫無技術可言，但因為採用最佳球計分方式（bestball score），只要職業選手正常發揮，拜他們的精湛球技所賜，每一隊的成績都會非常體面。

許多企業的股東權益報酬率和增量資本整體報酬率雖然長期保持良好表現，但事實上管理層將大部分保留盈餘投資在不具經濟效益、甚至是災難性的項目上。這些企業在資本配置上一再犯錯（常見的情況，是高價收購經濟體質平庸的公司），但因為核心業務表現實在出色，盈餘年復一年地成長，這種錯誤通常能掩飾起來。這些犯錯的經理人不時向股東報告他們從最新一次失敗中學到什麼教訓，然後通常馬上就去尋找下一個教訓（就像是上了失敗的癮）。

在這種情況下，如果盈餘僅保留給高報酬業務擴充之用，剩下的當股息發放給股東，或用於買回自家股票（這麼做可增加股東在優質業務上的權益，同時避免投資劣質業務），股東的投資報酬會好得多。掌管高報酬業務的經理人，若持續將這些業務產生的資金大量投資在低報酬率的業務上，無論公司整體盈餘多麼好，股東也應該要求這些經理人為他們的資本配置決定負起責任。

我在這裡所講的，完全不是要支持股息每季隨盈餘與投資機會的變化而波動不居的做法。上市公司的股東偏好穩定、可預期的股息，是可以理解的。因此，股息之發放應反映公司對盈餘和增量資本報酬率的長期展望。企業的長期展望不常改變，股息發放情況因此也不應常常改變。但長期而言，可分配給股東但被保留下來的盈餘，必須為股東貢獻合理的報酬。如果經理人留住盈餘的決定是不智的，則股東留住經理人的決定也很可能是不智的。

———————

波克夏若干股東，包括我的一些好朋友，希望波克夏能派發現金股

息。他們對我們樂於收到波克夏投資的多數個股派發的股息、但自己卻完全不派發股息感到困惑。那麼我們就站在股東的立場，來分析一下公司何時應該派發股息、何時不應該。

一家賺錢的公司可以多種方式分配盈餘，而且這些分配方式並不互相排斥。公司管理層首先應該檢視現行業務的再投資機會，例如提升營運效率、地域擴張、擴展和改善產品線之類的計畫，或是以其他方式拓寬分隔公司與競爭對手的「經濟護城河」。

我要求我們子公司的經理人持續尋找拓寬護城河的機會，而他們也找到很多符合經濟效益的機會。但我們的經理人有時會失策，原因通常是他們先找到自己想要的答案，然後再回頭尋找支持理由。當然，他們不是故意的，但這也是此種錯誤非常危險的原因。

各位的董事長也會犯這種錯。在波克夏1986年的年報中，我向各位報告我們為了波克夏原本的紡織業務，在管理和資本運作上努力了二十年，結果徒勞無功。當年我很**希望**我們的紡織業務能成功，因此在**一廂情願**下做了一連串的錯誤決定（我甚至收購了新英格蘭地區**另一家**紡織公司）。但許願就能夢想成真是迪士尼電影才有的事；在商業世界，一廂情願是毒藥。

雖然以前犯過這些錯誤，我們手頭有資金時，總是先考慮它們是否可以**明智**地用在我們的各項業務上。2012年，我們投入破紀錄的121億美元在固定資產以及「補強型」（bolt-on）收購計畫上，這顯示波克夏在資本配置上有很多機會可以把握。我們在這方面有優勢：我們的業務遍及許多經濟領域，投資機會的範圍因而比多數公司大得多。決定做什麼時，我們可以選擇澆花，同時避開雜草。

即使動用了巨額資本在既有業務上，波克夏仍會定期產生大量的額外現金。因此，我們的下一步，是尋找與既有業務無關的收購機會。我們的檢驗標準很簡單：查理和我是否認為我們如果完成這項交易，股東在波克

夏的每股價值將能成長？

我歷來在收購上犯過不少錯誤，未來也仍會犯錯。但整體而言，我們的績效紀錄是令人滿意的；也就是說，如果我們用在收購上的資金被用來回購股票或派發股息，我們的股東現在會窮得**多**。

不過，正如標準的免責聲明所指出：歷史績效並非未來報酬的保證。波克夏更是如此：因為我們的資本規模如今十分龐大，要找到既有意義又明智的收購標的，會比以前多數時候來得困難。

然而，如果能完成一宗大型收購，我們仍有機會促成波克夏每股內在價值顯著成長。柏靈頓北方聖塔菲鐵路公司（BNSF）就是一個好例子：該公司的價值如今顯著高於它在我們帳面上的價值。倘若我們將收購這家公司所動用的資金用來派發股息或回購股票，你和我的財富將會少一些。雖然像BNSF這種大型交易相當罕見，但海裡仍是有一些鯨魚的。

資金的第三種用途是買回自家股票，而它只有在股價顯著低於保守估算的公司內在價值時，才是明智的。事實上，嚴守紀律的股票回購，是明智運用資金**最穩當**的方式：如果你可以用80美分或更低的價格買進1元的美鈔，這種交易幾乎穩賺不賠。我們以前曾說明我們回購股票的標準〔見本篇「四」〕，而如果有機會，我們將大量買回自家股票。我們原本說，我們將不會以帳面淨值110％以上的價格回購股票，但此標準證實不切實際。因此，我們在12月時將價格上限提高至帳面淨值的120％，因為當時有一大筆股票可用帳面淨值的116％買回。

但請謹記：價格對股票回購的決定至關緊要。以高於內在價值的價格買回自家股票，**會損害**價值。波克夏各董事和我相信，以帳面淨值120％之內的價格回購股票，可顯著造福留下來的股東。

接下來就要講股息了。在此我們必須做一些假設和推算。各位需要仔細注意相關數字，因為它們對說明支持和反對股息的理由非常重要。因此，請大家耐心聽我說。

假設你和我各占某公司一半股權，公司帳面淨值爲200萬美元，年度盈利相當於帳面淨值的12%（24萬美元），而且將盈餘再投資在公司上，應該也可以賺得12%。此外，市場上總是有人希望以帳面淨值125%的價格購買我們公司的股票。因此，目前你和我的股權價值均爲125萬美元。

你希望我們公司拿年度盈利的三分之一派發股息，三分之二再投資在公司上。你認爲這樣可以適當平衡你對現金收益和資本成長的需求。因此，你要求公司派發8萬美元的股息，保留16萬美元的盈餘，以便未來盈利能成長。第一年你將獲得4萬美元的股息，而隨著公司盈利成長並維持三分之一的股息發放率，你收到的股息也將增加。股息和你持股的價值每年均增加8%（淨值增加12%，減去相當於淨值4%的股息）。

十年之後，我們公司的淨值將是4,317,850美元（原本的200萬美元，每年複合成長8%），而你接下來一年的股息將是86,357美元。我們的持股將各值2,698,656美元（公司一半淨值的125%）。我們將一直幸福地生活下去，年度股息和持股價值繼續以每年8%的速度成長。

但如果我們換一種做法，其實可以更幸福。我們的新做法是保留所有盈餘在公司，然後每年出售自身持股的3.2%。因爲我們的股票將以淨值125%的價格賣出，最初一年將可獲得4萬美元（與最初的現金股息相同），而售股所得每年均將增加。我們將這種做法稱爲「售股方案」。

在售股方案下，我們公司的淨值十年後將增至6,211,696美元（200萬美元每年複合成長12%）。因爲我們每年出售若干股票，我們所占的股權百分比將下降，十年後各占36.12%，相當於2,243,540美元的公司淨值。因爲1美元淨值在市場上的價值爲1.25美元，你十年後手上持股的市值將爲2,804,425美元，比收股息情況下的持股價值多4%左右。

此外，你每年售股得到的現金，將比收股息情況下的年度股息多4%。你瞧瞧！你每年可以多一些現金花用，而且手上資本的價值也會多一些。

當然，以上推算是假設我們想像中的公司平均每年可以賺到公司淨值

的12％，而且股東平均可以淨值125％的價格出售持股。在現實中，標準普爾500指數成分股年度盈利顯著高於公司淨值的12％，而股票市值也遠高於公司淨值的125％。對波克夏來說，這兩個假設看來是合理的，儘管我們當然無法保證一定做得到。

不過，我們未來的表現也有可能優於上述假設。若果真如此，支持售股方案的理由就更強烈了。根據波克夏的歷史績效推算，售股方案的股東得到的財富，遠多於派發股息的方案（當然，必須承認的是，我們未來的績效很可能無法像以往那麼好）。

除此之外，還有兩個**重要**的理由支持售股方案。首先，派發股息迫使所有股東接受特定的現金方案。例如公司若拿40％的年度盈利派發股息，那些希望派發30％或50％的股東就無法如願。波克夏股東的現金需求多種多樣，但我們可以安全地假定，很多股東（甚至可能是多數股東）是處於淨儲蓄階段，照理說應該支持公司完全不派發股息。

另一方面，售股方案將個人需要多少現金、希望累積多少資本的具體選擇，交由每一位股東自己決定。例如，股東可以選擇將年度盈利的60％換成現金，而另一名股東則可以選擇20％，或是完全不要現金。當然，如果公司派發股息，股東也可以拿股息購買更多股票。但他這麼做必須承受一些損失：他必須為此納稅，此外，拿股息再投資在公司上，也必須支付25％的溢價（不要忘記，在我們的假設中，在公開市場購入股票，價格是公司帳面淨值的125％）。

派發股息的第二個缺點也同樣重要：**所有**必須納稅的股東都將得承受較重的稅負，而且往往是重得**多**。股東收到的整筆現金股息都必須納稅，而在售股方案下，股東只需要為資本利得納稅。

接下來我以自己的例子，說明股東在定期出售持股之餘，還可以**增加**他在自身公司的投資；說完這個例子，我們的數學推算就告一段落（我可以聽到各位在歡呼）。過去七年間，我每年均將我的波克夏持股的4.25％

左右贈送出去。我的持股原本相當於712,497,000股波克夏B股（股票分割後），七年下來因此減至528,525,623股。顯然，我在波克夏所占的股權百分比已顯著降低。

但是，我在波克夏的投資其實增加了。我目前在波克夏所占的帳面淨值，大幅高於七年前（實際數字為2005年282億美元，2012年402億美元）。換句話說，雖然我的股權比例已經顯著降低，但我在波克夏正替我賺取報酬的資金卻**大大增加了**。

———————

波克夏的股東群真的顯著不同於所有其他大公司。去年我們的股東年會充分證明了這一點，當時股東可以藉由委託書就以下提案進行表決：「有鑑於公司擁有的資金多過其需求，而且因為巴菲特以外的股東並非億萬富翁，董事會應考慮每年發放可觀的股息。」

提案的股東沒有出席年會，他的建議因此並未正式提出。不過，我們計算了委託書表決結果，而結果很有啟發性。首先，A股股東以89：1的壓倒性多數反對派發股息的提案；這些股東人數較少，每一位在波克夏都有重大的經濟利益，其投票結果不令人意外。真正值得注意的是B股股東的投票結果：他們有數十萬人（甚至可能有一百萬人），反對票數為660,759,855，贊成13,927,026票，比率為47：1。

我們的董事建議股東投反對票，但除此之外，公司並未以其他方式嘗試影響股東。儘管如此，占98％股權的股東實際上告訴我們：「不要派發股息給我們，請將所有盈餘再投資在公司上。」有這麼多大小股東認同我們的管理理念，是非常難得又有益的事。

六、保留盈餘 [39]

Retained Earnings

1924年，默默無聞的經濟學家暨財務顧問艾德加·羅倫斯·史密斯（Edgar Lawrence Smith）出版了《長線投資獲利金律》（*Common Stocks as Long Term Investments*）。這本薄薄的書改變了整個投資界。事實上，撰寫這本書也改變了史密斯本人，迫使他重新評估自己的投資信念。

史密斯起初打算提出以下論點：在通貨膨脹時期，股票的表現優於債券；在通貨緊縮時期，債券可以提供優於股票的報酬。這看來很合理。但他展開研究之後大為震驚。

因此，他在那本書的開頭承認：「這些研究是失敗的紀錄，是關於一個事先預設的理論未能得到事實支持之失敗。」對投資人來說，幸運的是，這次失敗促使史密斯更深入地思考該如何評估股票的價值。

關於史密斯的核心洞見，我想引述他那本書的一名早期審閱者所說的話，那個人正是凱因斯：「我留到最後才討論史密斯先生可能最重要和無疑最有新意的論點。管理有方的實業公司慣常不會把賺到的利潤全部配發給股東。在所有年頭，或至少在好年頭，它們會保留一部分盈利投入到公司的業務中。因此，穩健的實業投資**受一種複利效應所支持**（此處的粗體字是凱因斯的選擇）。多年下來，健全的實業公司的財產，其實質價值以複利的方式增加，與發給股東的股息大不相同。」這瓢聖水灑下之後，史密斯不再默默無聞了。

在史密斯的書出版之前，投資人並不欣賞保留盈餘，這實在令人費解。畢竟，卡內基、洛克菲勒和福特等巨頭，早前累積了十分驚人的財富是眾所皆知的事，而他們的公司全都保留了巨額盈餘，藉此為業務成長提

供資金，創造越來越大的盈利。此外，在整個美國，長期以來也有小資本家以同樣的手法致富。

但是，企業所有權被分割成名爲「股份」的許多小塊，似乎扭曲了投資人的認知：在史密斯的著作出版之前，買進股票的人通常視股票爲針對市場走勢押注的短期賭博工具。即使在最好的情況下，股票也被視爲投機工具。**紳士們**偏愛的是債券。

雖然投資人醒悟的速度很慢，但保留盈餘再投資的數學原理如今已廣爲人知。現在，孩子們在學校就能學到凱因斯所講的「有新意」的洞見：結合儲蓄和複利效應，可以創造奇蹟。

在波克夏，查理和我長期以來致力善用保留的盈餘。無論是在我們控股的公司，或只是我們經由股市買進大量股份的公司，這些投資對波克夏的財務貢獻，很大程度上取決於這些公司未來的盈利。不過，這兩種投資方式的會計處理之間有個非常重要的差異，是各位必須了解的。

在我們控股的公司（波克夏持有逾50％股份的公司），每一家公司的盈利直接計入我們向各位報告的營業利潤裡。你們看到的就是你們得到的。

至於我們持有有價股票、並非控股的公司，**只有波克夏收到的股息才會計入我們報告的營業利潤裡**。那保留盈餘呢？這些公司的保留盈餘正有力地產生作用，創造出很多額外價值，但並**不直接貢獻利潤到波克夏報告的盈利中**。

在波克夏以外的幾乎所有大公司，投資人都**不會**覺得我們所講的這種「盈餘不認列」是個重要的問題。但對我們來說，這是個明顯的遺漏。

史密斯先生說得對。

七、以指數戰勝交易費用 [40]

Beating Costs with Indexing

對波克夏和美國其他企業的股東來說，這些年來賺錢實在有夠輕鬆。且舉一段很長的時間爲例：1899 年 12 月 31 日至 1999 年 12 月 31 日期間，道瓊工業指數從 66 點升至 11,497 點（猜猜看需要多高的年成長率才能產生這樣的結果？令人訝異的答案就在本文結尾）。股價指數漲幅這麼大，原因很簡單：這一個世紀中，美國企業表現格外優異，投資人搭上了順風車。如今企業表現依然出色，但股票投資人因爲一連串的自殘行爲，造成投資報酬率受到顯著的傷害。

要解釋此現象，可以從一個基本事實說起：撇開一些不重要的例外情況（例如某些公司破產時，部分損失由債權人吸收），**從現在到最後審判日，股東整體而言能賺取的收益，不可能超過企業的累計盈餘**。沒錯，投資人 A 若買賣精明或運氣夠好，的確可以賺得較大份的收益，但這多賺的部分是由投資人 B 買單的。沒錯，股市上漲時，所有投資人都會覺得自己的財富增加了。但某位股東若獲利了結，必然得有另一位投資人頂替其位置。某位投資人高價出售持股，另一位投資人就得高價接手。整體而言，股東能得到的財富，不可能超過他們的企業所創造的；這當中沒有魔法，金錢不會從天而降。

事實上，因爲存在「摩擦」成本，股東能賺到的必然少於企業的盈餘。這就是我想說的：目前此類成本已變得非常沉重，股票投資人得到的報酬因此**遠低於**過往。

爲說明此類成本如何暴增，且讓我們做一個假設：美國全部企業皆由單一家族擁有，未來也將永遠如此。我們就把這個家族稱爲「得寶家族」

（Gotrocks）。在支付股息稅之後，得寶家族的財富跟隨其擁有的企業之總盈餘逐年增加。如今這筆盈餘為每年7,000億美元。當然，該家族會花掉部分所得，但它存下來的會產生複利，對家族累積財富大有好處。在得寶家族裡，每一個人的財富均以同樣的速度增加，家族內部一團和氣。

假設此時出現了一群能言善道的「服務者」（Helpers），他們熱心遊說得寶家族的成員：只要在適當時機與親戚做一些股票交易，閣下的所得就能顯著超過其他家族成員。這些服務者義不容辭地負責完成這些交易——當然會收取服務費。得寶家族仍擁有全體美國企業，股票交易不過是改變了股權的分布。該家族的財富原本是跟隨企業盈餘成長，但在服務者的協助下，家族必須支付股票交易佣金，因此每年的財富增幅就會被這些佣金吃掉一部分。得寶人之間的交易越頻繁，服務者得到的佣金越多，家族所得就越少。這群服務者其實就是經紀商，他們深諳此中道理：交易是他們的好朋友，他們想盡辦法鼓勵人們交易。

一段時間之後，得寶家族多數成員意識到，這種「打敗兄弟」的遊戲並沒有為他們帶來多少好處。此時另一群服務者出現了，他們向每一位得寶人解釋：單憑閣下一己之力，是不可能打敗其他家族成員的。他們建議的辦法是：「請一位經理人吧。沒錯，就是我們，讓我們為您提供專業的投資服務。」這群經理人也是委託經紀商執行交易，他們甚至可能更積極地買賣，好讓經紀商多賺一些。整體而言，更大份的財富流向了這兩群服務者。

得寶家族因此更加失望。每一位得寶人都聘請了專業人士，但家族整體所得不增反減。該怎麼辦呢？當然是尋求更多專業服務嘍。

財務策畫師和機構顧問於是登場，他們的任務是幫助得寶家族成員挑選投資經理人。糊里糊塗的得寶人欣然接受這種服務。到此地步，他們已相信自己不但沒有能力正確選股，也不知道如何正確選擇投資經理人。那麼，為什麼他們會認為自己能選對顧問呢？但得寶人沒想到這個問題，而

投資顧問當然也不會提醒他們。

　　得寶人如今要養三群收費昂貴的服務者，家族所得進一步萎縮，他們因此陷入絕望的深淵。但就在希望看似幻滅之際，第四群服務者（讓我們稱之為「超級服務者」吧）適時出現了。這群親切的專業人士向得寶人解釋：他們的所得不理想，是因為既有的服務者——經紀商、經理人和顧問——缺乏激勵誘因，因此根本無心服務。超級服務者說：「這樣一群行屍走肉，你能期望他們替你做些什麼呢？」

　　超級服務者提出一個簡單得驚人的解決方案：**多付一些錢**，讓我們來操盤。這些超級服務者自信滿滿，堅稱得寶人除了支付昂貴的固定管理費外，交易獲利也分一大部分給他們，就**必定**能在投資上打敗其他得寶人。

　　比較機警的得寶人發現，部分超級服務者不過是穿上新制服的投資經理人，大衣上繡著「對沖基金」或「私募基金」這種很炫的名稱而已。但這些超級服務者鼓起如簧之舌，令得寶人相信這種換裝行為至關緊要，就像溫文爾雅的克拉克・肯特（Clark Kent）穿上他的超人制服，馬上就有了神奇的力量。得寶人聽了這些解釋後覺得很安心，決定掏錢聘用這群超級服務者。

　　而這就是我們當前的處境：本來股東只要安坐搖椅上，就能全數穩賺的企業盈餘，如今有好大一部分流向陣容鼎盛的「服務者」，數額之大前所未見。對股票投資人而言代價最高昂的，是近年像流感般風行的投資分紅方案。在這種方案下，服務者若是精明或幸運，可以分走很大一部分的投資獲利；服務者若是愚笨或倒楣（有時是存心欺詐），則投資人在承擔全部損失之餘，還得支付昂貴的固定費用。

　　這種服務方案（賺錢時經理人分走一大部分，虧錢時投資人全數認賠，同時支付昂貴的服務費）如果大流行，得寶家族或許就應該改稱「失寶家族」（Hadrocks）。事實上，今天得寶家族承擔的各種摩擦成本大有可能高達美國企業盈餘的20％。換句話說，因為必須向一層層的「服務者」

付費，美國股市投資人的整體投資報酬，僅爲他們安坐搖椅上、不理任何人時的80％。

很久以前，艾薩克・牛頓爵士告訴我們，運動有三大定律。這眞是天才之作。但艾薩克爵士的天才不包括投資：他在南海泡沫（South Sea Bubble）中損失慘重，事後解釋說：「我能算出天體運行的軌跡，但無法預料人類的瘋狂。」如果不是因爲此次投資慘敗的創傷，艾薩克爵士大有可能發現第四運動定律：**對整體投資人來說，動作越多，投資報酬越低。**本文開頭提出的問題，現在揭曉答案：精確一點來說，道瓊工業指數於20世紀從65.73點漲至11,497.12點，年複合報酬率爲5.3％（當然，在此期間投資人還會收到股息）。倘若21世紀表現相同，2099年12月31日收盤時，聽好了，道指將來到2,011,011.23點。我不貪心，給我整數兩百萬點就好了。只是新世紀開始六年以來，道指仍在原地踏步。

————————

〔寫了上述文章之後，〕我公開提出打賭50萬美元，賭的是沒有任何投資專家能夠選出一個由至少五支對沖基金（非常受歡迎的高收費投資工具）組成的基金組合，在一段較長期間的表現不遜於僅收取象徵性費用、不需主動管理的標準普爾500指數基金。我提議以十年期間來打賭，並選擇先鋒集團（Vanguard Group）提供之低費用的標準普爾基金作爲我的指數基金。

這次打賭的最終結果如下：從2008年到2017年，標準普爾指數基金的累計報酬爲125.8％，年均報酬爲8.5％。對手選擇的五支組合型基金（fund-of-funds）的累計報酬和年均報酬分別爲21.7％和2.0％；42.3％和3.6％；87.7％和6.5％；2.8％和0.3％；27.0％和2.4％。

我提出這次打賭，有兩個原因：（1）倘若事情如我所料，則我下注

的錢可以遽增為一筆不小的善款，在2018年初捐給奧馬哈女孩協會（Girls Inc. of Omaha）；（2）宣傳我的以下信念：隨著時間的推移，我選擇的投資標的——幾乎沒有費用、不需主動管理的標準普爾500指數基金——所帶給投資人的報酬，績效勝過多數投資專業人士所能創造的，無論這些「幫手」有多麼受人崇敬、受到多強烈的激勵。

　　我提出的這個問題非同小可。美國投資人每年向他們的「幫手」支付巨額費用，往往涉及好幾層的不菲成本。總的來說，這些投資人的付出是否物有所值？我們甚至要問，總的來說，投資人花了這些錢，真的有得到任何東西嗎？

　　和我對賭的 Protégé Partners 選了五支組合型基金，預計其表現將優於標準普爾500指數。那可不是一個小樣本：那五支組合型基金，總共投資於超過兩百支對沖基金。

　　Protégé 這家對華爾街熟門熟路的顧問公司，實際上可說是選出了五位投資專家，而這五位專家又委託了數百名投資專家，各自管理著自己的對沖基金。這個陣營稱得上精英薈萃，完全不缺頭腦、幹勁和信心。

　　那五支組合型基金的經理人還占有一個優勢：在我們打賭的那十年裡，他們可以（也確實有）調整他們的對沖基金投資組合，押注於對沖基金界的「新星」，同時捨棄那些已失去投資觸覺的對沖基金經理人。

　　Protégé 那方的所有參與者都有強烈的誘因去爭取出色表現：組合型基金的經理人和他們挑選的對沖基金經理人，都可以從投資收益中獲得可觀的分潤，連那些單純因為市場通常上漲而獲得的收益也不例外。（在我們接管波克夏以來的全部43個十年期中，標準普爾500指數上漲的年數都超過下跌的年數。）

　　不可不察的是，這種績效獎勵只是一種巨大而美味的蛋糕上的糖霜：即使基金在那十年裡導致其投資人損失金錢，它們的經理人也會變得非常富有。這是因為組合型基金的投資人每年都要支付驚人的固定費用，平均

高達基金資產的2.5％——這些費用有一部分歸那五支組合型基金的經理人所有，餘下部分歸那兩百多支對沖基金的經理人所有。

我要強調的是，在那十年裡，股市的表現毫無反常之處。如果在2007年末針對投資「專家」做調查，要求他們預測普通股的長期報酬率，他們的平均猜測很可能接近標準普爾500指數的實際年均報酬率8.5％。在這種環境下，賺錢應該不困難。事實上，華爾街那些「幫手」賺到了驚人的財富。但是，就在這群人賺得盆滿缽滿的同時，他們的許多投資人卻經歷了失落的十年。

績效時有起伏。費用永不動搖。

這場打賭也揭示了另一個重要的投資教訓：雖然市場通常是理性的，但偶爾會有瘋狂的表現。想把握這種時候出現的機會，並不需要高超的智慧、經濟學學位，或熟悉阿爾法和貝他之類的華爾街術語。這種機會出現時，投資人需要的是一種無視群眾恐懼或狂熱、專注於一些簡單基本因素的能力。同樣重要的是，願意在一段持續的長時間裡顯得因循守舊，甚至是顯得愚蠢。

————————

我確信，這兩個層級的基金經理人幾乎都是正直聰明的人。但是，他們帶給投資人的結果卻很悲慘——真的慘不忍睹。此外，令人喟嘆的是，這些組合型基金和所有相關基金收取了與投資績效完全不相稱的高昂固定費用，結果在過去的九年裡，這些基金的經理人全都喜獲了豐厚的報酬。哥頓‧蓋柯（Gordon Gekko；編注：電影《華爾街》中的角色，其著名台詞為：Money never sleep.）可能會說：「費用永不眠。」

在我們那場打賭中，相關對沖基金的經理人從出資的有限合夥人那裡收取的費用，平均可能略低於對沖基金界的普遍標準「2加20」——相當

於基金資產2％的固定年費（即使基金嚴重虧損也必須支付），以及20％的投資利潤分成（即使賺錢的好年頭之後出現虧損的壞年頭，經理人也不會被追回之前的利潤分成）。在這種不平衡的安排下，對沖基金業者光靠著大量募資的能力，就已使許多經理人變得異常富有，即使他們的投資績效不佳。

不過，我們還沒講完費用問題。別忘了組合型基金的經理人也要分一杯羹。這些經理人收取額外的固定費用，通常是基金資產的1％。然後，雖然那五支組合型基金的整體績效紀錄非常差，但有些基金還是經歷了幾個好年頭，經理人因此收取了「績效費」。因此，據我估計，在那九年裡，五支組合型基金取得的全部投資收益，大約有60％被兩個層級的基金經理人咕嚕一口吞掉了。這就是他們的不當報酬，因為他們帶給數百名有限合夥人的投資報酬，遠不如這些合夥人自己不費吹灰之力、幾乎無需費用就能取得的報酬。

當然，世上有一些技術高超的人，很有可能長期下來連續打敗標準普爾500指數。不過，我這一生中僅在早年發現約十名投資專家有望成就此一壯舉。

毫無疑問的是，世上還有好幾百名──也可能有幾千名──我不認識的人，能力與我所講的那十位投資專家不相上下。畢竟，長期打敗大盤這件事並非不可能做到。問題在於挑戰此一目標的投資經理人絕大多數終將失敗；向你募資的人很可能不會是表現傑出的例外。比爾・魯安（Bill Ruane）──一個非常棒的人，也是我六十年前就發現他幾乎肯定可以創造卓越的長期投資報酬的人──說得好：「投資管理這一行的發展進程，是從創新者到模仿者，再到蜂擁而至的無能者。」

收取高昂費用且能交出相稱績效的經理人如鳳毛麟角，而尋找這種經理人還必須克服一個問題：有些投資專業人士可能只是享有短期的好運氣，一如業餘人士。如果有一千名經理人每年年初預測大盤表現，那麼很

可能至少有一人連續九年預測正確。就像一千隻猴子也同樣可能產生一個看似極有智慧的先知。但兩者間有個差別：不會有人排隊要跟隨這隻幸運的猴子投資。

最後，有三項互有關聯的事實導致投資上的成功孕育出失敗。第一，良好的績效紀錄會迅速吸引大量資金湧入。第二，巨額資金總是不利於投資績效：拿數百萬美元投資不難創造良好的績效，換成數十億美元就很不容易。（令人唏噓！）第三，儘管如此，多數經理人還是會努力吸引資金流入，因為這符合他們的個人利益——管理的資金越多，他們的費用收入越豐厚。

結論是：當收取高昂費用的華爾街人士手上管理著數兆美元的資產，獲得巨額利潤的通常是這些投資經理人，而不是他們的客戶。無論是大投資人還是小投資人，都應該堅守低費用的指數基金。

第四篇

另類投資工具
Alternatives

除了若干永久持股外，我們的保險子公司也持有大量有價證券。我們主要有五大類有價證券可以選擇：（1）長期的普通股投資；（2）中期的固定收益證券；（3）長期的固定收益證券；（4）短期的準現金資產；以及（5）短期套利部位〔參見第二篇「三」〕。

對於這五類證券，我們並無特殊偏好。我們不過是在當中尋找根據「數學期望值」計算、稅後報酬率最高的證券，而且只限於我們自認了解的標的。我們完全不考慮短期的帳面盈餘，目標是盡可能擴大最終資產淨值。[41]

一、投資類別概述 [42]

Surveying the Field

投資的可能性多種多樣，但可概分為三大類別，而了解每個類別的特性非常重要。那麼，我們就來看看。

以某種貨幣計價的投資標的包括貨幣市場基金、債券、抵押貸款、銀行存款和其他投資工具。這些以貨幣為基礎的投資標的，多數被視為「安全的」。但它們其實是非常危險的資產。它們的貝他值或許是零，但風險非常高。

過去一個世紀中，這些投資工具在許多國家摧毀了大量投資人的購買力，即使他們可以持續按時收回利息和本金。更糟的是，這種可惡的結果未來將一再重演。貨幣的最終價值是政府決定的，而系統性力量有時會促使政府奉行一些導致通膨高漲的政策。這種政策不時會失控。

即使在人們強烈渴望幣值穩定的美國，自1965年我掌管波克夏以來，美元的價值也驚人地萎縮了86％。要買當年1美元的東西，現在至少要花7美元。因此，在這段期間，一家免稅的機構必須每年從債券投資上獲得4.3％的利息，才能維持資金的購買力。如果其經理人認為這些利息當中有某部分是「收益」，那是在騙自己。

至於必須納稅的投資人，情況更是慘得多。在這四十七年間，持續投資在美國國庫券上，年化報酬率為5.7％，看起來頗令人滿意。但如果投資人平均繳25％的個人所得稅，這5.7％的報酬將**無法**產生任何實質收益。這名投資人看得見的所得稅將吃掉他1.4個百分點的報酬率，而看不見的「通膨稅」將吃掉餘下的4.3個百分點。值得注意的是，這名投資人很可能會認為自己的主要負擔是看得見的所得稅，但隱含的「通膨稅」造

成的損失，其實是所得稅的三倍以上。雖然美鈔上印著「我們信賴上帝」（In God We Trust），但那隻控制政府印鈔機的手卻一直都太人性了。

當然，利率如果夠高，投資在這些貨幣類標的上所面臨的通膨風險，是可以得到充分補償的——事實上，1980年代初的利率便夠高。但是，目前的利率則遠不足以補償投資人承受的購買力損失風險。現在的債券是應該貼一個警告標籤的。

因此，在現今這種情況下，我不喜歡貨幣類投資。即使如此，波克夏持有很多這種資產，主要是短期標的。維持充裕的流動資金對波克夏至關緊要，這是我們將永遠堅守的原則，利率再低也不例外。為了因應這項需求，我們主要持有美國國庫券——經濟亂成一團時，這是唯一能可靠地提供流動資金的資產。為了滿足營運需求，我們一般會持有200億美元的流動資金，絕對不會少於100億美元。

在滿足流動資金需求和監理機關的要求之外，我們只會在市場提供異常獲利機會時購入貨幣類標的——這有兩種可能：信貸資產價格異常（不時發生的垃圾債崩盤便可能導致這種情況），又或者優質債券的利率升至異常高的水準，投資人因此有望在利率下跌時實現豐厚的資本利得。雖然我們以前曾把握這兩種機會，未來也可能會這麼做，但目前是絕對沒有這種可能。華爾街業者薛爾比・庫隆・戴維斯（Shelby Cullom Davis）很久以前講過一句諷刺的話，用來形容目前的情況似乎很貼切：「有些債券據稱可以提供無風險的報酬，但以它們現在的價格，只能提供無報酬的風險。」

第二類投資標的是一些永遠不會生產出任何東西的資產，買家購入是期望未來會有人以更高的價格買進，而接手的買家也知道這些資產是永遠不具生產力的。在17世紀，鬱金香曾短暫受到此類買家的瘋狂追捧。

此類投資需要一個不斷擴大的買家群體，而接手的人會進場，是因為他們相信買家群體將進一步擴大。人們持有此類資產，**不是**因為相信它們可以生產出什麼來（這些資產是永遠不具生產力的），而是因為相信其他

人未來將更強烈渴望擁有這些資產。

這個類別中的主要資產是黃金，而目前有些投資人很愛黃金，因為他們對幾乎所有其他資產都很不放心，尤其是一般的貨幣（如我們稍早所指出，擔心貨幣貶值是正確的）。但是，黃金有兩大缺點：本身沒有多大的用途，也不能生產出什麼東西來。沒錯，黃金有若干工業和裝飾用途，但這些需求相當有限，連新生產出來的黃金也消化不了。此外，如果你一直持有一盎司的黃金，你最終也只會擁有一盎司的黃金。

購買黃金的人多數是因為相信將有越來越多人對其他資產不放心。過去十年間，這種想法已證實是正確的。在此之外，金價上漲本身也能製造出更多買氣，吸引一些人進場，因為他們認為金價上漲證明了黃金的投資價值。這些追隨潮流的投資人一旦投入，就能製造出自己的真理──但只**能維持一陣子**。

過去十五年間，網路股和房屋已經證明，起初有道理的投資理論加上廣為人知的價格漲勢，可以製造出瘋狂的投機潮。在這些泡沫中，原本持懷疑態度的大量投資人被市場提供的「證明」說服了，而買家群體一度顯著擴大，足以暫時支撐市場。但是，任何泡沫過度膨脹，總是破滅收場。

如今世上的黃金存量約為17萬公噸。如果這些黃金都融成一塊，可以做出一個邊長約68英尺的正立方體（一個棒球場的內野可以輕鬆容下）。我撰寫本文時，金價為每盎司1,750美元，這塊巨型黃金的總價值將是9.6兆美元。我們稱它為A組資產。

現在我們來建構等值的B組資產。9.6兆美元可以買下美國**所有農田**（4億英畝，每年可以種出價值約2,000億美元的農產品），加上16家艾克森美孚（全球最賺錢的公司，一年盈利超過400億美元）。買了這些資產之後，你還有1兆美元可以花用（如此狂買之後，完全不會覺得窮）。你能想像一名有9.6兆美元的投資人選擇A組資產而非B組嗎？

既有黃金存量市值驚人，除此之外，目前每年新生產出來的黃金按

當前市價計，價值約為1,600億美元。黃金買家（無論是珠寶業和工業使用者、擔心其他資產貶值的人，或是投機客）必須持續消化新增的黃金供給，才能維持當前的金價。

未來一百年間，美國4億英畝的農田將生產出數量驚人的玉米、小麥、棉花和其他農產品，而百年之後，這些農田仍將持續種出寶貴的作物，無論屆時的貨幣情況如何。艾克森美孚在這一百年間，可能已經向股東派發了以兆美元計的股息，而且它持有的資產，價值將增加很多兆美元（別忘了你有16家艾克森美孚）。而百年之後，17萬公噸的黃金仍將是17萬公噸的黃金，也仍無法生產出任何東西。你可以撫摸這個黃金立方體，但它不會有任何反應。

確實，一個世紀之後，人們恐懼時，可能還是會有很多人蜂擁購買黃金。但是，我確信未來一百年間，A組9.6兆美元資產價值的年化成長率將遠低於B組資產。

前述兩類資產在人們最恐懼的時候最受歡迎。對經濟崩盤的恐懼會驅使散戶搶購貨幣類資產，尤其是美債，而對貨幣價值崩跌的恐懼則會促使人們購入沒有生產力的資產如黃金。2008年末，我們聽到很多人高呼「現金為王」，但當時恰恰是應該動用現金投資而非持有現金的時候。1980年代初，我們則是聽到很多人說「現金是垃圾」，但當時美債資產正處於我記憶中最誘人的價格水準。在這些情況下，投資人若是必須跟隨大眾的做法才覺得安心，將必須為這種安全感付出高昂的代價。

我自己喜歡的投資標的，則是我們必然要談到的第三類投資：也就是生產性資產，可以是企業、農場或不動產。理想的生產性資產應該可以在通貨顯著膨脹的時期有效保護投資人的購買力，同時只需要很少的新資本投資。農場、不動產和許多公司（例如可口可樂、IBM和我們的子公司時思糖果）能滿足這兩個條件。有些公司（例如我們受管制的公用事業子公司）不符合條件，是因為通膨導致它們必須承擔重大的資本支出。為了增

加盈利，這些公司的股東必須增加投資。但即使如此，這些投資仍優於非生產性或貨幣類資產。

一個世紀之後，無論我們使用的貨幣是黃金、貝殼、鯊魚齒還是紙鈔（一如現在），人們仍會願意拿出數分鐘的勞動所得，換取一罐可口可樂或一些時思花生脆片。美國人未來將運送更多商品、消耗更多食物，以及需要更多生活空間。人們將一直拿自己所生產的東西，交換別人生產的東西。

我國的企業將繼續高效地供應我國民眾想要的商品和服務。打個比方，這些企業「乳牛」將生產越來越多「牛奶」，牠們的價值取決於牠們生產牛奶的能力而非交易媒介。出售牛奶的所得會帶給乳牛的主人越來越多收益，情況一如20世紀的美國股市：道瓊工業指數從66點升至11,497點（期間還派發了大量股息）。波克夏的目標是增持一流企業。我們的首選是收購整家公司，但也將藉由持有數量可觀的上市公司股票，成為一流企業不具控股權的股東。在我們所講的三大類投資中，我深信第三類投資的績效長期而言必將遠優於另外兩類。更重要的是，第三類投資也比另外兩類安全得**多**。

二、垃圾債券和小刀論 [43]

Junk Bonds and the Dagger Thesis

投資垃圾債券與投資股票在某些方面是一樣的：兩者均需要估算價格／價值比，並且從數百檔證券中篩選出報酬／風險比誘人的少數幾檔。但

兩者也有一些重大差異。投資股票時，我們預期每一筆投資都會成功，因為我們只投資財務結構穩健、競爭力強勁、經理人能幹誠實的公司。只要我們以合理的價格買進，因為投資這種公司而蒙受虧損的可能性極低。事實上，我們掌管公司事務三十八年以來，在波克夏（不包括通用再保和蓋可兩家保險公司）所管理的股票投資組合，投資獲利比投資虧損多了一百倍左右。

購買垃圾債券時，我們面對的企業素質就差多了。這些企業通常負債過重，而且所處的產業往往以資本報酬率偏低著稱。此外，管理層的素質有時也很可疑，有時經理人的利益甚至與債權人截然對立。因此，我們預期垃圾債偶爾會使我們蒙受大額虧損。不過，迄今為止我們在這個領域的投資績效相當好。

———————

我們的基本投資作風，仍是樹懶般的慵懶。今年我們六檔主要持股中，有五檔文風不動，不曾買賣一股。唯一的例外是富國銀行，一家管理一流、報酬豐厚的銀行業者：我們在該公司的持股比例已增至略低於10％，這是我們未經聯邦準備理事會批准所能持有的上限。這些富國銀行股票約六分之一是在1989年購入的，餘者是1990年增持的。〔至2015年，波克夏持有富國銀行約25％的發行在外股份。〕

我們其實並不喜歡銀行業。銀行業者的資產往往高達股東權益的二十倍，只要一小部分資產出問題，股本即可能虧掉一大部分。而對許多大型銀行來說，出問題已是常態而非特例。多數問題是管理不善的結果，源自我們去年議論的「制度性強制力」：[44] 經理人有盲目仿效同業做法的傾向，不管這麼做其實是多麼蠢。許多銀行業者放款時以旅鼠式熱情追隨業界領導者，如今他們正經歷旅鼠式自毀命運。

因為高達二十倍的財務槓桿會明顯放大管理層優缺點的效果，我們完全沒興趣「廉價」購入管理不善的銀行股。我們唯一感興趣的，是以合理的價格買進管理一流的銀行股。

我們相信富國銀行的卡爾・瑞查德（Carl Reichardt）和保羅・黑森（Paul Hazen）是銀行業最優秀的管理人才。卡爾和保羅的組合在許多方面使我想起首都企業／美國廣播公司的湯姆・墨菲和丹・柏克。首先，這兩組經理人均有顯著的「綜效」：兩人合作的力量明顯強於個別發揮的力量總和，因為兩人都了解、信任和欽佩對方。第二，兩個團隊都不吝以高薪獎勵人才，但厭惡冗員的存在。第三，無論公司盈利創新高還是業績不佳，兩者控制成本的努力均不曾停歇。最後，兩者均堅持做自己在行的事，讓自己的能力而非自尊心決定自己的努力方向。（前IBM總裁老湯姆・華生〔Thomas J. Watson Sr.〕也奉行同一原則，他曾說：「我不是天才。我只是在某些方面有能力，但我專注發揮這些能力。」）

銀行股1990年行情混亂，這對我們增持富國銀行大有幫助。市場混亂是有道理的：一度備受尊崇的銀行業者愚蠢的放款決策連月暴露在公眾眼前。隨著一家接一家的銀行公布巨額虧損（而且往往就在管理層保證一切很好之後），投資人自然認為銀行的財報已不可信任。拜他們拋售銀行股所賜，我們花了2.9億美元就取得富國銀行10％的股權，成本不到稅後盈餘的五倍或稅前盈餘的三倍。

富國銀行規模龐大，資產額高達560億美元，多年來股東權益報酬率保持在20％以上，資產報酬率也有1.25％。我們購入該行10％股權，可以想作是百分百收購一家資產額約50億美元、財務特徵與富國相同的銀行。但如果真的收購這樣一家銀行，我們必須付出的代價約為2.9億美元（收購富國10％股權的成本）的兩倍左右。而且，高價收購這家資產50億美元的銀行，還會造成一個難題：我們無法找到卡爾・瑞查德這樣的人才來經營它。近年來，富國銀行的經理人一直是銀行業中最熱門的挖角對

象，但沒人挖得動他們的老大。

當然，擁有一家銀行（或任何一家企業）的股權絕對不是沒有風險的。加州的銀行業者必須面對一項特殊風險：大地震可能造成銀行貸款戶損失慘重，進而重創銀行。第二項風險是系統風險，也就是經濟衰退或金融危機可能嚴重到危及幾乎每一家高槓桿企業，不管公司經營得多出色。最後，眼下市場最擔心的事情之一，是西岸房價因供給過剩而重挫，導致為房市擴張融資的銀行業者蒙受重大損失。富國銀行是房地產放款大戶，外界因此普遍認為該行尤其容易因房市下滑而受重創。

這些可能性皆無法排除。但是，頭兩種情況發生的機率不大，而即使房價顯著下滑，管理得當的銀行估計也不會出現大問題。我們可以約略算一下：富國銀行目前每年提列逾3億美元的呆帳損失後，稅前盈餘顯著高於10億美元。倘若該行總額480億美元的放款（不完全是房地產相關放款）在1991年有10％出問題，假設包括收不回的利息在內，總損失為本金的30％，該公司大致上還能損益兩平。

即使真有一年如此（我們認為可能性相當低），我們也不會很在意。事實上，如果一項投資或一家企業有一年不賺錢，但隨後每年股東權益報酬率估計可達20％，波克夏會非常樂意投資。儘管如此，因投資人擔心加州房地產市場重演新英格蘭地區房市先前的災難，富國銀行股價在1990年短短幾個月內即重挫近50％。雖然我們在跌勢開始前已買了一些富國股票，但我們樂見該股下挫，因為這讓我們得以用新的超低價加碼買進。

只要我還活著，我們將年復一年地收購企業或購買股票（如果波克夏董事願意出席我安排的降神會〔seance；譯注：設法與亡靈對話的聚會〕，則可以持續更久）。因為我們有意持續買進，企業的價格下滑便對我們有利，價格上漲則對我們不利。

股價下滑最常見的原因是投資人的悲觀情緒——有時是彌漫整個市場，有時則僅限於某家公司或某個產業。我們很**期望**在這種環境下做交

易，不是因爲我們喜歡悲觀情緒，而是因爲我們喜歡悲觀情緒所產生的股價。樂觀情緒才是理性投資人的大敵。

不過，以上所言並不是說一家公司或一檔股票不受歡迎就必定值得買進。刻意反潮流與盲目從眾一樣愚蠢，關鍵在於思考而不是民意調查。不幸的是，羅素（Bertrand Russell）對人性的觀察尤其適用於金融世界：「多數人寧死也不願意思考。許多人確實如此。」

* * * * *

去年我們投資組合的另一重大變動，是大幅增持納貝斯克公司的債券。我們於1989年末首度買進這些債券，至1990年底累計投資了4.4億美元，與市值相若（不過，我撰寫本文時，這些債券的市值已增加了逾1.5億美元）。

對我們來說，購買投資級以下的債券與購買銀行股（或收購銀行業者）同樣不尋常。但是，規模大到能對波克夏的業績產生顯著貢獻、而我們又感興趣的投資機會實在罕見。因此，我們將關注所有資產類別，只要我們能了解投資標的，並且相信價格與價值間有顯著差距，我們就可能會買進。（伍迪·艾倫在另一背景下曾指出保持開放心態的好處：「我不明白爲什麼沒有更多人成爲雙性戀，因爲這樣一來週末晚上約會的機率就能增加一倍。」）

過去我們曾買過數檔評等低於投資級的債券，獲得很好的報酬。不過它們全都是所謂的「墮落天使」（fallen angels），也就是原本是投資級，但因爲發債機構陷入財困而遭降級的債券。

1980年代，投資界湧現了一種特別惡質的墮落天使：發行時信用評等已遠低於投資級的「垃圾債券」。在這十年中，新發行的垃圾債券越來越垃圾，可預見的結果終於出現：垃圾債券變得名副其實。1990年，雖然經

濟衰退尚未眞正發威，大量企業已不支倒地，金融界陰霾密布。

在此之前，擁護舉債的人信誓旦旦地宣稱這種情況不會發生。他們表示，高負債將使得企業經理人格外專注工作，一如駕駛人發現方向盤上插著一把小刀時，會格外小心地開車。我們承認這樣一把小刀確實能使駕駛人提高警覺，但這麼做有一個難以避免的副作用：車子一旦碰上路上的坑洞，就可能產生不必要的傷亡。商業道路上滿是坑坑洞洞，要求經理人避開所有坑洞的業務模式，幾乎一定是災難收場。

在《智慧型股票投資人》最後一章中，葛拉漢非常有力地駁斥了「小刀論」。他表示：「如果一定要以幾個字總結明智投資的祕訣，那不外乎是『安全邊際』。」我初聞此言已是四十二年前，但現在仍認爲這是至理名言。投資人正是因爲忽略了簡單的「安全邊際」原則，以致1990年代伊始即損失慘重。

舉債狂潮達至高峰時，許多公司的資本結構是災難的保證：有些公司借了太多錢，即使生意非常好也沒有能力還本付息。數年前一宗特別惡質的「注定失敗」案子涉及一家業務成熟的電視公司。該電視台位於佛羅里達州坦帕市，併購者借入巨債收購這家公司，光是利息支出就超過電視台的總營收。就算所有人工、節目和服務不費分文，這家電視台的收入仍必須暴增，否則公司必定在重債之下破產（爲此宗收購融資的許多債券賣給了如今破產的存貸機構〔savings and loan associations〕，因此各位納稅人正爲此一愚行買單）。

這一切如今看來似乎不可能發生。但是，當初這些惡行發生時，宣揚小刀論的投資銀行業者引用「學者」研究結果，指多年來低評等債券較高的利率足以補償其較高的違約率還有餘。這些親切的推銷員因此宣稱，分散投資多檔垃圾債券，淨報酬率會高於分散投資優質債券（各位得小心財務上的過往績效「證據」：如果熟讀史書是致富的關鍵，《富比士》四百富豪榜上應該滿是圖書館員）。

這些推銷員的邏輯中有一個錯誤，統計學一年級生也能看出來。他們假設新發行的垃圾債券跟原為投資級債券的墮落天使是一樣的，因此後者的違約率可用來預測前者的違約率。（這種錯誤有如在喝下瓊斯鎮〔Jonestown〕以類似Kool-Aid的飲料調成的毒藥前，以Kool-Aid歷來的致死率為參考。）（譯注：Kool-Aid是美國一種軟性飲料。瓊斯鎮是來自美國加州的人民聖殿教於南美國家蓋亞那建立的農業公社，由教主吉姆‧瓊斯〔Jim Jones〕領導。1978年11月18日，吉姆‧瓊斯指揮瓊斯鎮鎮民集體服毒自殺，九百餘人死亡。）

兩者間當然有一些關鍵差異。首先，墮落天使公司的經理人幾乎總是渴望重獲投資級信用評等，並積極朝此目標努力。垃圾債公司的經理人則通常完全是另一種人，他們就像染上毒癮的人，只想找毒品過過癮，而不是致力為自己債台高築的窘境找出路。此外，墮落天使公司的經理人對股東的忠誠度，通常也比垃圾債公司的經理人高（但並非全都如此）。

不過，華爾街根本不在乎這些差別。華爾街業者對一個觀念有多熱衷，並不是看該觀念多有道理，而是看它能為他們創造多少收益。這些不關心對錯的人將大量垃圾債券推銷給那些不思考的人——世界上永遠不缺這兩種人。

許多垃圾債券的價格如今只有發行價的一小部分，但這個市場仍滿布地雷。如去年所言，我們不曾買過新發行的垃圾債（毫無例外情況）。但既然這市場已受重創，我們現在願意考慮相關標的。

就納貝斯克而言，我們認為該公司的信用素質明顯優於外界所想，而我們獲得的收益加上潛在的資本利得，足以補償我們承受的風險（儘管絕對不是沒有風險）。納貝斯克以相當不錯的價格賣了一些資產，股本顯著增強，公司的管理也大致妥當。

不過，我們的研究發現，多數低評等債券仍不具吸引力。華爾街1980年代闖下的禍比我們想像的更嚴重：許多重要企業受了致命傷。但在垃圾債市場繼續崩潰之際，我們將繼續尋找投資機會。

魏斯可（Wesco）公司刻意不分散投資以鍛鍊交易技術，這種做法與麥克‧米爾肯（Michael Milken）多年來推銷垃圾債券的說詞相映成趣。許多財務學教授的理論支持米爾肯的說詞，這套說法認為（1）市場價格是有效率的，投資人承受波動性（投資結果大幅震盪）會獲得額外的報酬；（2）因此，新發行的垃圾債券推出市場的價格，就機率而言是合理的（也就是說，債券所承諾的較高利率補償了理論上較高違約率的潛在損失），而且為投資人提供了補償波動性風險的若干額外報酬；（3）因此，如果一家存貸機構（或其他機構）分散投資在垃圾債上，例如未經審慎考慮即大量買進米爾肯推銷的每一檔垃圾債券，這家機構鐵定能獲得高於平均水準的投資報酬，就像賭場老闆擁有莊家優勢一樣。不少機構的經理人奉米爾肯的理論為圭臬，坐言起行買進他推銷的「債券」，如今已因此飽受重創。廣泛分散投資此類「債券」的結果並沒有上述理論所講的那麼理想，反而是虧損慘重。為了維持自我形象，米爾肯不得不相信自己的那一套，並按特定模式行事，這是我們可以理解的事。但為什麼有人相信發債者會付給米爾肯5％的佣金去讓「債券」買家享有賭場老闆的莊家優勢呢？我們想到的原因是：這些愚蠢的買家和他們的顧問，有許多是財務學教授的學生。這些教授執迷於自己心愛的理論模型（效率市場理論和現代投資組合理論），忽略了可能發出警訊的其他模型。這是一種常見的「專家」錯誤。

三、零息債券與搶匪 [45]

Zero-Coupon Bonds and Ski Masks

　　波克夏發行了面值9.026億美元的零息可轉換次順位信用債券，目前已在紐約證券交易所掛牌交易。所羅門兄弟公司負責承銷這批債券，為我們提供了有益的建議，而且執行工作無懈可擊。

　　大部分債券當然是要定期支付利息的，通常是每半年一次。不過，零息債券到期前是不付利息的。投資人以顯著低於面值的價格買進零息債券，到期時收回面值，面值與買入價的差額就是投資報酬。零息債券的實際利率由發行價、到期時的價值，以及債券期限決定。

　　波克夏這批零息債券按面值44.314％的價格發行，期限為15年。對投資人來說，買入這檔債券相當於獲得5.5％的利率，每半年複利計息。因為我們每一元面值僅收到0.4431元，此次發債所得為4億美元（另得支付950萬美元的發行費用）。

　　這批債券以1萬美元為面額，每張債券可轉換為0.4515股波克夏股票。因為面額1萬美元的債券發行價為4,431美元，股票轉換價因此為每股9,815美元，相對於當時市價有15％的溢價。1992年9月28日之後，波克夏可以隨時按加計利息的價值（原發行價加5.5％的利率〔每半年複利計息〕）贖回債券。此外，在1994年9月28日和1999年9月28日，債券持有人可以要求波克夏按加計利息的價值買回債券。

　　就稅負而言，雖然波克夏並沒有付息給債券持有人，但每年仍可按5.5％的利率計算可抵稅的利息費用。這降低了我們必須支付的稅金，等同增加了我們的現金流入量，帶給我們一項非常重要的好處。因為存在一些不可知的變數，我們無法算出一個精確的實際利率，但無論如何都會顯

著低於5.5％。此外，按照稅法的對稱原則，這些債券的持有人如果是正常的納稅人，每年必須按5.5％的利率計算應稅利息所得，儘管他實際上沒有收到現金利息。

我們這批債券，以及其他一些公司（尤其是Loews和摩托羅拉）去年發行的類似債券，與近年來企業發行的大部分零息債券大不相同。對於近年的主流零息債券，查理和我向來直言批評，未來也將繼續如此。此類債券常成為蓄意詐欺的手段，對投資人的傷害無以復加。這一點我稍後將詳細說明，在此之前，且讓我們回到伊甸園，回到人類始祖還未受誘惑吃下蘋果的時代。

如果你跟我一樣年紀，你在二戰期間應該就已經首次投資零息債券了：你應該買過著名的E系列美國儲蓄債券，這是史上銷售最廣的一檔債券（戰後每兩個美國家庭就有一個持有這種債券）。當然，沒人稱E系列債券為零息債券——我懷疑當時根本還沒有這個名詞，但E系列債券事實上正是零息債券。

這批債券面額最小者只有18.75美元，購買者十年後可獲美國政府償還25美元，按複利計算年報酬率為2.9％。這在當時頗具投資吸引力：2.9％的報酬率高於一般美國公債，而且債券持有人不必面對市場波動風險，因為他只要稍微損失一點利息，就可以隨時將債券變現。

近十年來出現了第二種美國零息公債，同樣是有用的優質投資工具。一般債券有一個問題：雖然發行者會按某個固定利率，例如10％，定期支付利息，但債券持有人無法確保自己能得到10％的複合報酬率。要得到這樣的報酬率，每半年收到的票息必須以10％的利率再投資。如果收取票息時市場利率只有6％或7％，債券持有人就無法按10％的票面利率將利息再投資下去。這就是所謂的「再投資風險」，對背負長期債務的退休基金或其他投資人來說，可能是一個嚴重問題。美國政府的儲蓄債券理論上可以解決這個問題，但這種債券僅對個人發行，而且僅做小面額發行。投資

大戶需要的是大量的儲蓄債券替代品。

創意十足的投資銀行業者適時出現，為市場提供了有用的服務（我很高興向各位報告，領導此一創新服務的正是所羅門兄弟公司）。他們將標準美國公債每半年的息票「拆開」，變成一檔又一檔的獨立零息債券。每一張息票就像儲蓄債券那樣，因為它代表的就是未來某個時間到期的單筆款項。例如，如果你將2010年到期的一檔美國公債的40張息票拆開來，你就得到40檔零息債券，期限從六個月至二十年不等，每一檔皆可與期限相同的其他息票合併起來銷售。假設目前所有期限的利率皆為10％，六個月期的零息債券會按面值95.24％的價格發行，而二十年期的則會按面值14.20％的價格發行。無論購買什麼期限的債券，投資人都能確保自己持有債券期間得到10％的複利報酬率。近年來，公債息票拆開銷售的生意越做越大，因為從退休基金到個人退休帳戶（IRA），各種長期投資人紛紛認識到，這種優質零息債券非常符合他們的需求。

但華爾街許多事情就是這樣：聰明人帶頭做，最後在做的是蠢人。近幾年來，越來越多信用素質不佳的企業大量發行零息債券（或功能相同的PIK債券〔pay-in-kind bonds〕，這種債券並不支付現金利息，而是每半年發放額外的PIK債券替代利息）。對這些發行者來說，零息或PIK債券有一個極大的好處：因為根本不需要支付現金利息，債券到期前發行者不可能違約。事實上，如果低度開發國家的政府在1970年代除了長期零息債券外沒有發行任何其他債券，它們的信用紀錄迄今仍將完美無瑕。

為了賺錢，掮客和投資銀行業者樂於幫風險越來越高的案子安排融資，他們當然不會忘了零息債券的好處：發行者鄭重承諾未來很長一段時間都不會償還一分一毫，這樣一來，未來很長一段時間自然不會違約。不過，放款者花了好一陣子才接受這種融資方式。多年前槓桿收購熱潮開始興起時，收購者只能在相當穩健的基礎上取得融資，也就是保守估計的自由現金流量（營業利潤加折舊和攤銷，減去平均資本支出）必須足以支付

利息並適度減債。

後來，做收購交易的人越玩越瘋狂，收購者背負巨債以極高價格收購企業，企業必須動用全部的自由現金流支付利息，再無餘裕償還本金。這些舉債者事實上是以郝思嘉「明天再想辦法」的態度面對償還債務本金的問題，而新一代的放款者（也就是垃圾債券的買家）也接受這種做法。到此地步，債務已不再是需要償還的欠款，只要能安排再融資就行了。這不禁令人想起《紐約客》雜誌刊登的一幅漫畫：滿心感激的借款人起身與銀行的放款主管握手，激動地說：「真不知該怎麼報答你（repay you；譯注：也有還你錢之意）。」

借款者很快就發現，即使新的標準已非常寬鬆，他們還是無法忍受其束縛。為了誘使放款者為更離譜的交易融資，他們引進一項可惡的新準則：以EBDIT（也就是扣除折舊、利息和稅金三項費用之前的盈餘）為衡量企業付息能力的標準。根據此一降低要求的標準，借款者認為折舊是可以忽略不計的費用，原因是它並非當期的現金支出。

這顯然是掩人耳目的做法。在95％的美國企業，長期而言，資本支出與折舊費用相若，跟員工薪酬和水電費用同樣是實實在在的必要支出。即使是高中沒念完的人都知道，如果要借錢買車，自己的收入不但必須足夠支付利息和開車的費用，還必須能承擔按合理方式計算出來的折舊費用。如果有人向銀行申請購車貸款時搬出EBDIT的理論，銀行職員必定會覺得很好笑，然後拒絕他的申請。

當然，一家企業可以在某個月暫停資本支出，就像一個人可以停食一天甚至一週。但如果這種做法變成常規，省略掉的沒補回來，身體就會逐漸衰弱，最後還會死亡。即使情況不至於這麼嚴重，相對於規律「飲食」，不時「絕食」的做法長期而言終究是不健康的，對生物、人體或企業均是如此。作為生意人，查理和我很樂意擁有財力不足以承擔資本支出的競爭對手。

將折舊這項重大費用排除在外，好讓一宗糟糕的交易看起來還不錯，你可能會以為這已經是華爾街才俊的極致表現。如果你真的這麼想，那一定是沒有留意過去幾年的發展。為了替價格更離譜的收購案辯護，金融掮客必須提出更厲害的理論，否則生意就可能被更具「想像力」的同業搶走。（萬萬不可！）

因此，金融掮客和投資銀行業者挖空心思，宣稱衡量一宗交易在財務上是否可行時，EBDIT只需要與現金利息費用相比較；也就是說，零息或PIK債券的應計利息費用可以不必理會。這項準則不僅將折舊費用掃進「不必理會」的角落，還以同樣方式對待通常占企業利息費用很大一部分的利息成本。可恥的是，許多專業投資經理人附和這種胡說八道；只是他們會小心地只拿客戶的錢去支持這種離譜的做法，處理自己的錢時則穩當得很（稱這些經理人為「專業人士」實在是太恭維他們了，他們其實更適合「隨波逐流者」的稱號）。

在此新標準下，一家企業若稅前盈餘為1億美元，而當期須支付的利息費用為9,000萬美元，則該公司可以藉由發行零息或PIK債券額外舉債，讓年度利息費用增加6,000萬美元；這筆額外的利息費用只需要記在帳上，債券本金到期時才需要支付，在此之前會增加公司應計的債務。這種零息或PIK債券的利率通常相當高，意味著公司第二年的利息費用可能是9,000萬美元的現金利息支出，外加6,900萬美元的應計利息費用，後者的金額還將逐年增加。這種高利率舉債方式，數年前尚僅限於少數的邊緣個案，如今已成為幾乎所有主要投資銀行的標準融資模式。

投資銀行為企業安排這種融資時，展現了他們幽默的一面：他們幾個月前可能連客戶公司的名字都沒聽過，但卻有本事為這樣一家公司預測未來五年或甚至更長時間的損益表和資產負債表。如果投資銀行業者向你提出這種財務預測，我建議你也幽他們一默：請對方將他們自家公司過去數年的財務預算拿出來，然後對照一下實際結果。

多年前高伯瑞（John Kenneth Galbraith）在他那本機智又富洞見的著作《1929年大崩盤》（*The Great Crash*）中，杜撰了一個新經濟名詞：「侵吞額」（the bezzle），指當前未被發現的侵吞金額。侵吞額有一個奇妙的特質：侵吞者的財富按侵吞額增加，被侵吞者卻不覺得自己變窮了。

高伯瑞教授風趣地表示，侵吞額應加進國民財富中，這樣我們才能知道「國民心理財富」。按此邏輯，一個社會若希望國民感覺非常富足，一方面應鼓勵大家侵吞別人的財富，另一方面則盡可能別去偵查這種罪行。如此一來，大家不需要多費一分力氣在生產工作上，「財富」也會顯著膨脹。

侵吞額提升國民財富的荒謬假說，與真實世界中零息債券的胡鬧相比實在不算什麼。藉由零息債券，合約的一方可以有「收益」進帳，另一方則不必承受支出的代價。在我們所舉的例子中，一家年度盈餘僅1億美元（因此最多只能支付這麼多利息）的公司，可以神奇地替債權人創造出1.5億美元的「收益」。只要投資大戶願意戴上彼得潘的翅膀，然後不停高呼「我相信」，零息債券可以創造出來的「收益」是沒有極限的。

華爾街人士熱烈歡迎這項發明；換作是鄉下人，大概需要輪子或犁頭才能激發同等的熱情。有了這樣一套工具，華爾街業者做交易時，就不必受限於企業的實際盈利能力，結果當然能促成更多交易。離譜的高價總是能吸引賣家出售資產。傑西・安魯（Jesse Unruh）或許會說：交易是金融的母乳。（譯注：安魯為美國從政者，曾講過以下名言：「金錢是政治的母乳。」）

對掮客和投資銀行家來說，零息與 PIK 債券還有一個額外好處：做壞事到事跡敗露之間的時間可以拉長。這可是非同小可的好處。如果要很長一段時間才必須面對所有成本，金融掮客就可以促成連串的離譜交易，在東窗事發前賺得巨額服務費。

但是，鍊金術（無論是冶金還是金融上的）終究會失敗：會計或資本結構上的伎倆是無法將一家爛公司變成優質企業的。自稱懂得金融鍊金術

的人或許能發大財，但其財富來源通常是易上當的投資人，而不是事業經營上的成就。

不過，我們必須指出，無論它們有多少缺點，許多零息與PIK債券是不會違約的。事實上，我們也曾持有一些此類債券，而如果這個市場跌得夠深，我們還會再買一些（但我們絕不考慮購買信用素質不好的新債）。沒有一項金融工具是本質上有害的，問題不過是某些工具特別容易成為詐欺的手段。

詐欺大獎應該頒給那些沒有財力支付當期利息的零息債券發行者。我們的建議是：投資銀行家若是高談EBDIT，又或者有人創造出無力付息的資本結構（現金流入量充分扣除資本支出後，不夠支付全部利息費用——包括當期需支付的利息，以及零息債的應計利息），千萬不要掏腰包。你可以反客為主，向遊說你的捐客和他高貴的夥伴建議，佣金和手續費也採零息方式支付，待他們推銷的零息債券全數還本之後，才向他們支付費用。看看他們此時對這宗交易還有多少熱情。

我們對投資銀行業者的批評或許顯得有點嚴苛。但按照我們無可救藥的保守思想，查理和我認為投資銀行業者應該肩負把關的職責，保護投資人免因金融捐客胡作非為而受害。畢竟，金融捐客面對金錢誘惑時，向來就像酒鬼面對眼前的酒那樣，完全不知節制為何物。因此，投資銀行業者至少應該像一名有責任感的酒保那樣，為免客人酒後衝上公路，寧願少賺一杯酒的錢。不幸的是，近年來，許多主要投資銀行認為這樣的酒保道德規範太妨礙生意了。因此，近來選擇走高尚道路的華爾街人士，完全不必擔心車多壅塞。

我還要指出一個令人不平的事實：必須為零息債券荒謬劇承擔代價的，不會只有直接涉入者。某些存貸機構大量買進此類債券，資金來自聯邦存貸保險公司（FSLIC）受保的存款。在美化盈餘的壓力下，這些機構於帳面上認列了來自此類債券的超高利息收入，但它們其實收不到這些利

息。許多此類存貸機構已陷入嚴重的財困。如果這些問題放款能連本帶息順利收回，存貸機構的東主將賺得大筆利潤。但當這些放款成為呆帳時，買單善後的通常是納稅人。套句傑奇・梅森（Jackie Mason；譯注：美國喜劇演員）的話，在這些存貸機構，經理人才是真正的搶匪。

四、優先股 [46]

Preferred Stock

我們只想跟自己喜歡、欽佩和信任的人共事。所羅門兄弟的約翰・葛福倫德（John Gutfreund）、吉列的小科曼・莫克勒（Colman Mockler, Jr.）、全美航空（USAir）的埃德・科隆尼（Ed Colodny），以及冠軍企業（Champion）的安迪・席格勒（Andy Sigler）均完全符合此一標準。

相對的，他們也展現出對我們的信心：四家公司均堅持讓我們的優先股享有假設已完全轉換為普通股時不受限制的表決權。在企業融資案中，這種安排是非常罕見的。這些經理人相信我們是明智的股東，看重未來而非當下；我們則相信他們是明智的經理人，既看重未來也重視當下。

倘若產業基本面不利於上述公司的業績，我們的優先股投資方式將僅能為我們帶來馬馬虎虎的報酬。但如果這幾家公司的業績不遜於美國產業整體表現，則我們的投資報酬將相當優渥。我們相信吉列在科曼的領導下，表現將遠優於美國產業平均水準，而除非產業景氣實在惡劣，約翰、埃德和安迪均將帶領公司取得不輸給美國產業平均水準的表現。

無論未來情況如何，我們估計這些優先股投資幾乎鐵定可以連本帶息收回來。但倘若結果僅此而已，我們將相當失望，因為我們為這些投資犧牲了資金運用的彈性，未來十年難免會因此錯過一些投資良機。在此情況下，我們得到的僅是一般優先股的報酬，而在這樣一段時間內，一般優先股的報酬對我們是完全不具吸引力的。波克夏若想從這四宗優先股投資中取得令人滿意的報酬，唯一的可能是這四家公司的普通股也表現出色。

　　這需要公司經營有方，且產業景氣至少還過得去。不過我們相信波克夏的投資也能助這四家公司一臂之力，而且它們的股東未來多年也將因為我們購入優先股而受益。這是因為每一家公司如今均有了一位關心公司事務的穩定大股東，其董事長和副董事長透過波克夏的投資，間接投入了自己的一大筆資金。與我們的投資對象往來時，查理和我將抱持支持、客觀的態度，並將認真分析相關事務。我們知道自己是在跟經驗豐富的執行長往來，他們對自己的業務掌控自如，但有時仍希望有機會跟獨立於其產業之外、與公司過往決策無關的人士交流，以驗證自己的想法。

　　作為一個資產類別，這些可轉換優先股的投資報酬率，將比不上我們發現一家經濟前景誘人、但遭市場低估的企業時所能取得的報酬；估計也比不上我們偏好的資本配置方式——收購一家體質良好、管理有方的企業80％或以上的股權——所能產生的報酬率。但這兩種機會並不常見，規模跟我們目前和未來的資源匹配的機會尤其罕見。

　　總而言之，查理和我認為我們的優先股投資應可帶來稍高於多數固定收益投資組合的報酬率，而且我們可以在所投資的公司扮演一種次要但愉快、有益的角色。

　　錯誤發生於決策時刻。但是，只有待決策之愚蠢充分暴露出來後，我

們才能頒發謬誤大獎。就此標準而言，1994年是頒獎的好年分，各項錯誤決策旗鼓相當，競爭劇烈。在此我希望告訴各位，我即將敘述的錯誤決策源自查理。但每次我嘗試這麼說時，我的鼻子就開始變長。

角逐謬誤大獎的有……

1993年末，我以每股63美元的價格賣出1,000萬股首都企業的股票。1994年底時，該股價格為85.25美元（各位可能不想自己計算這令人心痛的損失，讓我告訴大家好了，兩者的差額是2.225億美元）。1986年，我們以17.25美元購入該股，我曾告訴各位，我在1978至80年間以每股4.30美元的價格出清該股，並且補充道，我實在不知道如何解釋我先前的行為。[47]如今我已經成了累犯。或許是時候該請一名監督委員了。

雖然很離譜，但首都企業投資失誤只能取得謬誤銀獎。金獎應頒給我五年前所犯的一個錯誤，在1994年完全暴露出來：我們動用3.58億美元購買全美航空優先股，9月時股息遭暫停發放。這是一個「非受迫性失誤」（unforced error），也就是說，我決定做這項投資時，沒有人給我壓力，也沒人誤導我。錯就錯在我分析得太草率，這可能是因為我們傲慢，也可能是因為購買的是優先證券就掉以輕心。無論如何，這是一個大錯。

做這項投資之前，我沒有將注意力集中在全美航空因成本高昂且極難降低而勢必遭遇的難題上。早年這些可能致命的成本問題不大，因為當時航空公司受法規保護，沒有什麼競爭壓力，因此可以將高成本轉嫁給消費者──調高票價就可以了。

法規剛鬆綁時，航空業的情況並未馬上改變：低成本業者的運載能力還非常有限，高成本航空公司基本上仍可維持原先的票價結構。在此期間，長期問題大都未浮上檯面，但正慢慢地擴散，成本過高的問題變得積重難返。

隨著低成本業者的運載能力大幅擴增，它們的低票價開始迫使高成本的老牌航空公司降價。這些業者若能獲得資本挹注（例如我們對全美航空

的投資），算總帳的日子即可延後，但基本經濟法則終將應驗：在一個不受管制的同質化商品市場，一家公司若不將成本降至具競爭力的水準，必將面臨滅亡的厄運。這個規律對各位的董事長來說應該是很明顯的事，偏偏我就是疏忽了。

全美航空執行長塞斯‧休菲爾德（Seth Schofield）一直致力糾正公司的成本頑疾，但迄今仍未成功。部分原因在於塞斯的目標被迫不斷調整，因爲有些大航空公司取得勞工的讓步，還有一些則因爲申請破產保護而獲得「重新出發」的成本優勢。（西南航空執行長赫伯‧凱勒赫〔Herb Kelleher〕即曾表示：「對航空公司來說，上破產法庭就像是做健康SPA。」）此外，那些按合約領取高於市場行情薪資的員工，只要能按時支薪，一定會抵制航空公司的減薪提案，這一點完全是意料中的事。

儘管困難重重，全美航空仍可能成功將成本降至具長期競爭力的水準。但是否一定辦得到，目前還很難說。

因此，在1994年底，我們將全美航空優先股的帳面值調降至8,950萬美元，僅爲投資成本的四分之一。此一資產評價反映兩種相反的可能情況：（1）我們的優先股投資將可完全收復失地，或大致恢復原先的價值；（2）這批優先股將變得分文不值。無論結果如何，我們會謹記一個基本投資原則：在哪裡虧錢，不一定要在哪裡賺回來。

全美航空投資減值的會計影響有點複雜。在我們的資產負債表上，所有股票均以估計市值入帳。因此，去年第三季末時，全美航空優先股在我們報表上的價值已是8,950萬美元，即投資成本的25％。換句話說，我們的淨值當時已經反映這項投資的價值遠低於3.58億美元的成本。

但在第四季，我們認爲此價值損失「並非短暫情況」（會計上的說法），而按照會計準則，這筆2.685億美元的減值損失必須反映在我們的損益表上。除此之外，我們第四季的報表不會受影響。也就是說，我們的淨值不會因此減少，因爲此項減值於第三季已經反映在我們的淨值上了。

在全美航空即將舉行的股東年會上，查理和我將不尋求續任董事。不過，塞斯若有事想找我們商量，我們很樂意提供力所能及的協助。

————————

維珍航空的富豪老闆理察・布蘭森（Richard Branson）曾被問及如何成為一名百萬富翁，他馬上答道：「這實在沒什麼。你先成為一名億萬富翁，然後買一家航空公司就行了。」因為不願相信布蘭森的話，各位的董事長在1989年決定試驗一下，動用3.58億美元購入全美航空利率9.25％的優先股。

當時全美航空的執行長是埃德・科隆尼，我喜歡且欽佩他，至今未變。但我對該公司業務的分析既膚淺又錯誤。全美航空長期以來保持良好的營運績效，而且優先股的特質似乎能讓我們的投資得到頗強的保障，我因此忽略了關鍵的一點：隨著法規鬆綁，航空市場競爭加劇，全美航空的營收將日益受壓，而其成本結構則是公司盈利受法規保障年代的產物。成本若不受控制，無論公司過往的盈利紀錄如何輝煌，未來難免災難重重。

然而，成本結構若要合理化，全美航空就得大幅修改勞動契約。對絕大多數航空公司來說，這是異常困難的事；若非公司真的可能破產，或是實際申請破產保護，勞動契約極難修改。這一點在全美航空也不例外。我們購買優先股後，該公司成本與營收失衡的問題隨即急遽惡化。1990至1994年間，全美航空累計虧損24億美元，帳面上的普通股股東權益幾乎損失殆盡。

在此期間，該公司持續支付我們優先股股息，直到1994年停止付息。稍後因為情況看來非常悲觀，我們為這筆投資減值75％，帳面上只剩下8,950萬美元。此後在1995年大部分時間裡，我尋求以面值50％的價格出售這批優先股。幸運的是，我找不到買家。

在這宗投資中，我犯了許多錯誤，但總算做對了一件事：認購這批優先股時，我們在合約中加入一項特別條款，規定全美航空若積欠我們股息，必須支付我們「懲罰性利息」，利率為銀行基本放款利率加五個百分點。也就是說，如果我們9.25％的股息積欠兩年，全美航空最後支付時，必須按13.25至14％的複利率加付利息給我們。

面對這種懲罰性利息，全美航空會設法盡快償還積欠我們的股息。1996年下半年，該公司轉虧為盈，果真開始恢復支付股息，付了4,790萬美元給我們。為此我們得特別感謝全美航空執行長史蒂芬·沃夫（Stephen Wolf），拜他的領導所賜，公司取得不錯的業績，才有能力支付這筆錢。儘管如此，全美航空近期的表現受惠於航空業景氣回溫，而這可能是週期性的。該公司基本的成本問題仍有待解決。

無論如何，全美航空在公開市場的證券價格顯示，我們的優先股價值如今很可能與3.58億美元的面值相差不遠。此外，這些年來我們累計收到了2.405億美元的股息（包括1997年收到的3,000萬美元）。

1996年初，在全美航空支付積欠的股息之前，我再度嘗試拋售我們的優先股，這次開價是3.35億美元左右。各位很幸運，我再次失敗了（否則就會再次在勝利在望之際認輸投降）。

在另一個場合，某位朋友曾問我：「你這麼有錢，為什麼卻不聰明呢？」看過我在全美航空投資案上的拙劣表現後，各位可能會覺得他說得很有道理。

就全美航空這筆投資而言，各位的董事長真是抓對了時機：我在購買其優先股時，幾乎正是該公司營運陷入嚴重困難的時候（完全沒人催促我這麼做，依照網球的說法，這是一個「非受迫性失誤」）。該公司的問題

一方面是因為航空業景氣不佳，另一方面是與皮德蒙（Piedmont）合併後在業務融合上遇到困難。這一點我其實早該料到，因為幾乎所有航空業併購案都會衍生一些經營困難。

埃德・科隆尼與塞斯・休菲爾德很快便解決了第二個問題：全美航空如今在服務上備受好評。但產業面問題卻比我們想像中嚴重得多。我們購入優先股後，航空業的經濟體質急遽惡化，部分業者自殺式降價是一大原因。這種殺價競爭方式衝擊全體業者，印證了一個重要事實：在產品同質化的產業中，你不可能比你最笨的競爭對手高明很多。

但是，除非航空業未來幾年全面崩潰，否則我們在全美航空的投資結果應該還過得去。為因應當前的困境，埃德和塞斯已果斷地大手筆改革營運方式。儘管如此，和最初相比，我們的投資已沒有那麼安穩。

我們的可轉換優先股是相對簡單的證券，但我還是得向各位提出一個警告，若以往的經驗有參考作用，各位未來可能會不時接觸到圍繞著這些證券的錯誤報導。例如，去年就有數家媒體錯誤計算這些優先股的價值，他們認為其價值等於它們可轉換的普通股的價值。按照他們的算法，我們的所羅門優先股可按每股38美元的價格轉換為普通股，如果所羅門的普通股市價為22.80美元，那麼我們的所羅門優先股的價值即為面值的60%。但這算法有一個小問題：它假設可轉換優先股的全部價值來自其轉換權，而不可轉換的所羅門優先股價值等於零，不管其票面利率或贖回條款是如何。

大家應記住的是，我們的可轉換優先股，大部分的價值來自其固定收益特性。也就是說，這些證券的價值不可能低於條件相同的不可轉換優先股，而且因為有轉換為普通股的權利，價值可能更高一些。

1987至91年間，波克夏藉由與公司私下協議的方式，購買了五家公司的可轉換優先股。如今是時候檢視其狀況了。

　　在每一宗投資中，我們均有權維持這些優先股的固定收益證券特質，或是選擇將它們轉換爲普通股。起初，這些優先股的價值主要來自其固定收益特質，轉換權是一個額外的好處。

　　我們以私下協議的方式，動用3億美元認購了美國運通的「Percs」證券。這基本上是一種普通股，固定收益特質僅占其原始價值的一小部分。買入三年之後，Percs會自動轉換爲普通股。上述五檔可轉換優先股則只有在我們選擇行使轉換權時，才會變成普通股，這是一個關鍵的差別。

　　購買這些可轉換優先股時，我曾向各位報告：我們預期這些證券的稅後報酬率將「稍微」高於他們所替代的中期固定收益證券。實際結果優於此預期，但完全是因爲其中一檔表現特別出色。我還告訴各位，作爲一個資產類別，「這些優先股的投資報酬率，將比不上我們發現一家經濟前景誘人的企業時所能取得的報酬。」這倒是不幸言中了。最後，我還說：「無論未來情況如何，我們估計這些優先股投資幾乎鐵定可以連本帶息收回來。」我眞希望自己沒講過這句話。邱吉爾曾說過：「把自己說過的話吞回去（eating my words；譯注：收回前言、承認錯誤之意）從未使我消化不良。」但我斷言我們的優先股投資幾乎不可能虧錢，一想起此言，我的胃就灼熱起來，眞是活該。

　　表現最好的是吉列優先股，我們一開始就告訴各位這是一家一流企業。諷刺的是，這宗交易也是我所犯的最大錯誤，只是這種錯誤不會反映在我們的財務報表上。

　　1989年，我們動用6億美元購入吉列優先股，可轉換爲4,800萬股普通股（分割調整後）。換一個方式的話，這6億美元很可能可購得6,000萬

股吉列普通股。當時該公司普通股市價為10.50美元。如果我們以私下議價的方式購入，因為涉及龐大資金和重要的限制條款，折價5％應該沒問題。我不確定這麼講對不對，但吉列管理層很可能同樣歡迎波克夏認購普通股。

但鄙人實在太聰明了，因此並沒有那麼做。購入優先股後，在不到兩年的時間裡，我們獲得額外的股息（優先股股息高於普通股股息的部分），然後吉列根據合約條款，第一時間要求我們將優先股轉換為普通股，這是該公司的一個正確決定。如果我一開始就購入普通股而非優先股，1995年底時，我們這筆投資的價值會比現在高6.25億美元，不過還要扣掉「額外」股息7,000萬美元。

至於冠軍企業的優先股，由於該公司有權以投資成本115％的價格強制贖回，我們去年8月被迫處理掉這批證券。我們其實希望能持有更長時間。在此案中，在公司有權行使贖回權的前夕，我們將優先股轉換為普通股，並以小幅折價賣回給公司。

查理和我從不曾對造紙業滿懷信心，事實上鄙人五十四年的投資生涯中，似乎從不曾持有一家造紙公司的普通股。因此，我們去年8月的選擇是在公開市場出售持股，或是把股票賣回給公司。出售這筆股票的資本利得還過得去，投資六年稅後資本利得為19％。不過我們持有優先股的期間，稅後股息報酬率一直相當好（話雖如此，許多媒體報導誇大了產險公司從股息上賺到的稅後報酬率。他們忽略了1987年生效的稅法修訂，該修訂顯著削減了保險公司股息收入的免稅額）。

第一帝國銀行（First Empire）優先股方面，公司最早可於1996年3月31日贖回這批證券。我樂於持有經營出色的銀行股，因此將行使轉換權並持有第一帝國的普通股。該公司執行長鮑勃‧衛墨斯（Bob Wilmers）是傑出的銀行家，我們樂意與他共事。

另外兩檔優先股表現令人失望。不過，所羅門優先股的報酬率略優於

其替代的固定收益證券。但是，相對於這筆投資對波克夏的財務意義，查理和我投入的管理時間實在太多了。當然，我根本想不到自己會因為先前購入一檔固定收益證券，在60歲時接受一份新工作——所羅門公司臨時董事長。

我們在1987年購入所羅門優先股後不久，我曾寫道，我「對投資銀行業的方向或盈利前景並無獨到見解」。即使是最厚道的評論者，也會認為我證明了這一點。

迄今為止，我們將優先股轉換為所羅門普通股的權利分文不值。此外，自從我們敲定這筆投資以來，道瓊工業指數已上漲一倍，而券商類股表現也同樣好。由此可見，我因為看重轉換權的價值而購入所羅門優先股，實在是一個非常糟糕的決定。儘管如此，這檔優先股在一些艱困環境下仍貢獻了固定收益證券應有的報酬，而9％的股息目前是相當誘人的。

除非我們選擇轉換為普通股，根據合約條款，1995至99這五年中，每年10月31日所羅門將贖回20％的優先股。我們7億美元的投資，去年已有1.4億美元如期被贖回（部分媒體報導我們出售持股，但一檔優先證券到期被贖回，不能說是「出售」）。雖然我們去年並未選擇將優先股轉換為普通股，未來我們仍有四次轉換機會，而我相信轉換權很可能終將為我們貢獻一些價值。

吉列和第一帝國銀行的普通股〔波克夏原先持有這兩家公司的優先股，後來轉換成普通股〕價格均大幅上漲，跟這兩家公司出色的業績表現一致。年底時，我們1989年投資吉列的6億美元已增值至48億美元，而1991年投資第一帝國的4,000萬美元則已增值至2.36億美元。

在此同時，表現落後的兩檔優先股也起死回生。所羅門公司最近與旅

行家集團（Travelers Group）合併，長期受苦的股東終於獲得獎勵。波克夏全體股東（包括本人在內）實在感激德里克‧莫漢（Deryck Maughan）和鮑勃‧德納姆（Bob Denham）。兩位先生首先在所羅門於1991年爆發醜聞之後力挽狂瀾，使公司免於沒頂；隨後更改善公司體質，吸引了旅行家集團的垂青（譯注：1991年，所羅門交易員保羅‧莫瑟〔Paul Mozer〕為規避單一買家購買美國公債的法定上限，借用人頭戶參與美國公債競標。所羅門事後遭罰款2.9億美元，刷新當時的投資銀行罰款紀錄）。我常說自己希望跟我喜歡、信任和欽佩的經理人共事，德里克和鮑勃正是此類經理人的榜樣。

　　波克夏投資所羅門的最終績效仍需要一段時間才能見真章，但目前可以確定的是，結果遠勝於我兩年前所預期的。回顧這段過程，我覺得投資所羅門的經驗非常有趣，而且深富教育意義，儘管1991至92年間我曾覺得自己就像那位劇評家所寫的句子：「要不是因為我的座位實在不好，我應該會很喜歡這齣戲。我的座位正對舞台。」

　　全美航空的重生則近乎奇蹟。熟悉整個過程的人都知道，我在這筆投資中一錯再錯：當初購入該公司優先股是做錯了，隨後一再嘗試以面值50％的價格出清持股更是錯上加錯。

　　全美航空重振雄風恰好與兩件事同時發生：（1）查理和我辭去該公司董事的職位；（2）史蒂芬‧沃夫接任該公司執行長。幸好，後者才是關鍵所在：沃夫在全美航空的成就實在是非同凡響，否則我們的面子可真掛不住。

　　全美航空仍有許多地方尚待努力，但生存下去已不再是問題。因此，該公司在1997年還清了積欠我們的股息，外加補償我們的額外利息。此外，該公司的普通股股價已從4美元的低位勁漲至近期高位73美元。

　　全美航空已提出於3月15日贖回優先股。但拜該公司股價勁揚所賜，不久前我們還以為一文不值的轉換權如今大有價值。現在我們的全美航空投資幾乎肯定可以為我們帶來不錯的獲利（也就是說，如果不計入我買買

藥的費用的話），甚至可能是高得離譜的獲利。

下次我再犯下愚蠢的大錯時，波克夏股東知道該怎麼做了：**打電話給沃夫先生**。

* * * * *

除了可轉換優先股外，我們1991年還以私下協議的方式，動用3億美元購買美國運通的Percs證券。這基本上是一種普通股，買入後前三年涉及一項取捨：我們在這三年間領取較高的股息，但股價上漲帶來的資本利得受到某種程度的限制。儘管受此限制，這筆投資仍為我們帶來了極高的獲利。這是拜各位的董事長決策英明所賜，當然其中也有運氣的成分：110%的運氣，餘者是本人英明果斷。

按照合約規定，我們的Percs在1994年8月轉換為普通股。此前一個月中，我一直在考慮是否轉換後就賣掉持股。支持保留持股的原因之一，是美國運通的執行長哈維‧古樂（Harvey Golub），他看來總是有辦法完全發揮公司的潛能（事後證明真是如此）。但美國運通有多大的潛能可以發揮則頗有疑問：該公司面臨以Visa為首的多家發卡公司激烈的競爭。衡量得失之後，我傾向出脫持股。

但我運氣好。在要做決定的這個月中，我到緬因州的普勞茲狹地（Prouts Neck）跟赫茲租車公司（Hertz）執行長法蘭克‧歐森（Frank Olson）打高爾夫球。法蘭克是傑出的經理人，對信用卡業務有深入的認識。因此，打從第一球開始，我就不停問他這個產業的事。待我們到達第二個果嶺時，法蘭克已經使我確信美國運通的企業信用卡業務是極佳的生意，我已經決定不賣了。開始打後九洞時，我更決定要加碼買進。幾個月後，波克夏已擁有美國運通10%的股權。

如今，我們的美國運通持股已增值30億美元。我當然很感激法蘭

克。但我們的共同朋友喬治‧吉列斯匹（George Gillespie）說，我搞不清楚自己該感謝誰。他說，畢竟是他組織這次活動，並且安排我跟法蘭克一組的。

五、衍生工具 [48]

Derivatives

對於衍生工具和相關的交易活動，查理和我的看法完全一致：無論是就參與交易的人還是整個經濟體系而言，衍生工具就像是定時炸彈。

上述觀點容我稍後詳細說明，現在先讓我解釋一下衍生工具的基本概念；但因為此詞涵蓋範圍極廣的各種金融合約，我的說明勢必得籠統一些。衍生工具基本上是約定金錢於未來某個時間易手的合約，金額由一個或多個標的決定，例如利率、股價或匯率。舉例來說，如果你作多或作空一張標準普爾500股價指數期貨合約，你就是參與了一項非常簡單的衍生工具交易，而你的盈虧**取決**於該指數的變動。衍生交易合約的期限長短不一（有時可長達二十年以上），其價值則通常取決於數個變數。

除非合約有資產做抵押或獲得有效的擔保，衍生工具的價值也取決於交易雙方的信用素質。不過，在合約結算前，交易雙方會在各自的當期損益表上記錄合約產生的盈虧（金額往往很大），儘管彼此間可能還不曾有一分錢易手。

衍生工具的種類僅受限於人類的想像力（有時似乎是瘋子的想像

力）。例如，以前安隆的帳上，就有一些許多年後才結算的白報紙和寬頻衍生交易合約。你也可以提出一份合約，賭內布拉斯加州2020年有多少對雙胞胎出生——只要你願意開價，很容易就能找到交易對手。

我們收購通用再保時，該公司有一家從事衍生工具交易的子公司，名為通用再保證券（General Re Securities）。查理和我認為這項業務風險很高，因此不想保留。我們嘗試出售該部門，但無功而返，如今正逐步結束其運作。

然而，要結束衍生交易業務真是談何容易。雖然我們在此業務上的曝險正逐日降低，但要完全脫身還需要很多年。事實上，再保險與衍生交易業務很像：兩者都是很容易進入，但幾乎不可能退出，一如地獄。無論是再保還是衍生交易，你一旦簽定一份合約（多年後可能因此必須付出一大筆錢），就再也擺脫不了它。沒錯，是有辦法可以將風險轉移給其他人，但絕大多數情況下你還是得承擔剩餘責任。

再保與衍生交易的另一個共同點，是兩者產生的帳面盈餘往往被瘋狂高估了。這是因為今天的盈餘基本上取決於許多估計出來的數值，而這些估計有多準確，通常要等到許多年後才揭曉。

估計出錯通常不是故意的，往往只是人性使然：大家傾向於樂觀看待自己的交易部位。但衍生合約的雙方有極大的動機在會計上作弊。負責衍生工具交易的人，薪酬通常（全部或部分）取決於按市價評估（mark-to-market）算出的「盈餘」。問題是，許多衍生工具根本不存在什麼市場（想想前述的雙胞胎出生數目合約），因此只能「按模型評估」（mark-to-model）。

如此一來即可能產生極大的禍害。一般來說，衍生合約若涉及多個標的，而且結算日很遙遠，交易雙方就比較有機會使用離譜的假設。以雙胞胎數目合約為例，交易雙方大可使用不同的評價模型，在許多年裡雙方均在帳上記錄自己將取得巨額獲利。在極端情況下，按模型評估會淪為我所

稱的「按神話評估」（mark-to-myth）。

　　當然，內部和外部審計師均會審核這些數字，但這一點也不容易。譬如說，通用再保證券年底時（距離我們開始結束其營運已十個月）手上未結算的合約仍有14,384份，涉及世界各地672名交易對手。每一份合約的價值取決於一個或多個標的，使我們或虧損或賺錢，有些合約複雜得教人抓狂。要為這樣一個組合評價，即使是專業的審計師老老實實地估算，也可能產生截然不同的結果。

　　評價問題可完全不是什麼理論之爭。近年來，多宗大型詐欺或類似詐欺的個案，正是以衍生交易為手段。以能源與電力業為例，一些公司利用衍生工具和交易活動產生巨額的「盈餘」，直到它們嘗試將帳上與衍生工具相關的應收帳款換成現金，才發現之前的盈餘不過是海市蜃樓。此時「按市價評估」真的就變成了「按神話評估」。

　　我可以向各位保證，衍生交易的會計錯誤，幾乎總是一面倒地偏向某些利益相關者：得利的幾乎總是希望拿到數百萬美元獎金的交易員，或是希望公司「盈餘」亮麗的執行長（又或者兩者同時得益）。因為浮報盈餘，交易員領到了獎金，執行長則靠著認股權大賺一筆。股東可能要多年以後才發現，先前出色的業績原來只是一場騙局。

　　衍生工具的另一個問題，是它們可能因為一些毫不相關的原因，令遭遇困難的公司雪上加霜。這是因為許多衍生合約要求公司遭調降信用評等時，馬上提供擔保品給交易對手。想像一下，一家公司因為景氣不佳而遭調降評等，按照衍生合約的規定，公司馬上得向交易對手提供巨額的現金擔保，這種意想不到的壓力可能令公司陷入流動性危機，進而導致公司的信用評等遭到進一步調降。這種惡性循環大有可能拖垮一家公司。

　　衍生交易也會造成一種骨牌效應風險，性質類似保險商或再保險商將多數風險轉嫁給其他業者時所冒的風險。假以時日，兩者均會在當事者帳上產生巨額應收帳，欠款者為許多交易對手。交易的一方可能以為自己很

審慎，信用風險相當分散，因此風險不大。但是，在某種情況下，某一外部事件若衝擊 A 公司，使得源自該公司的應收款變成呆帳，則 B 公司至 Z 公司均可能連帶受影響。歷史告訴我們，危機爆發時，骨牌效應往往以太平時期人們想像不到的方式將各種問題串聯起來。

在銀行業，我們之所以有聯邦準備系統，原因之一正是為了處理這種「環環相扣」的問題。在聯邦準備系統建立之前，孱弱銀行倒閉時，原本強健的銀行可能會在突然之間面對意想不到的流動性壓力，嚴重時也會跟著倒閉。聯邦準備系統如今可以保護好銀行免遭孱弱銀行拖累。但是，保險業或衍生交易市場卻沒有一家能發揮這種功能的「中央銀行」。在這些領域，一家公司出問題，連鎖反應可能將基本面強健的公司也拖下水。一個產業若存在這種連鎖反應風險，明智的做法是盡可能降低與其他業者的關聯。我們在再保險業務上，正是奉行此一策略，而這也是我們退出衍生交易業務的原因之一。

許多人聲稱衍生工具可以降低系統風險，因為無法承擔某些風險的人可以利用衍生交易，將風險轉移給有能力承擔的人。此派人士認為，衍生工具有助於穩定經濟、促進交易，使個別參與者得以規避風險。在微觀層面上，情況往往的確如此。事實上，在波克夏，我有時為了方便執行某些投資策略，也會做一些大規模的衍生交易。

不過，查理和我認為，在總體層面上，衍生交易卻造成了一種危險局面，而且情況越來越嚴峻。大量的風險，尤其是信用風險，已集中在相對少數的衍生工具交易商身上，而他們彼此間有大量的交易。在此情況下，一家交易商出問題，很快就會殃及其他交易商。此外，這些交易商還有源自非交易商交易對手的巨額應收款。如我稍早所言，這些交易對手有相當一部分可能緊密相連，會因單一事件（例如電訊業崩潰，或民間電力事業價值銳減）而同時陷入嚴重財困。這種連鎖效應突然浮現時，即可能引發嚴重的系統性問題。

事實上，1998年就曾發生這種事件：一家名為長期資本管理公司（LTCM）的對沖基金，因為從事巨額的高槓桿與衍生工具交易而瀕臨破產，聯準會極度緊張，匆忙組織金融業者聯手拯救該公司。在後來的國會聽證會上，聯準會官員承認，如果他們不出手，這家對大眾來說沒沒無聞、僅雇用數百人的公司未結清的交易，大有可能對美國金融市場構成嚴重威脅。換句話說，聯準會之所以介入，是因為央行官員擔心，LTCM這塊骨牌一旦倒下，可能殃及許多其他金融機構。此一事件導致固定收益市場許多領域癱瘓多個星期，而這還遠非最壞的可能情況。

LTCM使用的其中一種衍生工具是總報酬交換契約（total-return swaps）。藉由這種合約，LTCM能在包括股票在內的多個市場進行100％的槓桿交易。舉例來說，合約方A（通常是一家銀行）掏出百分百的資金購買一檔股票，而合約方B則不需要投入任何資金，只是承諾在未來某個日期，承擔銀行在這檔股票上的損失，或接收銀行在這檔股票上得到的收益。

這種總報酬交換契約使保證金要求淪為笑話。在此之外，還有其他類型的衍生工具嚴重損害監管當局約束槓桿交易的能力，也令當局難以有效控管銀行、保險商和其他金融機構所承擔的風險。而且，即使是資深投資人和分析師，碰上那些從事大量衍生交易的公司時，根本就不知如何分析其財務狀況。查理和我看完大型銀行有關衍生交易的長長附注時，唯一知道的是，我們不知道這些銀行到底承擔了多少風險。

衍生工具精靈如今已完全跑出瓶子之外，在這種交易的危害因為某些事件而廣為人知之前，其種類和數量肯定將快速擴增。在電力與燃氣業，衍生工具的危險性已眾所周知；自從該產業的衍生交易爆出嚴重問題後，其交易量已銳減。但在其他領域，衍生工具市場繼續不受束縛地擴張。各國央行與政府迄今仍未找到有效控管的方法，甚至連有效監控此類合約造成的風險也辦不到。

查理和我認為，波克夏應該是股東、債權人、保戶和員工堅強的財務後盾。我們對任何巨大災難風險保持戒慎恐懼，這或許使得我們對長期衍生交易合約數量劇增，以及連帶產生的巨額無擔保應收帳款的恐懼顯得有些過慮。但是，在我們看來，衍生工具是金融界的大規模毀滅性武器，其威脅眼下雖然處於休眠狀態，一旦爆發卻可能是致命的。

———————

很久以前，馬克・吐溫曾說：「如果你試圖抓著貓尾巴、將牠提回家，你一定會得到無比慘痛的教訓。」吐溫如果還在世，或許可以嘗試結束一家衍生交易公司看看。幾天之後，他會寧願去抓貓尾巴。

我們還在繼續嘗試結束通用再保的衍生交易部門，光是去年就為此承受了1.04億美元的稅前虧損。自從我們開始結束這項業務以來，累計已損失4.04億美元。起初我們有23,218份合約在手，2005年初時已降至2,890份。你可能會以為，到了此階段，虧損應該止住了。不幸的是，血還在繼續流。去年我們將合約數降至741份，結果就是花了我們1.04億美元。這個部門是通用再保於1990年設立的，理由是希望滿足保險客戶的需求。

但是，我們2005年終止的一份合約，期限竟然長達一百年！很難想像這種合約是要滿足什麼「需求」。當然，對自己的薪酬念茲在茲的交易員，是可能希望做一筆這種長期交易的。長期合約，或是以多個變數為標的的合約，是最難按市價評估的（這是衍生合約入帳的標準程序）。交易員在評估此類合約的價值時，有最大的空間發揮「想像力」。

難怪交易員大力促成這種交易。一盤生意如果以假定的數字釐定巨額薪酬，那必然是充滿危險的。兩個交易員做一筆以多個變數（有時是古怪難解的變數）為標的、很久以後才結算的交易，兩家公司日後每次計算盈餘時，就必須估算這筆交易當前的盈虧。同一筆交易，A公司與B公司可

能會評估出不同的價值。這種評價上的差異可以非常大（我就親自見識過數個例子），而且幾乎一定是偏向有利於這兩家公司的帳面盈餘。兩家公司做一筆紙上交易，合約雙方竟然可以同時宣稱自己處於盈利狀態，眞是咄咄怪事（譯注：衍生交易本質上是一種零和遊戲，一方的盈利必然是另一方的虧損，照理說合約雙方不可能同時從一宗交易中賺到錢）。

我每年都詳述我們處理衍生工具的經驗，主要有兩個原因，其中一個是私人且不愉快的。無可迴避的事實是，我因爲沒有果斷地即時結束通用再保的衍生交易部門，令各位賠了很多錢。查理和我收購通用再保時，均已知道衍生交易部門大有問題，而且已告訴管理層：我們打算結束這項業務。我有責任確保我們坐言起行。但是，我沒有果斷處理問題，而是浪費了數年時間，希望找到買家接手。這是注定徒勞無功的，因爲該部門造成的債務錯綜複雜，綿延數十年，根本沒有可行的辦法能讓我輕易脫身。

相關債務特別令人不安，因爲其暴增的可能性無從測量。而且我們知道，一旦發生嚴重問題，金融市場其他領域的問題可能連帶爆發出來。就這樣，我未能以無痛方式結束我們的衍生交易部門，而在此期間，該部門還做了更多交易。決而不行，完全是我的責任（查理說這是在吮拇指）。無論是人事還是營運方面出問題，最好是馬上果斷處理。

我不厭其煩地闡述相關問題的第二個原因，是希望企業經理人、審計師和監管當局能從中學到教訓。某種意義上，我們是衍生交易地雷陣中的傷兵，雖然即將陣亡，但也應該出聲示警。全球未結清的衍生交易合約數量與價值持續暴增，與上次1998年金融危機爆發時相比，已增加了很多倍。我們的經驗尤其具警世意義，因爲就優雅退場的能力而言，我們已是前段班業者。

此外，在此過程中，我們並未發現舞弊行爲。未來其他業者可能就沒這麼幸運了。你可以想像一下，如果一家或多家公司（問題通常會擴散）的衍生交易部位是我們的很多倍，在市場一片混亂之際，眾所矚目之下，

頂著極大的壓力嘗試結清部位，會是什麼樣的景況。其實大家現在就應該大力關注此一風險，而不是等到事情發生後再去關心。紐奧良的堤壩是否可靠、是否需要加以鞏固，應該在卡崔娜颶風來襲前檢討改善才對。有一天當通用再保證券終於收攤時，我對它終於離我們而去的感覺，可以用以下這句鄉村歌曲的歌詞來總結：「我太太跟我最好的朋友私奔了，我實在想念我朋友。」〔2006年致股東信提到，通用再保的衍生交易業務終於結清了。〕

我們簽訂了多種衍生交易合約。衍生工具交易量暴增可能造成系統性問題，因此，我們的行為可能顯得很奇怪。各位或許會想，我們幹嘛還要涉足這種可能有毒的交易？

答案是：一如股票和債券，衍生工具的價格有時會離譜地偏離合理水準。因此，多年來，我們會選擇性地簽訂一些衍生合約，數目不多，但金額可能很大。目前我們未結清的合約有62份，由我個人負責管理，它們全部不受對手信用風險影響。迄今為止，這些合約為我們帶來了良好的績效，貢獻的稅前盈利以億美元計。雖然未來我們有時會遭遇虧損，但整體而言，價格偏差的衍生工具估計將繼續為我們帶來可觀的盈利。

衍生工具相當危險。它們已經戲劇性地推高了金融體系中的槓桿和風險。拜它們所賜，投資人如今幾乎不可能明白和分析最大型的商業銀行與投資銀行。同樣拜它們所賜，房利美和房地美得以虛報盈利多年。這兩家公司的財務因為極度難以解讀，其監理機關聯邦住宅事業監督局

（OFHEO）完全未能揭發它們做假帳的劣行；OFHEO有超過一百名員工，唯一的職責是監督這兩家公司。

事實上，最近的事件證明一件事：主要金融機構大名鼎鼎的執行長（或前執行長），根本沒有能力管好規模巨大且複雜的衍生工具業務。查理和我也不例外：波克夏1998年收購通用再保險公司時，我們知道自己無法管好該公司23,218份衍生工具合約；這些合約涉及884名交易對手，當中有很多是我們聞所未聞的。我們因此決定結束這部分業務。雖然我們在此過程中未受壓力，且市場狀況良好，這件事還是花了我們五年的時間，而且賠了超過4億美元。事情完成時，我們對該業務的感受，恰如這句鄉村歌曲歌詞所講的：「深入了解你之前，我比較喜歡你。」

政界人士、評論者和金融監理官員都喜歡說，提高「透明度」是防止金融列車未來出軌的良方，但這其實無法解決衍生工具造成的問題。據我所知，各種報告機制都遠遠未能有效地測量和反映一個巨大且複雜的衍生工具組合之風險。審計師無法查核這些合約，監理機關也無法監督管理它們。

我們且以房利美和房地美為例，說明金融監理的效力問題。這兩家巨大的金融機構是美國國會創立的，而國會須維持對它們的控管，指明它們可以做什麼和不可以做什麼。為了支援監理工作，國會於1992年設立OFHEO，負責確保這兩家巨型公司行為檢點。此舉使房利美和房地美成為受到最嚴格規管的公司——據我所知，若以負責監理的人力來衡量，沒有其他公司受到更嚴格的規管。

2003年6月15日，OFHEO向國會提交其2002年報告（該機構的年報可在網路上找到）——具體而言，是提交給參眾兩院負責監督它的四名議員，包括非常知名的薩班斯（Paul Sarbanes）和奧克斯利（Mike Oxley）。這份127頁的報告封面上有一句沾沾自喜的宣傳口號：「慶祝十年來的傑出表現。」九天之前，房地美的執行長和財務長在不光彩的情況下辭職下

台，營運長則被解雇。隨報告提交的信件並未提到這些人離職的事，而報告的結論則是一如往常：「兩家公司均財務穩健、管理有方。」

　　事實上，兩家公司均已在會計上弄虛作假頗長一段時間。到了2006年，OFHEO終於發表了一份340頁的報告，尖銳地抨擊房利美歷來的過錯，並將問題歸咎於幾乎所有人——你或許猜對了，該報告沒有指責的就只有國會和OFHEO。

　　貝爾斯登（Bear Stearns）的崩潰凸顯了衍生工具交易中的交易對手問題——我在波克夏2002年的年報中，首次談到這種交易形同定時炸彈的問題〔參見本節稍早的摘錄〕。2008年4月3日，當時能幹的紐約聯邦準備銀行總裁蓋特納（Tim Geithner）解釋當局為何必須出手救援：「貝爾斯登的衍生工具交易對手若突然發現，他們用來規避金融風險的重要交易部位已不再有效，這將導致市場的混亂情況顯著惡化。貝爾斯登的交易對手可能因此紛紛將手上的交易部位擔保品變現，並在本已非常脆弱的市場中試圖重新建立那些交易部位。」蓋特納實際上是在說：「聯準會介入，是為了防止金融市場出現規模不可預料的連鎖反應。」我認為聯準會這麼做是正確的。

　　正常的股票或債券交易數天便完成結算交割：賣方收到現金，買方取得證券。交易對手風險因此迅速消失，而這意味著信用問題不會累積。這種迅速的結算程序對維持市場健全至為重要。事實上，紐約證交所和那斯達克（NASDAQ）於1995年將結算期從五天縮短至三天，正是考慮到這項因素。

　　衍生工具合約卻往往多年（甚至是數十年）都不結算，交易對手因此會累積巨額的應收和應付帳款。往往難以量化的「紙上」資產和債務成為財務報表上的重要部分，儘管這些項目多年都不會獲得確認。此外，巨型金融機構之間因此出現一種可怕的相互依賴關係網。金額以10億美元計的應收和應付帳款集中在數家大型交易商身上，而它們在其他方面也傾向

處於高槓桿狀態。希望避免問題的市場參與者面對的困難，一如希望避免性病的人：問題不僅在於你跟什麼人睡覺，還在於這些人跟什麼人睡覺。

沿用上述比喻，到處跟人睡覺對大型的衍生工具交易商其實是有用的，因為這可以確保問題爆發時政府將出手援助。換句話說，只有那些出了事會將幾乎所有人都拖下水的公司（我就不點名了），才能確保自己可以得到國家的關心（很遺憾，我必須說此結果是恰當的）。此一事實無疑令人不快，但在那些槓桿極高、從事大量複雜衍生交易的公司，執行長必須注意此一事實衍生的**企業生存第一定律**：一般的無能不足以迫使政府出手救援，驚人的巨大過錯才可以。

六、外幣與非美國股票 [49]

Foreign Currencies and Equities

我們2002年涉足外匯市場，這是我有生以來頭一遭。2003年我們擴大外匯交易部位，因為我對美元的看法日趨悲觀。預言家的墓地有一大片躺著總體情勢預測者，這一點是我不應忽視的。事實上，我們在波克夏很少做總體情勢預測，而且也很少看到在這方面持續成功的例子。

波克夏的大部分資金向來配置在美國資產上，未來也將如此。但近年來我國貿易赤字持續膨脹，迫使大量的美國資產落入其他國家手上。曾有一段時間，外資對這些資產需求強勁，輕易消化了其供給。不過，2002年末，世界開始對美國資產生厭，美元對主要貨幣的幣值開始下滑。儘管如

此，現行匯率無法協助美國顯著縮減貿易赤字。因此，不管外國投資人喜歡與否，他們將繼續為美元所淹沒。結果將如何真是天曉得，但理論上後果可能很嚴重，而且效應遠非僅限於匯市。

身為美國人，我希望這個問題能圓滿解決。我提出的警訊未來可能證實是過慮了：我國的活力與韌性一再令悲觀論者出糗。但波克夏手上以美元計價的準現金資產數是以10億美元計，因此，擁有可部分抵銷美元貶值風險的外匯合約，至少能使我安心一些。

———————

年底時波克夏手上的外匯合約價值約為214億美元，分布在12種貨幣上。〔如上文所言，〕持有這種合約是我們的一個關鍵決定。2002年3月之前，波克夏和我均從未涉足外匯交易。但隨著越來越多證據顯示我國貿易政策未來多年將令美元持續承受貶值壓力，從2002年起，我們擬定投資策略時，就不再對此情勢視若無睹了。（如費爾滋〔W.C. Fields；譯註：美國喜劇演員〕在有人向他討錢時所言：「抱歉啊，孩子，我所有的錢都套在貨幣上了。」）

有一點必須講清楚：我們對貨幣的看法並非建基於對美國的懷疑。我們住在一個異常富有的國家，而我們富有是因為我們的制度重視市場經濟、法治和機會平等。我們的經濟毫無疑問是全球最強的，而且比其他國家強得多，未來也仍將如此。能住在這個國家，我們實在幸運。

但我國的貿易方式正使得美元備受貶值壓力。儘管美元已大幅走貶，但跌勢料將持續下去。倘若政策不變，外匯市場甚至可能失控，並波及政治和金融面。沒人知道這些問題是否一定會成真，但這絕非杞人憂天，政策制定者**現在**就應好好考慮這些風險。然而，他們卻傾向採取不怎麼友善的漠視態度：2000年11月國會發表了一份318頁的研究報告，講述貿易收

支持續赤字的後果，但該報告此後備受冷落。這項研究是美國貿易赤字1999年觸及2,630億美元的高位、引發關注後，當局要求做的；而去年貿易赤字已擴大至6,180億美元。

必須強調的是，查理和我相信真正的貿易，也就是與其他國家交換商品和服務，對我們和其他國家均大有好處。去年這種實實在在的貿易價值是1.15兆美元，數值越高越好。但是，如數據顯示，我國向其他國家多購買了6,180億美元的商品與服務，這部分就不是有來有往的真正貿易了，而且其規模實在驚人，會引發嚴重後果。

這種單向的假貿易，是靠美國向其他國家轉移財富來買單的（經濟上凡事總有代價）。其形式可能是我們的民間或政府機構向外國人發出借據，或他們擁有我們的資產，如股票和房地產。無論是哪一種形式，結果是美國人擁有本國資產的比例降低了，非美國人擁有的比例則增加。美國的財富藉由這種方式強制轉移給外國人的速度為每天18億美元，較我去年寫信給各位時增加了20％。結果現在其他國家及其國民淨擁有的美國資產為3兆美元左右。不過是十年前，他們淨擁有的美國資產還微不足道。

金額一旦高達兆元，多數人的感覺就會麻木。另一個引人混淆的因素，是人們常將經常帳赤字（由三個項目組成，最重要的一項是貿易赤字）和我國的財政赤字合稱「雙赤字」。但這兩項赤字成因各異，後果也不同，相提並論實在不恰當。

財政赤字不會導致美國人占有本國財富的比例減少。只要其他國家及其國民並未淨擁有美國的資產，無論財政收支如何，就算出現巨額赤字也好，我國的產出仍百分百屬於我國公民。

我國「家境」富裕、物產豐饒，人民會就國家產出該如何再分配（也就是誰該繳稅、誰能得到福利），向代表他們的議員反映意見。如果政府先前承諾的「福利」必須重新審議，「家人」之間就會展開激辯，議論該由誰來承擔後果。可能的情況包括加稅、調整福利措施，以及在內

部發債。但是，爭辯出結果後，家族的全部產出仍歸家族成員所有；無論實際上如何分配，外人始終不會分得一杯羹。

經常帳赤字龐大且持續不斷，則會產生完全不同的結果。假以時日，外國人將擁有越來越多我國資產，我們的產出自己能享用的比例就會日益萎縮。結果是世界其他國家享用美國產出的比例將越來越高。我們就像一個持續入不敷出的家庭，久而久之就會發現，家庭所得越來越大的一份是用來孝敬「財務公司」，自己能享用的越來越少。

如果我們任由當前規模的經常帳赤字持續下去，十年後外國人淨擁有的美國資產將增至11兆美元左右。假設外國投資人賺取的報酬率僅為5%，我們僅因外資持有美國資產，**每年**就必須向他們貢獻5,500億美元的商品與服務。此時（也就是十年後）我國國內生產毛額（GDP）估計是18兆美元左右（假設通膨維持低水準，但這是誰也無法保證的）。因此，屆時因為過往的揮霍，我們美國「這一家」每年將得向外國人奉獻3%的產出。這可真是父債子還了，而這情況與財政赤字不同。

除非美國大幅減少消費並開始持續享有巨額的貿易盈餘，否則我們每年就得向外國人奉獻這麼多所得，而這肯定會在美國引起重大的政治紛擾。美國人仍將生活得很好（拜經濟成長所賜，事實上會比現在更好），但想到自己必須無止境地向外國債權人和擁有美國資產的人「朝貢」，他們就會萬分不樂意。為了強調這一點，容我說得誇張一些：一個希望邁向「有產社會」（Ownership Society）的國家淪為「佃農社會」（Sharecropper's Society），國民是不會快樂的。但我國的貿易政策正引導我們邁向佃農社會，而共和與民主兩黨均支持這種政策。

美國財經界許多要人，無論是在朝還是在野，均表示我們的經常帳赤字是不會長期持續的。例如，聯準會的公開市場委員會2004年6月29至30日的會議紀錄就記載：「聯準會研究員指出，異常龐大的對外赤字不可能無止境地持續下去。」但是，儘管傑出人士不斷表示憂心忡忡，他們並未

就如何控制不斷膨脹的赤字提出實質建議。

〔十六個月前，〕我曾警告：「美元小幅貶值不可能解決問題。」迄今情況的確如此。但是，政策制定者仍在期望「軟著陸」，同時敦促其他國家刺激（此二字可讀作「膨脹」〔inflate〕）其經濟，並鼓勵美國人增加儲蓄。在我看來，這些做法均未切中要點：除非貿易政策顯著改變，或是美元大幅貶值（幅度必須大到可能震撼金融市場），否則根深柢固的結構問題將導致美國繼續出現龐大的經常帳赤字。

支持維持貿易現狀的人喜歡引用亞當·斯密以下這段話：「對每一個家庭來說均屬明智的持家之道，用在治理一個大國上，也很少會出錯。如果某樣商品向外國人購買比自己製造更划算，那最好是向外國人購買，再拿我們自家具優勢的產品跟對方交換。」

我同意，但請注意，亞當·斯密講的是以**商品**交換商品的貿易，而不是像我國目前這樣，拿**家產**換外國人的商品，一年就要奉獻6,000億美元的財產給外國人。而且，我相信他肯定不會認為「家庭」為了替過度消費融資，每天賣掉一部分家族農場是「明智」的做法。但這正是名為美利堅合眾國的「大國」目前在做的事。

換成美國每年經常帳**盈餘**高達6,000億美元的話，世界各地的評論者一定會猛烈抨擊我們的政策，認為這是一種極端的「重商主義」（mercantilism）。所謂重商主義，是指國家鼓勵出口、壓抑進口，藉此累積財富，這種經濟策略早已為人所詬病。我也會譴責這種政策，但是，即使是無心的，世界各國事實上正對美國行重商主義政策，而它們能這麼做，是因為我們家底很厚，而且信用紀錄毫無瑕疵。事實上，世界各國永遠不會允許任何其他國家像我們這樣，用本國的貨幣隨興地透支，就像拿著無限額的信用卡瘋狂消費一樣。目前多數外國投資人抱持樂觀看法：他們或許視我們為消費「癮君子」，但他們也知道，我們是**有錢**的癮君子。

然而，世界不會無限期容忍我們的揮霍行為。雖然我們無法預測貿易

問題將於何時、以什麼方式解決，但幾乎可以確定的是，美元對美國貿易夥伴的貨幣**升值**不利於解決此問題。

我們希望美國能採行可迅速大幅縮減經常帳赤字的政策。沒錯，問題迅速解決的話，波克夏的外匯交易合約料將出現虧損，但波克夏的資源仍高度集中在美元資產上，強勢美元和低通膨環境其實對我們很有利。

凱因斯在他的傑作《通論》（*The General Theory*）中指出：「世俗智慧告訴我們，從眾而失敗，要比不從眾而成功更有利於名聲。」（換個比較不優美的說法，或許可以說：人們會嘲笑旅鼠這種動物，但不會批評**個別**的旅鼠。）就名譽而言，查理和我在外匯操作上顯然是在冒險。但我們相信，我們管理波克夏時，應假設公司是百分百屬於自己的。而如果真是這樣，我們是不會只持有美元資產的。

———————

我們在股票或債券上有長期投資時，這些資產每年的價值變動會反映在資產負債表上，而只要資產沒賣掉，就極少會反映在盈餘上。例如，我們的可口可樂持股起初價值10億美元，1998年底增至134億，此後又跌至81億，在此過程中，我們的損益表完全不受影響。但是，長期的外匯部位則必須每天按市價評估價值，因此，在每一個報告期均會影響我們的盈餘。

自涉足外匯交易以來，我們至今累計盈餘20億美元。2005年我們的直接外匯部位有所減少。但在此同時，我們也買進了多種以外幣計價的股票，以及一些盈利來源高度國際化的個股，這增加了我們的外幣資產部位，抵銷了直接外匯部位的部分減幅。查理和我喜歡以這種方式增加非美元曝險。我們這麼做主要是因為利率的變動：隨著美國的利率相對於其他國家有所上升，如今持有多數外幣均涉及顯著的負「利差」。

相對的，假以時日，持有外國股票很可能會產生正利差，而且可能是顯著的正利差。影響美國經常帳赤字的基本因素持續惡化，目前看不到好轉的希望。我們的貿易赤字（經常帳中最大的一項，也是大家最熟悉的一項）在2005年創下歷史新高，而且經常帳的另一個項目——投資收益——估計很快也將出現赤字。隨著外國人持有的美國資產增加，而美國的海外投資則相對萎縮，外資從美國資產上賺得的收益將開始超過我們來自海外資產的收益。

最後，我國經常帳的第三個項目——片面移轉——則一直是赤字。必須強調的是，美國是異常富裕的國家，未來還會更富有。因此，我們的經常帳巨額赤字或許還能持續一段長時間，而不至於顯著損害美國經濟和金融市場。但是，我不相信情況能永遠如此美好。我們如果不選擇一種方式迅速處理問題，終有一天問題會選擇一種令人不快的方式處理我們。

七、房屋問題：實踐與政策 [50]

Home Ownership: Practice and Policy

眾所周知，美國的房屋和房貸政策嚴重出錯，而我們的經濟如今正為此付出高昂的代價。我們所有人都參與了這個非常有害的過程，從政府、放款機構、借款人、媒體到信用評等機構皆無例外。問題的核心在於幾乎所有人都相信，房屋的價值長期而言必將上漲，而房價偶爾下跌是無關緊要的。只要接受此一前提，則房市交易無論價格或運作方式如何，幾乎全

都是合理的。隨著房價上漲，各地的屋主都覺得自己變得比較富有了，許多人因此蜂擁地利用房貸再融資，將房子增值的部分套現。因為屋主套取了巨額的現金，整個美國出現了消費熱潮。在這種興旺的情況持續之際，一切看似非常美好（多數人忽略了一個事實：許多人因為房貸止贖〔借款人因違約而失去贖回房屋的權利〕而「喪失」他們的房子，但實際上實現了一筆獲利，因為他們之前藉由再融資交易套取了超過自身成本的現金。在這種個案中，被逐出房子的屋主是贏家，受害者是放款機構）。

在此我將花一點篇幅，談談波克夏子公司克萊頓房屋（Clayton Homes）的房貸業務，因為克萊頓近年的經驗，對有關房屋和房貸政策的公共辯論可能有參考價值。

克萊頓是美國預製住宅（manufactured home）產業最大的公司，去年交貨的房子共27,499間，約占整個產業81,889間的34％。我們的市占率在2009年可能會增加，部分原因在於這個產業的其他業者多數陷入了困境。整個產業的年銷售量自1998年觸及372,843間的高峰之後，已持續下滑。

當年這個產業的多數業者採用了非常惡劣的銷售方式。我後來談到這段時期時，說當時出現了許多這種情況：「不該借錢的人從不該放款的機構那裡獲得融資。」

首先，業者往往不要求借款人拿出有意義的頭期款，雖然這是有必要的。有時這涉及作假。（如果業務人員可以在貸款獲批後獲得3,000美元的佣金，他就可能會說這種話：「這家人的貓看來肯定值2,000美元。」）此外，有些借款人接受了他們無力承擔的還款安排（每月的還款額根本超出他們的承受能力），因為他們沒有什麼可以損失的。因此產生的房貸往往被包裝起來（也就是「證券化」），由華爾街業者賣給不疑有他的投資

人。這一連串的愚蠢行為不可能有好結果，而事實正是如此。

必須強調的是，在這整段時期內，克萊頓奉行明智得多的放款方式。事實上，克萊頓發放的房貸若是證券化，其購買者從不曾損失一分錢的本金或利息。但克萊頓是個例外；整個產業的損失十分驚人，後遺症至今尚存。

對規模大得多的傳統房屋市場來說，預製住宅產業1997至2000年的災難理應是一個警訊，但投資人、政府和信用評等機構完全不曾從中吸取任何教訓。可怕的是，傳統房屋市場2004至07年間犯了同樣的錯誤：放款機構爽快地發放房貸給所得不足以還款的借款人，而借款人也爽快地接受他們無力承擔的還款安排。借貸雙方都指望房價上漲來成全這種本來不應出現的房貸。這又是郝思嘉「明天再想辦法」的那種態度。這種行為造成嚴重的後果，如今還在美國經濟的所有領域餘波盪漾。

但是，在房市崩盤的整個過程中，克萊頓198,888名借款人持續正常還款，並未造成我們任何意外損失。這**不是**因為這些借款人的信用素質特別好：他們的FICO信用分數（測量信用風險的標準指標）中位數為644，低於全美中位數723，而且約35％的借款人FICO分數低於620，也就是屬於「次貸」級別。許多造成嚴重損失的傳統房屋抵押貸款，借款人的FICO信用分數高得多。

年底時，我們發放的房貸拖欠率為3.6％，僅略高於2006年的2.9％和2004年的2.9％（除了我們發放的房貸外，我們也向其他金融機構購入許多不同類型的房貸組合）。克萊頓發放的房貸2008年止贖率為3.0％，低於2006年的3.8％和2004年的5.3％。

我們的借款人多數收入有限，信用分數也不高，那麼為什麼他們的還款表現這麼好呢？原因其實很簡單：我們堅守基本的放款原則。我們的借款人會比較他們必須承受的真實還款負擔和他們的實際（而非期望的）收入，然後決定自己是否負擔得起。簡而言之，他們借入房貸是打算逐漸還清欠款的，無論未來房價如何波動。

我們的借款人不做些什麼也同樣重要。他們不指望靠再融資來償還貸款，不接受那種起初利率異常低、一旦恢復正常將導致還款額大增的房貸，也不會假定一旦還款負擔變得太重時，總是可以賣掉房子且有所獲利。正派的銀行業者會很愛這種借款人。

當然，我們會有一些借款人將陷入困境。他們一般只有很少的儲蓄，一旦遇到逆境將撐不了多久。房貸拖欠或止贖的主要原因是借款人失業，但死亡、離婚和沉重的醫療支出也都可能造成問題。如果失業率上升（這是2009年必將發生的事），克萊頓將有更多借款人陷入困境，而我們將出現較大但仍可接受的損失。但我們的問題，基本上不受房價趨勢影響。

有關當前房市危機的評論，往往忽略了一個關鍵事實：許多房貸止贖案之所以發生，**不是**因為房子的市值跌至低於房貸餘額（導致所謂的「負淨值」房貸）。止贖是因為借款人無法兌現他們每月還款的承諾。屋主若付出了金額可觀的頭期款（靠儲蓄而非其他借款支應），極少會因為房子市值低於房貸餘額便捨棄他們的主要住家。他們放棄房子是因為再也無法每月按時還款。

擁有自己的房子是很美好的事。我一家人在我現在的屋子過了美好的五十年，還將繼續住下去。購屋的主要動機應該是享用住所，而不是為了獲利或再融資機會。此外，購買的房子應該與購屋者的收入相稱。

購屋者、放款機構、經紀人和政府應該從當前這場房市災難中吸取一些簡單的教訓，以求避免未來重蹈覆轍。購屋至少應該老老實實地拿出10%的頭期款，而每月還款額必須是借款人以其收入可以合理承受的。借款人的收入必須審慎核實。

助人購屋雖然是可取的目標，但不應該是我們國家的首要目標。助人保住他們的房子才是我們應該努力的事。

八、商業合作[51]

Business Partnerships

2000年代末，我們開始買入FINOVA集團的債，成爲其債權人。FINOVA當時是一家陷入困境的金融公司，未償還債務約爲110億美元，我們買下了其中13%，價格約爲面值的三分之二。我們預期該公司將破產，但相信清算其資產將帶給債權人不錯的補償，估計將遠高於我們的成本。2001年初，隨著債務違約逼近，我們與Leucadia National Corporation聯手向FINOVA提出了一個預先制定的破產計畫。

根據這個隨後有所修改（我在這裡會簡化說明）的計畫，債權人將獲償債務面值的70%（以及全部利息），未以現金償付的餘下30%將以新發行的利率7.5%的票據支付。爲了使FINOVA能夠償付債務面值的70%，Leucadia和波克夏成立了一家共同擁有的公司，取名Berkadia，由Berkadia經由FleetBoston借入56億美元，然後將這筆資金轉借給FINOVA，同時獲得對其資產的優先索償權。波克夏爲Berkadia 90%的借款提供擔保，並爲由Leucadia承擔主要責任的10%借款提供第二擔保。（奇怪，我是否有說要簡化說明？）

Berkadia爲其借款支付的利息與它從FINOVA收到的利息有大約兩個百分點的利差，其中90%歸波克夏所有，10%歸Leucadia所有。我撰寫本文時，這兩筆借款都已償還至剩下39億美元。

作爲2001年8月10日通過的破產計畫的一部分，波克夏還同意以面值的70%，買下最多5億美元FINOVA發行的利率7.5%之新債券。（這批新債總發行額32.5億美元，我們已經拿到當中的4.268億美元，因爲我們擁有原始債權的13%。）我們的要約有限期至2001年9月26日，可在多種情

況下撤回，其一是紐約證券交易所在要約期間關閉。這種情況在9月11日那個星期真的發生了，我們於是立即終止了要約。

FINOVA的許多放款涉及飛機資產，這些資產的價值因為911事件而顯著縮水。該公司的其他應收帳款也因為911事件的諸多經濟後果而受到威脅。因此，現在FINOVA的前景沒有我們向破產法院提出計畫當時那麼好。儘管如此，我們認為整體而言，這項交易仍會帶給波克夏滿意的結果。Leucadia負責FINOVA的日常營運，而長期以來，我們一直欽佩Leucadia核心管理層的商業頭腦和管理才能。

————————

Berkadia合作計畫由我們提供大部分資本，Leucadia提供大部分人才。實際運作方式也是如此。事實上，由於共同經營Leucadia的喬·史坦柏（Joe Steinberg）和伊恩·康明（Ian Cumming）非常出色地清算了FINOVA的資產，我們因為這項交易而提供的56億美元擔保已經解除了。如此迅速清償的不幸副作用，是我們未來的收入將大幅減少。總的來說，Berkadia為我們賺了大錢，而喬和伊恩是絕佳的合作夥伴。

————————

2009年底，我們成為Berkadia Commercial Mortgage（舊稱Capmark）的50％所有者，該公司是美國第三大的商用不動產抵押貸款服務商。除了管理總值2,350億美元的資產，該公司更是重要的抵押貸款發放機構，在全美各地設有25個辦事處。雖然商用不動產於接下來幾年將面臨重大問題，但長遠而言，Berkadia的機會相當可觀。

我們在Berkadia的合作夥伴是Leucadia，由喬·史坦柏和伊恩·康

明經營的公司。幾年前，波克夏和他們一起收購了陷入困境的金融公司
FINOVA，那是一次非常愉快的合作經驗。在解決FINOVA問題的過程
中，喬和伊恩所做的遠遠超過了他們的分內工作——這是我向來樂見的。
因此，當他們邀請我於Capmark收購案再次合作時，我自然很高興。

––––––––––

我們斥資取得了在亨氏食品公司（Heinz）的重大權益。該公司和我
們非常契合，且估計一個世紀後仍將蓬勃發展。此外，經由此次收購，
我們創造了一種或可用於波克夏未來重大收購的合作模式。我們這一回
和3G資本（3G Capital）的投資人合作，那是我朋友豪爾赫·保羅·雷
曼（Jorge Paulo Lemann）領導的公司。由他才華橫溢的同事——亨氏新
任執行長貝納多·赫斯（Bernardo Hees）和董事長亞歷克斯·貝林（Alex
Behring）——負責營運事務。

波克夏是這宗交易的融資夥伴。作為此角色，我們買入了80億美元
的亨氏優先股，票面利率為9%，但一些條款估計將使這些優先股的年報
酬率提高到12%左右。波克夏和3G資本各以42.5億美元購買了亨氏一半
的普通股。

雖然亨氏收購案與私募股權交易有一些相似之處，但也有一個關鍵
差異：波克夏完全不打算賣出亨氏的股份。我們想做的反而是增加持股，
而這是有可能發生的：3G資本有些投資人未來可能會想賣出部分或全部
持股，屆時我們可能會增持。或許在某個時間點，波克夏和3G資本會認
為將我們的部分優先股換成普通股（按照當下合適的股權估值計算換股比
例），將對雙方都有利。

我們和夥伴在6月接管了亨氏，迄今的營運績效令人鼓舞。只不過，
在我們報告的波克夏這一年的盈利中，亨氏的貢獻很少：收購和隨後營運

重組所產生的一次性費用總計13億美元。2014年的盈利將相當可觀。

———————

　　兩年前，我朋友豪爾赫‧保羅‧雷曼邀請波克夏和他的3G資本集團合作收購亨氏。我不假思索就給出了肯定的答覆，因為我立刻意識到，無論從個人還是財務角度來看，此次合作都將是成功的。事實也的確如此。

　　我並不羞於承認，亨氏在董事長亞歷克斯‧貝林和執行長貝納多‧赫斯的領導下，經營表現會比換我去掌管公司要好得多。他們以極高的績效標準要求自己，即使業績遠優於競爭對手也從不滿足。

　　我們期望與3G資本有更多合作。我們的參與有時僅限於融資，例如在漢堡王（Burger King）最近收購Tim Hortons的交易中就是這樣。不過，我們較喜歡的合作方式，是成為股權上的**永久夥伴**（在某些情況下，當然也可以對交易的融資有所貢獻）。但無論採用哪一種方式，與豪爾赫‧保羅合作總是使我們覺得愉快。

———————

　　去年，因為亨氏公司與卡夫（Kraft）合併，我們與私募股權公司3G資本在亨氏收購案的合作規模擴大了一倍有餘。豪爾赫‧保羅和他的同事是我們求之不得的合作夥伴。我們和他們一樣熱衷於收購、建設和持有那些滿足基本需求和欲望的大型企業，但我們致力於這個目標的方式並不相同。

　　他們的方法非常成功，就是收購那些有機會削除許多不必要成本的公司，然後速戰速決地達成目標。他們所採取的行動顯著促進了生產力，而提高生產力正是美國過去兩百四十年經濟成長至關重要的因素。生產力提

高，代表每一個工時可以生產出更多我們想要的商品和服務；如果生產力不成長，經濟將無可避免地停滯不前。美國的許多企業都有機會眞正大幅增進生產力，豪爾赫·保羅和他的同事因此可以找到投資機會。

在波克夏，我們同樣渴望高效率，並厭惡官僚主義。但是，我們追求自身目標的達成方法，是著重於避開臃腫的組織，收購像精密鑄件公司（PCC）那種長期由重視成本和效率的經理人所經營的企業。收購了公司之後，我們的角色就只是創造一種合適的環境，使這些管理高層——以及通常與他們理念相近的繼任者——能夠最大限度地提高管理效率，並從工作中得到最大的樂趣。

在波克夏，我們將繼續盡可能下放權力——權力下放程度之高，實際上是近乎聞所未聞。但我們也會持續找機會與豪爾赫·保羅合作，可能是作爲融資夥伴，一如我們在他的公司收購加拿大的大型連鎖餐飲集團Tim Hortons時所做的；也可能是結合股權投資和融資的夥伴，就像我們合作收購亨氏公司那樣。我們也會偶爾與其他公司合作，就像Berkadia這個成功的例子。

不過，波克夏只會與夥伴合作從事善意收購。誠然，某些敵意收購是有道理的：有些執行長忘了他們應該爲股東服務，有些經理人則是昏聵無能。無論是哪一種，公司的董事可能對問題視而不見，又或者就是不願意推動明知必要的變革。這就是需要新血加入的時候。但我們會把這些「機會」留給別人。在波克夏，我們只去我們受歡迎的地方。

第五篇

企業收購
Acquisitions

在波克夏的所有活動中，最令查理和我振奮的，是收購一家經濟體質一流，而且由我們喜歡、信任且欽佩的經理人管理的公司。這種收購來之不易，但我們持續尋找機會。在此過程中，我們的態度或許也適用於覓偶：主動積極，關心相關資訊，保持開放心態，但避免草率匆忙。

多年來，我見識過很多急於併購的經理人，我發現當中許多人顯然深受兒童時期聽過的青蛙王子故事所迷惑，以為公主一吻真能吻出個王子來。他們因此付出高昂的代價，取得親吻蛤蟆企業的權利，期望著神奇的變身。但高價收購的蛤蟆還是蛤蟆，只是這些經理人不會輕易死心，起初的失敗不過是加強了他們親吻更多蛤蟆的決心。（喬治·桑塔亞那〔George Santayana；譯注：西班牙裔美國哲學家〕曾說：「所謂狂熱，就是當你已經忘了自己的目標時，仍加倍努力。」）但最後，即使是最樂觀的經理人也必須面對現實：吻過後毫無反應的蛤蟆已堆到他的膝蓋時，他就宣布公司「重整」，提列巨額費用。在這種企業版「起步方案」（Head Start Program；譯注：美國政府1965年起推行的一套綜合扶貧方案，為低收入家庭的兒童及其家人提供教育、醫療和營養等方面的援助）中，執行長受教育，但付學費的是股東。

擔任企業經理人的早期，我自己也曾與幾隻蛤蟆約會。都是廉價的約會（鄙人向來節儉），但我得到的結果跟那些追求高價蛤蟆的經理人一樣：我吻了蛤蟆，牠們回我兩聲「呱、呱」。

就這樣失敗了幾次之後，我終於想起一位職業高爾夫球手曾提點我的一件事（指導過我的職業選手都不希望身分曝光，這一位也不例外）。這位高手說：「熟不一定能生巧，不斷練習只是鞏固你的習慣而已。」自此之後，我改變策略，致力以合理的價格收購好企業，而不是以優惠價收購平庸的公司。**52**

一、壞動機與高價格 [53]

Bad Motives and High Prices

如同我們的紀錄顯示，我們對擁有整家公司與持有上市公司部分股權同樣感到自在。我們持續尋找這兩方面的大額投資機會（但我們會嘗試避免小額投資——「一件事若不值得做，做得再好也毫無意義」）。事實上，因爲我們的保險業務必須維持一定的流動資金，我們無可避免得大量投資在有價證券上。

我們的收購決策是以盡可能擴大實質經濟利益爲目標，而不是擴大經理人掌控的事業版圖，或是美化帳面盈餘（經理人若重視美化帳面甚於實質經濟利益，最終通常兩邊都顧不好）。

無論短期內對帳面盈餘有何影響，我們寧願以每股 X 元的價格購買一家好公司 10％的股權，而不是以每股 2X 元的價格百分百收購這家公司。多數企業經理人則剛好相反，而且總是不缺自圓其說的理由。

不過，我們懷疑在絕大多數高溢價收購案中，經理人真正重要的動機是以下三項（通常是心照不宣的，有時是單獨一項，有時是兩三項）：

1. 無論是企業還是其他機構，領袖通常天生就衝勁十足，喜歡更多的活動與考驗。在波克夏，收購案有望成事時，公司上下總是特別興奮。

2. 無論是企業還是其他機構，絕大多數組織自我衡量或衡量其他組織時，組織規模毫無疑問是最重要的標準，而這也是釐定經理人薪酬的基準（財星五百大是非常有名的企業排行榜，如果你問一位榜上企業的經理人其公司排名第幾，答案肯定是來自營收排行榜。但其實《財星》雜誌還按這五百家公司的營利能力編了一

個排行榜，但多數經理人甚至不知道自己的公司在這個榜上的排名）。

3. 許多經理人在易受影響的兒童時期顯然聽了太多青蛙王子的故事：英俊的王子受詛咒變成一隻蛤蟆，美麗的公主一吻之下，蛤蟆就變回王子。這些經理人因此深信，其併購目標就像是青蛙王子，公主一吻就能產生神奇效果。

這種樂觀精神絕對是必要的。如果不是對併購目標的前景極度樂觀，又怎麼可能說服股東付出股票市價的兩倍去收購一家公司呢？

換句話說，投資人想買蛤蟆的話，以市價買就行了。如果投資人付出雙倍的代價，讓那些自詡為公主的經理人去吻蛤蟆，那最好是在親吻的一刻引爆炸藥，以確保有神奇效果。我們見過許多經理人親吻蛤蟆，但奇蹟少之又少。即使企業的後院裡毫無反應的蛤蟆已堆到經理人的膝蓋，許多經理人仍深信自己未來能吻出一些王子來。為了公平起見，我們得承認，部分企業的收購績效好得驚人，當中有兩大類型。

收購績效出眾的第一種公司，有意無意間總是會收購到那種通膨適應能力特強的企業。這種優質收購標的必須有兩個特徵：（1）可輕易調高產品售價而不必擔心顯著損失市占率或銷售量（即使產品需求平平、產能未充分利用也是如此）；（2）只需要小幅增加投資，營收就能大幅成長（營收增幅通常主要源自通膨而非實質的業務量成長）。近數十年來，能力普通的經理人專注尋找這種併購機會，結果成績非常出色。但是，少有企業同時符合上述兩個條件；果真符合兩個條件的公司，則因為追求者眾，身價暴漲，即使搶到手也是得不償失。

收購績效出眾的第二種公司，是因為它們的經理人是管理界的超級巨星。這種明星經理人獨具慧眼，能從一群蛤蟆中發現王子，而且有能力剝去王子的蛤蟆外殼。我們向這種經理人致敬，他們包括西北工業（Northwest Industries）的賓·海涅曼（Ben Heineman）、Teledyne 的亨利·辛格頓（Henry

Singleton）、國民服務企業（National Service Industries）的艾文・賽班（Erwin Zaban），以及首都企業通訊（Capital Cities Communications）的湯姆・墨菲（尤其是墨菲，他兼具兩家之長：他集中追求那種抗通膨能力特強的公司，且因為個人管理能力一流，在第二類收購強者中也成了翹楚）。我們從自己的直接與間接經驗中認識到，這種經理人的成就難能可貴，非常稀有（這些經理人當然也明白此中道理；近年來，他們很少出手，往往發現買回自家股票是公司資金的最佳出路）。

很遺憾的是，各位的董事長沒條件當第二種企業經理人，因此只能努力發掘第一類併購機會。而雖然我們對相關經濟因素有頗到位的了解，我們的收購活動卻零零星星，相當不足——我們說得一嘴好併購，做起來卻不過爾爾（我們忽略了諾亞守則：預測洪水將臨是不夠的，建好方舟才算完成任務）。

我們曾試過以優惠價購入蛤蟆，結果如何往年已向各位報告過了。顯然我們的吻並沒有神奇效果。我們也曾遇到幾位王子，取得很好的成績，但收購時他們本來就是王子；至少我們沒將他們吻成了蛤蟆。此外，我們有時也能把握良機，以蛤蟆價購進顯然是王子的企業之少數股權，取得豐厚的報酬。

波克夏與藍籌集點券公司正考慮於 1983 年合併。成事的話，兩家公司將採用同一方法評估企業價值，然後根據結果計算換股比例。在現任管理層任內，波克夏或關係企業上一次大量發行股票，是波克夏 1978 年以換股方式併購多角化零售公司。

我們發行股票時，會堅守一個基本原則：我們付出的企業內在價值，不能少於收回來的。此原則似乎是不言自明的。你可能會問：會有人願意

拿 1 元的美鈔，換 50 美分的紙鈔嗎？不幸的是，許多企業經理人恰恰願意做這種事。

這種經理人收購企業時，第一個抉擇可能就是動用現金或舉債。但是，這兩種資金來源往往不足以滿足執行長的收購欲望（波克夏的情況向來如此）。而且，執行長亟欲收購企業時，公司的股價往往處於遠低於內在價值的水準。這種情況造就了關鍵時刻。在這種時候，如尤吉・貝拉所言：「你光看著就能觀察到許多東西。」因為此時股東能清楚看到，經理人真正關心的，到底是擴大自己的權力範圍，還是維護股東的財富。

之所以必須選擇動用現金或舉債，原因很簡單。企業的股票市價低於公司內在價值是常有的事，但如果有人洽商百分百收購一家公司，賣方股東一定會要求買方按公司的內在價值付足代價，不管買方將以什麼方式支付代價，而且這種要求通常也會得到滿足。假如買方付現金，則賣方不必算就能知道自己可以得到多少價值。如果買方發行股票收購賣方，賣方還是不難算出自己可以得到的價值：將可以收到的股票，按買方股票市價換算成現金金額就行了。

倘若買方的股價不低於自身的內在價值，則發行股票收購賣方並無問題。

但假設買方的股價只有內在價值的一半，則利用價值遭市場大幅低估的股票支付收購代價，顯然划不來。

諷刺的是，如果買方自己成為**百分百收購**的目標，顯然也會要求對方按十足的內在價值支付收購代價，而且很可能如願以償。但當買方出售部分股權時（**一家公司發行股票以收購企業，實際上就是出售部分股權來支付收購代價**），人們通常不會以高於市價的水準來評定這些股票的價值。

結果，不顧一切堅持收購的公司，通常就使用自己價值遭低估的股票（依市值評價），去購買價格完全反映內在價值（談判的結果）的資產。買方因此可能必須付出 2 元的價值，才能換得 1 元的價值。在此情況下，

售價合理的優質企業，可能也是極不划算的收購；因為如果你購買的黃金是按金價評價，但你支付的黃金或白銀卻按鉛價評價，這筆買賣就不可能是明智的。

但是，如果經理人擴大權勢或做買賣的欲望夠強，他便不愁找不到理由在這種情況下發行股票、損害股東利益。親切的投資銀行業者會向他保證：閣下的決定絕對英明。（別去問理髮師你是否該剪頭髮。）

這種經理人愛用的藉口包括：

1.　「我們將收購的公司未來會比現在值錢得多。」

    照理說，為收購這家公司而付給了別人的部分股權，未來應該也會比現在值錢得多。評估企業價值時，盈利前景必然已經考慮在內。你發行價值2X的股票去交換價值X的資產，未來兩者價值皆倍增時，兩者的差異是不會就此消失的。

2.　「我們必須成長。」

    或許該問一聲：「我們」是誰？對既有股東來說，公司增發股票後，他們在既有資產上的權益全被稀釋了。假設波克夏明天為了收購一家公司而發行股票，事後波克夏將擁有全部的既有資產，加上新收購的企業，但**各位**在時思糖果、國民保險公司等一流企業中的權益，均自動被攤薄了。如果（1）你家族擁有一個120英畝的農場；（2）你鄰居擁有一個土地素質相若、面積60英畝的農場。你邀請對方合夥，各自擁有兩個農場合併後一半的權益，由你擔任管理合夥人；那麼（3）你管理的事業版圖將擴大至180英畝的農場，但你家族擁有的農場權益卻永久地萎縮25％。想占老闆便宜、擴大自身權勢的經理人，或許應該考慮當政府官員。

3.　「我們的股票價值遭市場低估了，因此我們已經盡可能縮減此次的發行規模。但是，為了滿足賣方股東的節稅需求，收購代價必須以51％股票、49％現金的方式支付。」

此論承認買方降低股票發行量對股東有利，這很好。但是，如果收購代價完全以股票支付會損害原股東的利益，那麼51%的代價以股票支付，極有可能還是會損害原股東利益。畢竟，如果一隻西班牙獵犬毀壞了你家的草地，你不會因為牠是西班牙獵犬而不是聖伯納犬就開心起來（譯注：聖伯納犬體型比西班牙獵犬大得多）。而且，買方的最佳利益，可不是由賣方的願望決定的──老天保佑，如果賣方堅持買方撤換執行長，那又會如何呢？

發行股票以收購企業時，有三個方法可以避免損害原股東的利益。第一個方法，是合併時真正以企業內在價值作為買賣**雙方**股權的評價基準，波克夏與藍籌公司的合併案正是打算這麼做。這種方式希望公平對待雙方股東，兩者得到與付出的企業內在價值是相同的。Dart Industries與卡夫（Kraft），以及納貝斯克與Standard Brands這兩宗合併案，看來均屬於這種類型，但這些是特殊個案。問題不在於買方不想這麼做，而是這種交易方式很難執行。

第二個方法適用於買方股價等於或高於企業內在價值的時候。在此情況下，發行股票以支付收購代價，事實上可增進買方股東的財富。1965至69年期間，許多併購案就是在此基礎上完成的。結果從1970年起，後遺症就浮現出來了：**賣方**股東先前收到的股票價值遭大幅高估（往往是可疑會計手法和人為哄抬的結果），財富因此顯著受損。

近年來，只有非常少數的大企業適用第二個方法。這種例外情況主要集中在一些從事「魅力事業」或推廣業務的公司上，市場對其股票的評價暫時高於企業內在價值。

第三個方法，是買方發行股票、完成收購後，買回同量的股票。如此一來，一宗以換股方式完成的併購案，實際上就變成了一宗現金收購案。這是一種旨在修補損害的股票回購行動。常看我們年報的讀者不難猜到，相對於修補損害的回購，我們更喜歡那種可以直接提升股東財富的回購。

畢竟，達陣得分遠比搶回失球更令人興奮。但是，果眞失球時，把球搶回來還是很重要的。因此，公司若做了一宗糟糕的換股交易，我們衷心建議做一次補救性質的回購，將該交易變成一宗合理的現金收購。

併購相關用語往往模糊了焦點，鼓勵經理人做一些不理智的事。例如，人們往往會在試算基礎上，仔細算出併購對帳面淨值和當期每股盈餘的「稀釋」（dilution）作用，而後者尤其受重視。倘若計算結果顯示，買方公司的股東權益果眞會遭稀釋，（公司內部或外部）就會有人提出自圓其說的解釋，表示未來某個時候，情況就會轉爲正面（現實中，企業併購常常失敗，但在交易促進者的展望中，交易是一定會成功的——如果執行長明顯渴望完成某宗併購，無論收購代價多高，下屬和顧問總會提出必要的預測，證明交易有理）。倘若計算結果顯示，併購能即時增進買方股東的權益（也就是有「反稀釋」作用），則交易促進者會認爲完全不必再多費脣舌。

人們高估了這種稀釋作用分析的價值：評估多數企業的價值時，當期每股盈餘（或甚至是未來數年的每股盈餘）無疑是一項重要變數，但遠非最重要的因素。

按照這種狹隘的標準，許多併購並不會稀釋買方股東的權益，但會即時損害他們的財富。反之，一些會稀釋當期與近期每股盈餘的併購，卻能增進買方股東的財富。眞正重要的是，併購案是否會稀釋企業的內在價值（要下此判斷必須考慮眾多變數）。我們認爲這才是最重要的稀釋作用分析，但人們卻很少做這種分析。

併購用語的第二個問題，是敘述交易的方式。A公司若宣布發行股票併購B公司，人們通常會說「A公司收購B公司」或「B賣給了A」。但仔細想想，更準確（雖然也較彆扭）的說法是：「A出售部分股權，以收購B」，或「B的股東將接受A以部分股權交換他們的資產」。做買賣時，你付出些什麼，跟你將得到什麼同樣重要。即使你將付出的代價需要一段時

間之後才能確定，道理也是一樣。如果因為某宗併購交易，公司將得發行普通股或可轉換證券，無論這是為交易融資或修補資產負債表，評估這宗交易是否划得來時，相關的證券發行就得完全納入考量（倘若企業結合的結果是企業「懷孕」，那麼享樂之前就必須先想清楚後果）。

企業經理人與董事問自己以下問題，或許就能讓頭腦清楚些：若是按出售部分股權的條件賣掉整家公司，他們願意嗎？如果按這種條件出售整家公司並不明智，那為什麼按這種條件出售部分股權就明智呢？管理層的小蠢事會累積成管理上的大蠢事，而不是大成就（拉斯維加斯就是建立於一種財富轉移上：人們做一些表面看來自己只是略處於劣勢的資本交易，結果財富源源流向賭場老闆）。

在註冊投資公司的併購中，這種「付出與收穫」是最容易計算的。假設投資公司X在股價只有資產淨值50％的時候，想併購投資公司Y，因此決定發行市值等於Y資產淨值100％之股票。

這樣的換股交易意味著X以自身2元的內在價值，交換Y公司1元的內在價值。X的股東以及負責審核註冊投資公司併購是否公平的證券交易委員會（SEC），將會同聲反對。這種交易是不會獲准的。

相對於投資公司，製造業、服務業、金融業者的價值通常沒辦法算得那麼精確。但我們曾見過這些產業的一些併購案，損害買方股東價值的嚴重程度，絲毫不亞於上述假設案例。如果管理層與董事能應用同一標準評估買賣雙方的企業價值，藉此評斷交易是否公平，這種損害股東價值的事即可避免。

最後必須講講買方發行稀釋價值的股票時，買方股東可能遭遇的「雙重打擊」。第一重打擊，是併購案本身造成的企業內在價值損失。第二重打擊，則是市場針對遭稀釋的企業價值，理智地調低對該公司的評價。這是因為既然管理層會不明智地發行股票、損害股東利益，現有及潛在股東自然不願意為這種經理人掌控的資產付出較高的價格；相對的，經營能力

相若、但出了名厭惡損害股東的行為的經理人，投資人願意為他們經營的公司付出較高的價格。經理人一旦顯露出罔顧股東利益的特質，無論他們如何堅稱稀釋價值的交易僅此一次，該公司的價格／價值比率將長期維持較低水準（相對於其他個股），而這無可避免會損害股東利益。

經理人堅稱稀釋價值的交易僅此一次，市場對此的反應，就像餐廳堅稱沙拉裡的蟑螂僅此一隻、純屬意外時客人的反應。就算是換一位新侍者提出解釋，發現蟑螂的客人和正要點菜的鄰座客人仍將受影響，沙拉的需求（以及市場價值）無可避免將受損。在其他條件相同的情況下，經理人若證明自己不願意在任何損害股東利益的情況下發行股票，其公司的股價對內在價值的比率將是最高的。

────────────

我說過，我們收購企業時，喜歡付現金遠甚於動用波克夏的股票。研究一下我們的併購紀錄，你就會明白為什麼：算算我們做過的純股票併購案（不包括我們併購兩家關係企業——多角化零售公司與藍籌集點券公司——的案子），你會發現，如果我沒做這些交易，股東的境況其實更好一些。雖然說來痛心，但我還是得承認：我容許波克夏發行股票，等於令各位虧錢。

必須澄清的是：之所以如此，並不是因為賣方誤導了我們，或是賣方併入波克夏後，經理人未盡心盡力經營。相反地，我們談判併購時，賣方完全是坦誠的，而且合併後的經營努力也絲毫不曾放鬆。

問題在於我們擁有的企業組合實在優秀，拿一部分去交換新資產，幾乎不可能划得來。我們因為併購而發行股票時，各位在波克夏優質企業上的權益就會遭稀釋；這些企業包括我們擁有部分股權的公司，例如可口可樂和美國運通，以及生意做得極出色的各家子公司。舉一個運動方面的例

子，或許能清楚說明我們的難處：對一支棒球隊來說，挖到一位打擊率三成五的球員，幾乎一定是大好事——**除非你必須用一位打擊率三成八的球員去交換。**

由於我們的球員名單上滿是打擊率三成八的強棒，因此我們收購企業時盡可能付現金，而這些現金收購案的績效也比換股收購好得多。打從1967年收購國民保險公司起，我們陸續以現金收購了時思糖果、水牛城新聞報、史考特費澤和蓋可等公司。多家大公司在我們收購後業績好得不可思議，為波克夏創造了極大的價值——事實上，它們的表現遠遠超出我當初的預期。

我們相信，以我們目前的企業與經理人素質，要拿波克夏的股票交換更優質的資產，幾乎是不可能的。我們的情況與莫桀（Mordred；譯注：傳說中亞瑟王的私生子，惡名昭彰的叛徒）恰恰相反——桂尼薇亞（Guenevere；譯注：亞瑟王的王后）對莫桀的評語是：「他嘛，有一點是不用懷疑的：他肯定會找到好配偶，因為所有人都比他好。」對波克夏來說，好配偶實在難找。

考慮併購交易時，許多經理人往往將焦點放在交易對公司每股盈餘的即時影響上（金融機構則可能更重視每股帳面淨值），期望不會產生稀釋效果。這種思考方式是很危險的。想像一下，一名25歲的企管碩士（MBA）新生，正考慮是否要將自己未來的經濟利益與某個25歲的日薪散工合併。這名企管碩士生因為目前沒有工作，「一股換一股」與日薪散工合併未來經濟利益的話，他近期的收入將增加（增幅極大！）。但有什麼比這種交易更愚蠢的呢？

企業併購的道理也一樣：當賣方的盈利前景、資本結構或資產組合與

買方不同時，買方仍將焦點放在併購對當期盈餘的影響上，無疑是一件蠢事。在波克夏，我們曾拒絕許多可以提升近期盈餘的併購機會，因為這些交易其實會拉低我們的每股內在價值。我們的做法，是遵循韋恩・格雷茨基（Wayne Gretzky；譯注：美國冰球界傳奇人物）的忠告：「你要奔向球將到達的地方，而不是它目前所在的位置。」如果我們採用標準做法的話，股東的財富會減少數十甚至數百億美元。

不幸的是，大型併購案多數存在嚴重的利益失衡現象：賣方股東發大財、買方管理層的收入和地位均顯著提升，為買賣雙方服務的投資銀行業者和其他專業人士也賺得不亦樂乎。但是，唉，買方股東的財富則往往縮水，而且通常是嚴重縮水。這是因為買方付出的內在價值，往往大幅超過自己得到的。常常這麼做的話，就像美聯銀行（Wachovia Corp.）前總裁約翰・梅德林（John Medlin）所言：「你是把連鎖信遊戲倒過來玩了。」

長遠而言，管理層配置資本的本事，對企業的價值有極大影響。真正優秀的企業，幾乎一定會產生大量現金收入，遠遠超過公司內部的資金需求（至少在度過最初幾年之後是這樣）。當然，公司可以藉由發放股息或回購股票，將過剩的現金派發給股東。但公司執行長卻往往另有盤算，他會問公司的策略規畫主管、顧問或投資銀行業者，是否應該收購一兩家公司。這就像問自己的室內設計師：我是否應該買一張5萬美元的地毯？

企業領袖的人格特質往往加重了併購問題：許多執行長之所以能爬到他們的位置，一大原因在於他們有非常強的本能衝勁和自我意識。這種經理人登上最高層後，不會改變這種特質（但我們也得承認，這種特質有時對公司是有好處的）。如果公司的顧問鼓勵這樣一位執行長收購其他公司，執行長的反應，將如同一名十幾歲的男孩獲得父親鼓勵去過正常的性生活一樣：他一定會非常積極。

幾年前，一位擔任執行長的朋友無意中透露了許多大型併購案背後的病態心理（我必須說，他當時也是想開開玩笑）。這位朋友掌管一家產物

保險公司，當時正向公司董事解釋他想收購某家壽險公司的原因。他以低沉的音調說了一堆經濟面與策略面的理由，非常欠缺說服力。忽然間他捨棄原定劇本，露出頑皮的眼神，對董事們說：「各位老兄，其他人都有一家啊。」

在波克夏，我們的經理人將繼續藉由看似平淡無奇的生意，賺取格外豐厚的報酬。首先，這些經理人將致力尋找明智運用公司盈餘的方式，剩餘的資金會交給查理和我。我們將致力利用這些資金提升波克夏每股內在價值。我們的目標，是收購優質企業的全部或部分股權；而所謂優質企業，是指我們相信自己了解其業務，經濟體質強健且可持續，由我們喜歡、欽佩且信任的經理人所掌管的公司。

二、明智的股票回購 vs. 綠票訛詐 [54]
Sensible Share Repurchases Versus Greenmail

我們對股票回購的支持，僅限於那些以價格／價值關係為準則的回購，並不包括我們非常厭惡的「綠票訛詐」（greenmail）。在綠票訛詐交易中，買賣雙方為達成自身的目的，剝削了未獲徵詢意見的無辜第三者。這種交易牽涉以下三類人士：（1）存心敲詐的人——他們剛剛買下股票，就向公司經理人發出「要錢還是要命」的恐嚇；（2）公司經理人——只要代價是由其他人承擔，他們就願意不惜代價求和；（3）冤大頭的公司股東——他們的錢被（2）拿來打發（1）走路。塵埃落定之後，專事掠奪

的短期前股東放言高論「自由市場體制」，而犧牲股東利益的管理層則大談「公司的最佳利益」，無辜的股東則只能默默旁觀，爲這一切買單。

三、槓桿收購 [55]

Leveraged Buyouts

　　如果企業併購要成功眞像我們說的那麼難，近來槓桿收購（LBO）業者在併購上大獲成功又該如何解釋呢？答案主要繫於所得稅和一些其他的簡單效應。在一宗典型的槓桿收購中，原本以股票爲主的資本結構，變成了90％的債務和10％的新普通股，此時就會發生以下這些事：

1. 新普通股加新債的市值，變得比先前所有舊普通股大得多。這是因爲在新資本結構下，公司的稅負大減，稅前盈利不再像以往那樣有相當大一部分流向國庫。在舊資本結構下，國庫從公司拿到的現金，往往比股東還多。

2. 槓桿收購的收購價通常特別高，公司稅負減輕的價值，因此有一部分落入舊股東口袋中。儘管如此，餘下的部分仍使得新普通股的價值，在收購協議方達成之際已顯著超過收購成本（新普通股此時變得很像是條件很好的投機性認股權證）。

3. 新「股東」接著會採取一些不難構想也不難執行的策略，包括：

   (a) 他們會砍掉許多不難砍掉的成本（主要是人事費用）和表現不佳的業務單位。若拿捏得當，他們的行動會使成功的

企業（包括我們公司）顯得懶惰、愚蠢，並為他們製造出某種高尚形象，藉由當前的犧牲創造出美好的長期前景，使人相信眼下的犧牲是值得的。

(b) 他們會以超高的價格出售一些業務，有時是發揮一點最淺顯的微觀經濟學知識，將業務賣給直接競爭者；有時是賣給並非競爭者的公司，這種買家出乎意料地容易找到，它們的經理人並非公司的股東，願意像第一種買家那樣出極高的價格。

4. 一定時日之後，新「股東」就能獲利了結。他們的盈利來源不僅是上述的稅負效應和簡單的重整措施，還包括在景氣長期向好、股市持續走高之際，極高的財務槓桿所產生的美妙作用。

除非是正在經歷偶然的逆境，否則大量（或甚至只有一家）大型企業背負極重的債務，我們的國家樂見這種現象嗎？此問題帶出一些值得玩味的社會議題。企業維持強健的財務狀況，以便發揮「吸震」作用，保護仰賴企業的員工、供應商和顧客免受資本體制的一些波動衝擊，這能說是企業的一項社會功能嗎？富蘭克林在《窮理查年鑑》（*Poor Richard's Almanac*）中有一句反映民間智慧的話：「空袋子站不直。」他說得對嗎？對社會來說，一家債台高築的虛弱企業，是否就像一座結構不夠強的橋梁呢？即使槓桿收購對長期經濟效率能產生一些好處（當然也有一些壞處），這種收購所衍生的企業資本重組會（1）減少企業應納的所得稅，（2）往往挑戰反壟斷法的底線，而且（3）令經營者的心力集中於創造短期現金收入，以便逐步償還異常沉重的債務。我們希望這種資本重組活動吸引多少能幹人士投入呢？最後，如哥倫比亞大學法學院教授羅文斯坦（Lou Lowenstein）所言（大意如此）：「企業界整體而言是重要的社會組織，我們真的希望企業像豬腩期貨那樣不斷買來賣去嗎？」

無論我們如何回答這些社會問題，當前情況有三點是確定的。首先，

因為槓桿收購的企業節稅效應非常強大，這種交易能輕易成功，但這不代表正常的併購交易也能輕易成功。第二，槓桿收購業者充斥市場，收購企業的代價因此普遍上升，這對不願意背負重債以擴大節稅效果的其他收購者（包括魏斯可）相當不利。第三，只要當前寬鬆的法規不變，槓桿收購業者是不會退出市場的。這種法規使槓桿收購業者享有實實在在的優勢，遠非僅是一股小小的推動力。即使他們的數目將因為交易失敗和不光彩的結果而減少，槓桿收購交易的價格也將降低，但這種交易因為節稅而產生的價值仍會存在。因此，理性的誘因仍足以支持人們繼續做這種交易。槓桿收購的精靈將遇到一些阻力，但除非是受制於新法規，否則他不會縮回瓶子裡。

另外還得注意的是，槓桿收購業者高價收購企業的誘因，不僅源自稅法以及業者願意快速、無顧忌地重整業務，還因為在槓桿收購公司的合夥模式下，一般合夥人不必承擔多少虧損風險（將他們收取的費用算進來，根本就沒有風險），但賺錢時卻能分到豐厚的利潤。這種情況就像賽馬情報販子（譯注：輸錢是輸別人的錢，贏錢則可以分紅）。有誰見過不希望客人踴躍下注的賽馬情報販子？

魏斯可不做槓桿收購，對我們來說，好的收購交易總是得來不易。近年來，正常的企業併購越來越像在明尼蘇達州的利奇湖（Leech Lake）釣大狗魚。我早年的生意夥伴艾德·霍斯金斯（Ed Hoskins）曾於利奇湖跟一名印地安嚮導有過這樣一段對話：

「有人在這座湖裡釣到大狗魚嗎？」

「在明尼蘇達州所有的湖裡，人們在這裡釣到的大狗魚是最多的。這個湖就是以大狗魚出名的。」

「你在這裡釣魚多久了？」

「十九年。」

「那你釣過幾條大狗魚？」

「一條也沒有。」

　　如果一家公司管理層的看法跟我們相同，那麼該公司必定不會經常收購企業。我們希望這是因爲收購對所有人來說都是難以成功的事，當然也有可能只有我們覺得困難而已；但無論如何，結果對魏斯可股東來說都是一樣的：值得投入的併購機會少於我們的期望。不過，至少有一件值得欣慰的事：如果經理人認爲併購就像在利奇湖釣大狗魚，公司就幾乎不可能犯下一連串無可補救的大錯。

四、明智的收購政策 [56]

Sound Acquisition Policies

　　我們常常在年報中質疑多數經理人的併購交易，但自己這一年中卻收購了三家公司，並對此洋洋自得，這或許會顯得很奇怪。各位請安心，查理和我並未改變對併購的質疑態度：我們仍相信絕大多數收購案會損害買方股東的利益。輕歌劇《賓納福皇家號》（*HMS Pinafore*）的這句台詞說得很對：「事情很少是表裡一致的，脫脂牛奶也能冒充奶油。」賣方及其代表提出的財務預測，娛樂價值總是大於教育價值。講到描繪美好的前景，華爾街的本領並不比華府遜色。

　　無論如何，我不明白爲什麼潛在買家會去看賣方提出的財務預測。查理和我從不看這種東西，我們反而牢記以下故事：某人的馬病了，他跟獸醫說：「你能幫我嗎？有時我的馬走得好好的，有時卻一瘸一拐的。」獸

醫的回答一針見血：「沒問題。在牠走得好好的時候，賣掉牠。」在併購世界裡，這匹馬會被當成「祕書處」（Secretariat；譯注：美國1970年代初傳奇冠軍馬）來推銷。

有意收購事業的公司在展望未來上會遇到的各種困難，波克夏也全無例外。一如這些公司，我們也無可避免地面對一個問題：賣方對標的企業的了解，幾乎總是遠比買方周全，而且賣方能挑選賣出的時機——通常是生意「做得好好」的時候。

儘管如此，我們還是有幾個優勢，最重要的可能是我們**沒有一套策略計畫**。我們因此不必按某個既定方向前進（這種做法幾乎總是導致企業以愚蠢的高價收購資產），只需要考慮事情是否對股東有利。面對併購機會時，我們總是一併考慮數十個其他投資機會，包括在股市裡購買全球最優秀的一些企業之少數股權。我們很習慣做這種併購與被動投資的比較；一心只想收購其他公司的經理人則很少會做這種分析。

幾年前接受《時代》雜誌訪問時，彼得‧杜拉克（Peter Drucker）講到了事情的核心：「我告訴你一個祕密：做買賣勝於踏實工作。做買賣刺激又有趣，踏實工作則涉及許多髒活。無論是經營什麼事業，經理人都得完成大量的繁瑣髒活……做買賣卻是浪漫又迷人的事。這就是為什麼我們會看到那麼多沒道理的交易。」

收購企業時，我們還有一個優勢：支付收購代價時，我們可以為賣方提供以眾多優質企業為後盾的波克夏股票。某個企業家或某個家族希望賣掉一家優質企業時，可能也希望無限期延後繳納個人的交易利得稅，此時他們很可能會認為波克夏的股票是特別適合長期持有的資產。事實上，我認為我們1995年以發行股票的方式收購兩家公司，上述考量是促成交易的重要因素。

在此之外，有時候賣方希望為自己的公司找一個可靠的歸宿，一個能讓公司經理人愉快且能高效工作的地方。就這一點而言，波克夏也是與眾

不同的：我們的經理人在經營上享有極高的自主權。此外，只要看看我們的股權結構，賣方股東就會知道：如果我說我們買入後打算長期持有，這通常就是可靠的承諾。在我們這一邊，我們喜歡跟那些關心公司與員工前途的老闆做交易。相對於那些只想把公司拍賣掉的人，收購這種老闆的公司，通常比較不會遇到不愉快的意外情況。

以上所言除了說明我們的收購作風外，當然也是不算含蓄的自我推銷。如果你擁有或代表一家稅前盈餘7,500萬美元的公司，而且符合上述條件，請打電話找我，談話內容絕對保密。如果你現在不想賣，也請不要忘記：經濟體質強健、管理層出色的公司，我們永遠都有興趣收購。

結束這段有關併購的議論之前，我忍不住想轉述去年某位企業經理人告訴我的一個故事。他多年來服務的公司生意做得很好，是業界長期的領袖，但是該公司的主力產品實在缺乏魅力。因此，數十年前，該公司請了一名企管顧問。當時企管界正流行「多角化經營」論（「專注本業」還沒成為潮流），這名顧問自然建議該公司多元化投資。不久之後，該公司收購了數家企業，每次收購前，顧問公司都做了費時、昂貴的調查研究。結果如何呢？這位經理人悲傷地說：「起初我們的盈利100％來自本業，十年之後，這個比例變成了150％。」（譯注：也就是說，本業的盈利有一大部分被其他業務虧掉了。）

我們曾完成四宗賣方請了著名投資銀行當代表的大型收購案；令人失望的是，當中只有一宗是代表賣方的投資銀行主動聯繫我們。至於其他三宗，都是在賣方的投資銀行找過他們心目中的潛在買家後，我自己或某位朋友主動提出收購的。我們希望併購仲介多考慮我們，並且能成功賺取手續費，因此容我們在此重申我們想收購的公司之條件：

1. 規模很大；

2. 已證實能穩定營利（我們對財務預測沒興趣，對「轉虧為盈」的機會也沒興趣）；

3. 股東權益報酬率不錯，而且負債比率很低；

4. 管理層在位（我們無法提供經理人）；

5. 業務簡單（如果牽涉太多技術，我們是沒辦法懂的）；

6. 開出價格（在不知價格的情況下，我們不想展開洽商，初步討論也不想，以免浪費彼此的時間）。

我們不做敵意收購。我們可以保證絕對保密，而且很快就能答覆是否有興趣，通常是五分鐘內就有答案。我們傾向以現金收購，但如果能收回同等的內在價值，我們也會考慮發行股票。

我們最喜歡的收購標的，是那種身兼經理人的股東希望藉由出售股權給波克夏，套取大筆現金的公司——他們這麼做，有時是為了自己，但更常見的情況是為了家人或不過問公司事務的股東。這些經理人還希望保留主要股東的身分，同時一如既往地管理公司。我們認為波克夏是這種股東／經理人的理想合作對象，我們歡迎潛在賣家聯繫跟我們交易過的人士，查證我們過往的表現。

常常有人聯繫查理和我，想把一些根本不合標準的公司賣給我們。我們發現，如果登廣告表示想找可利牧羊犬（collie），會有許多人打電話來，希望將他們的可卡獵犬（cocker spaniel）賣給你。有人想找我們收購新創事業、以有望扭轉頹勢為賣點的公司，或是以拍賣方式出售的企業時，我們的感覺可以用一句鄉村歌曲的歌詞概括：「電話不響的時候，你知道那就是我。」[57]

五、關於出售事業 [58]

On Selling One's Business

　　大部分企業老闆將一生中的多數時光花在建構事業上。藉由不斷地累積經驗，他們在行銷、採購和用人等方面的技術日益嫻熟。這是一個學習的過程，某年所犯的錯誤，往往對此後多年的能力和成就有貢獻。

　　相對的，自己經營企業的事業主只會出售他們的事業一次，而且往往是在情緒激動、承受多方壓力的情況下決定出售。壓力通常主要來自經紀商，他們的佣金收入有賴促成交易，而交易對買賣雙方的影響與他們無關。出售決定對事業主具重大的財務和個人意義，但這反而可能令事業主更容易犯錯，而這種一輩子才一次的事，一旦犯了錯可是難以挽回的。

　　價格非常重要，但通常不是最關鍵的因素。閣下與家人擁有的，是一家不同凡響的企業，在業內獨一無二，任何一名買家都會認識到這一點。而且這家公司未來只會越來越有價值。因此，如果你決定暫不出售，將來很可能可以賣個更好的價錢。了解這一點後，你大可從容以對，審慎挑選心目中的理想買家。

　　如果你決定出售，我想波克夏擁有絕大多數其他買家欠缺的一些優勢。這些買家基本上可分為兩大類：

1. 位於其他地區的同業，或生意類似的公司。這種買家不管給你什麼承諾，通常都擁有自認知道你的生意該如何經營的經理人，他們遲早會想給你一些很具體的「協助」。如果買家的規模比你的公司大得多，他們通常會有一個經理人團隊；這些經理人是買家多年來陸續招攬的，他們加盟的原因之一，是因為雇主承諾他們

未來將有機會掌管收購回來的事業。他們有自己的做事方式，而儘管你的經營績效無疑遠比他們好，但因人性使然，總有一天他們會認為自己的經營方式更勝一籌。你或你家人可能認識一些已將生意賣給大公司的朋友，我想他們的經驗將證實母公司有接管子公司業務的傾向，尤其是如果母公司了解子公司所在的產業，或自以為了解的話。

2. 財務操盤手。這種買家總是靠大量借貸來籌措收購所需的資金，一旦時機成熟，他們就會將公司賣給公眾或另一家公司。這種買家的主要貢獻，通常是改變會計方式，使得公司的業績在他們獲利了結前顯得最亮麗。近年來，這種交易比以往常見得多，一來是因為股市持續上漲，二來是願意為此類交易融資的資金源源不絕。

如果現任事業主唯一的目的是套現脫身，不再理會自己的生意（許多賣家屬這一類），那麼我所講的兩種買家都是可接受的。但如果賣家的企業是他一輩子的心血結晶，已成為他人格與生命關鍵的一部分，則這兩種買家均有嚴重缺陷。

波克夏是另一種買家，非常特別的一種。我們購買企業是打算長期持有，但在母公司，我們沒有、也不預期會有能經營所收購事業的經理人。我們擁有的每一家公司，經理人自主經營的程度均高得異乎尋常。我們擁有一些重要的子公司已很多年，但它們的經理人大部分連奧馬哈（譯注：波克夏總部所在地）都不曾來過，彼此之間甚至不曾會面。我們買下一家公司後，賣家一如既往地經營該公司；我們會配合他們的做事方式，而不是反過來。

我們不曾承諾任何人（包括家人或新招聘的企管碩士），未來波克夏收購身兼經理人的事業主之公司時，將讓他們有機會管理這些企業。未來

我們也不會做這種承諾。

你對我們的收購事跡多少知道一些。我在此附上一個完整的名單，他們是曾經將公司賣給我們的人士，我邀請你向他們求證我們是否言出必行。當中有少數幾家公司表現不佳，我想你應該特別想知道我們面對逆境時是怎麼做的。

每一名買家都會告訴你，他實在需要你個人的幫助。而事實上，如果他頭腦正常的話，他的確需要你的幫助。但出於上述原因，許多買家不會遵守他們的承諾。我們則絕對說到做到，一來是因為我們重承諾，二來是因為我們必須這麼做，才能取得最佳績效。

這就是為什麼我們希望閣下家族參與經營管理的成員，在貴公司保持20％的股權。出於節稅的考量，我們必須有80％的股權，這樣才能在計算稅負時合併盈餘，這一點對我們很重要。同樣重要的是，閣下家族參與經營的成員留任公司股東。我們的想法很簡單，如果現任管理層的關鍵成員不留下來當我們的夥伴，我們是不想收購這家公司的。簽訂合約無法確保各位持續關心公司業務，但君子一言，我們願意相信各位的口頭承諾。

我會參與的事務，是資本配置和最高經理人的遴選與薪酬。其他的人事決定和經營策略之類，則是執行長的職權範圍。波克夏的經理人有些會跟我商討他們的某些決定，有些則不會。這視乎他們的個性，某種程度上也取決於他們跟我的個人關係。

如果你決定將公司賣給波克夏，我們會付現金。我們不會拿你的公司當波克夏任何一筆貸款的擔保品。我們的交易也不會有經紀商介入。

此外，我們保證絕對不會出現簽約後買方退縮或要求調整交易條件的事（發生這種事時，買方當然會表示歉意，但同時也會提出解釋，將責任推給銀行、律師或董事會）。最後，你完全能確定自己是在跟誰交易。你不會碰到跟某位經理人談併購，數年後換另一位經理人跟你交涉的情況；你也不必擔心母公司總裁很抱歉地告訴你，他的董事會要求你改東改西

（或因爲母公司有新的計畫需要融資，必須賣掉你的公司）。

　　爲了公平起見，我必須告訴你，你賣掉公司之後，不會變得比較富有。你擁有的事業已令你既富有又處於明智投資的狀態。出售股權只是改變你持有財產的形式，不會改變其數額。如果你出售公司的話，你會將一項你100％持有、非常了解的珍貴資產，換成另一項珍貴資產——現金。你很可能會將這些現金投資在其他公司上，取得小額股權，而你對這些公司的了解當然不如你對自己事業的了解。出售公司往往有某個合理的理由，但如果交易是公平的，理由不會是出售後賣家將變得比較富有。

　　我不會騷擾你。如果你有意出售事業，請打電話給我，我會感謝你的來電。波克夏如果能跟閣下家族的關鍵成員共同擁有這份事業，我會覺得非常榮幸。我相信我們將享有非常好的財務績效，而我也相信，未來二十年，你經營事業的樂趣，將絲毫不遜於過去二十年。

眞誠的

華倫・巴菲特

————

　　我們把握的併購機會，通常是曾出售事業給我們的經理人所介紹的。在其他公司，管理層可能會投入大量時間，與投資銀行業者一起尋覓併購機會；他們會遵循一種制式化的拍賣程序。在此過程中，投資銀行業者會編出一本「書」，令我想起小時候看過的《超人》漫畫。在華爾街版《超人》裡，一家溫良恭謹的公司走出投資銀行業者的電話亭後，一躍就能超越所有競爭對手，盈餘成長速度比加速中的子彈還快。看過這本書所形容的「超人」能耐後，渴望收購企業的執行長莫不一如外表冷酷的露意絲・蓮恩（Lois Lane；譯注：超人的女友），馬上心醉神迷起來。

　　在這種書裡，特別富娛樂性的是公司未來多年的盈餘可以精確預測出

來。但是，如果你問預測這些數字的投資銀行業者，他自己的公司**下個月**將賺多少錢，他馬上就會謹慎起來，跟你說：業務與市場狀況變幻莫測，他實在無法預測。

在此忍不住要跟大家講一個故事。1985年，某家大型投資銀行接受委託，幫史考特費澤公司尋找買家。該行廣泛接觸潛在買家，但沒人願意投資。得知此事後，我寫信給史考特費澤執行長拉夫‧謝依，表示有興趣買下該公司。我從未見過拉夫，但不到一個星期我們就達成了協議。遺憾的是，按照史考特費澤跟投資銀行簽訂的委託書，即使最終買家不是這家投行找來的，史考特費澤仍得支付該行250萬美元。我想那位負責此事的投資銀行業者認為自己收了錢，好歹得做些事；於是他很好心地送我們一本他的公司為史考特費澤編纂的書。對此查理展現了他慣常的幽默：「我願意付250萬美元也**不要**看這種東西。」

在波克夏，我們精心設計的併購策略很簡單，就是等待電話響起。我們有時真的能等到好消息，通常是因為先前將公司賣給我們的某位經理人建議他的朋友也這麼做。真教人欣慰。

六、首選買家 [59]

The Buyer of Choice

去年我們之所以一下子做了多宗併購，估計是由兩個經濟因素促成。首先，許多經理人與事業主預計他們的公司近期業績將走下坡——

事實上，我們買了數家盈餘幾乎一定會從1999或2000年的高峰下滑的公司。我們不介意這種業績衰退，因為我們知道每一家子公司的績效都會有起伏（只有在投資銀行推銷客戶公司時，才會看到只升不跌的企業盈餘）。我們不在乎一時的波動，真正重要的是整體績效。但其他人的決定有時會受近期的展望影響，而這可能會促使賣家出售企業，或是抑制其他潛在買家的競購意願。

第二個在2000年助我們一臂之力的因素，是垃圾債市場在這一年中逐漸枯竭。在之前兩年中，垃圾債買家降低了標準，以不合理的價格買進品質越來越差的公司發行的債券。這種浮濫投資的後果於去年浮現：垃圾債違約率大幅上升。在此環境下，企業的「金融」買家，也就是那些只願意拿出少量本錢的收購者，就沒辦法靠舉債借到他們認為自己需要的資金，而他們仍可借到的資金，成本也顯著上漲。因此，當企業有意出售時，槓桿收購業者的出價就沒有以往那麼大膽。我們則因為向來以零債務的模式收購企業，對收購標的的評價因此不受債市波動影響，這意味著我們去年在併購市場的競爭力顯著增強。

除了這些對我們有利的經濟因素外，我們如今在收購上擁有一項重大且日益增強的優勢：我們往往是賣方首選的買家。當然，這不能確保交易一定成事——賣方必須能夠接受我們的出價，而我們則必須喜歡他們的業務和管理層。不過，這項因素還是大有幫助。

如果事業主關心自己公司的歸宿，我們會認為這是一個有意義的因素。我們喜歡跟那些熱愛自己公司的人做交易，我們不希望見到事業主只熱愛出售公司能為他帶來的錢（儘管我們當然理解他也會喜歡錢）。事業主若對公司有深厚的感情，通常意味著公司擁有一些重要的特質，例如帳務誠實、對產品自豪、對顧客尊重，以及員工有明確方向感且忠心耿耿。反之亦然。事業主若以拍賣的方式出售公司，完全不關心公司未來的命運，你往往會發現，這家公司是經刻意美化才拿出來賣的；當賣家是「金

融投資者」時，情況尤其如此。而如果事業主不關心、不尊重公司的業務和員工，其行為通常會腐蝕公司上下的做事態度與方式。

　　一家傑出企業往往是一代或數代人無私奉獻、投入優異人才所建立起來的，對其事業主來說，為這家企業找一個好歸宿，好讓它延續輝煌的歷史，應該是非常重要的事。查理和我相信，波克夏是這種企業近乎完美的歸宿。我們非常重視對創業者的承諾，而波克夏的股權結構意味著我們完全可以言出必行。當我們告訴約翰‧賈斯汀（John Justin），他的公司賈斯汀工業（Justin Industries）仍能將總部設在沃思堡（Fort Worth），或向布里奇（Bridge）家族保證，Ben Bridge Jeweler不會被併入另一家珠寶公司時，這些賣家絕對可以相信我們會說到做到。

　　像林布蘭（Rembrandt）畫作一樣珍貴的企業，由創業者親自選定永久歸宿，遠勝於由信託人或冷漠的後代子孫拍賣掉。多年來，我們跟認識到這一點且付諸行動的企業家合作愉快。企業拍賣的遊戲，就留給別人吧。

───────────

　　我們早就宣稱，我們的目標是成為企業（尤其是家族企業）的「首選買家」。達成該目標的方法，是成為一家值得這項美譽的公司。也就是說，我們必須兌現承諾，避免使我們收購的公司背負重債，授予經理人極高的自主權，以及無論景況好壞都不放棄收購回來的公司（雖然我們希望景況越來越好）。

　　我們歷來的表現顯示我們言行一致。和我們競爭的買家則多數奉行一套不同的做法。對他們來說，收購標的是「商品」。收購契約才剛簽好，這些買家就已經在思考「退出策略」。因此，如果賣家真心關注其公司的前途，我們將享有明確的優勢。

若干年前，我們的主要競爭對手是所謂的「槓桿收購業者」。槓桿收購後來臭名遠播，槓桿收購業者因此做了一件歐威爾式（Orwellian）的事：改變自己的名字。但這些業者並未改變其操作方式的基本要素，包括他們非常重視的收費方式，以及他們熱愛的財務槓桿。

　　他們採用的新名稱是「私募股權」（private equity），而這名字可說是顛倒了事實：私募股權業者收購的公司，資本結構中股權所占的比例幾乎總是**大減**（相對於遭收購之前）。私募股權業者兩三年前收購的一些公司，如今岌岌可危，因為他們迫使這些公司承受了非常沉重的債務。這些公司的銀行貸款債權如今的市價不到本金的70％，它們公開發行的債券在市場上的價格跌幅更是大得多。值得注意的是，私募股權業者看來並不急著為這些公司注入它們迫切需要的股權資本。這些業者都將他們可用的資金藏得好好的。

　　受管制的公用事業中並沒有大型的家族企業。在這一行，波克夏希望成為**監理機關**心目中的「首選買家」。受管制公用事業若有併購交易提案，決定買家是否符合資格的是監理機關而非賣方的股東。

　　面對這些監理機關，你的經營歷史是無法隱瞞的。他們可以聯絡你本來就有業務的各州的監理機關（而且確實會這麼做），詢問你在業務上各方面的歷來表現，包括是否願意投入充裕的股權資本。

　　中美能源於2005年提出收購電力公司PacifiCorp後，我們即將新進入的六個州的監理機關立即查核我們在愛荷華州的營運紀錄。他們也審慎評估我們的融資計畫和能力。我們通過了這次審查，而我們也相信自己能通過未來的審查。

　　我們希望未來能收購更多受管制的公用事業公司，而我們知道，我們在既有市場的營運表現，將決定未來新的市場是否歡迎我們進駐。

第六篇

估 值
Valuation

講了這麼多有關會計的事，在此要向對會計不感興趣的股東致歉。我知道，許多股東並不分析我們的帳目；他們持有波克夏的股票，主要是因為他們知道：（1）查理和我大部分的身家投資在波克夏上；（2）我們的管理方式，是以跟所有股東完全按持股比例分享盈利或承擔虧損為目標；（3）迄今為止，波克夏的績效令人滿意。這種「信心型」投資方式並無必然的缺陷，但其他股東喜歡「分析型」投資法，而我們希望能為他們提供必要的資料。我們自己投資時，會兩者並用，尋找那些兩種分析法均得出肯定答案的投資機會。**60**

一、伊索與無效叢林理論

Aesop and Inefficient Bush Theory

　　所有的資產，只要是抱著賺取財務利益的目的買進，其評價公式自公元前600年左右，由一位非常聰明的先生率先提出以來，就不曾改變（這位先生雖然聰明，但智慧仍不足以知道當時是公元前600年）。

　　這位先知就是伊索，他的名言「一鳥在手，勝於兩鳥在林」雖然是不太完整的投資理念，但當中的智慧卻是歷久彌新。你只需要回答以下三個問題，就能賦予此原則完整的資產評價內涵：你對叢林裡有鳥有多確定？牠們何時會出現，數量有多少？無風險利率（我們以美國長期公債的殖利率為準）是多少？如果你能回答這三個問題，就能知道叢林的最高價值是多少，以及你應該拿多少目前手上的鳥去交換。當然，鳥只是比喻，講投資時要想的是金錢。

　　伊索的一鳥在手論輔以投資內涵，並以錢代鳥，就得出普遍適用的資產評價公式：無論是評估農場、油田、債券、股票、彩券或工廠廠房的價值，均完全適用。蒸汽引擎面世、電力應用普及、汽車上路均不曾動搖此公式一分一毫——世界進入網路時代也不影響這個公式。只要輸入正確的數字，你就能為世上所有想像得到的資本運用方式，排列出財務績效上的優劣順序。

　　常見的企業評價指標，例如股息殖利率、本益比、股價淨值比，甚至是成長率，除了能就企業的現金流入與流出量提供一些線索外，與評估價值其實**毫無關係**。事實上，如果投資不當，早期的現金投入量超過未來可回收的現金之折現值，業務成長可能會摧毀價值。市場分析師和基金經理人高談「成長」與「價值」投資法如何截然不同時，其實是在暴露他們的

無知，而不是展現智慧。成長不過是價值的一部分，通常對價值有正面貢獻，但有時也可能損害價值。

唉，可惜伊索的原理與第三項變數（即利率）雖然都很簡單，但要釐清前兩項變數該用什麼數字卻很困難。追求輸入精確的數字其實是愚蠢的做法，使用某個可能的數值區間比較明智。

通常的情況是，這種數值區間很大，估計出來的數字無法得出有用的結論。但是，偶爾也會有例外的情況：即使對未來叢林裡有鳥出現的估計非常保守，評價公式仍顯示某項資產的價格相對於其價值有驚人的折價（讓我們稱此現象為無效叢林理論〔Inefficient Bush Theory〕）。無可否認的是，投資人必須對企業的經濟因素有基本的了解，同時具備獨立思考的能力，才可能得出立論堅實的肯定結論。不過，投資人不必才華卓著或見識超凡。

另一種極端情況，是很多時候，即使是最英明的投資人也無法肯定叢林裡真的有鳥，就算用最寬鬆的假設進行分析也是如此。分析新產業或正經歷劇烈變遷的產業時，投資人往往就會面對這種極度不確定的情況。在這種情況下投入資本，怎麼說都是一種投機行為。

投機者關心的不是資產能產生什麼價值，而是下一個人願意付多少錢接手。如今投機既不違法，也非不道德，更不能說是非美國式行為。但這不是查理和我想玩的遊戲。如果我們兩手空空地參加派對，為什麼可以期望回家時能帶走一些東西呢？

投資與投機從來就不是涇渭分明的兩回事，而當絕大多數市場參與者近來都享受到勝利的喜悅時，投資與投機的界線就更模糊了。沒有什麼比大筆不勞而獲的錢更能抑制人的理性了。這種經驗令人飄飄然，正常情況下很理智的人，也會變得像舞會上的灰姑娘。他們都知道，留在這種歡樂派對上（也就是繼續在那些相對於盈利基本面、價格高得離譜的公司上投機買賣）過久的話，南瓜馬車和老鼠馬伕將原形畢露。儘管如此，因為派

對實在太迷人了，他們不願意錯過一分一秒。因此，玩得正起勁的人都想留到午夜前的最後一刻才離開。問題是，舞廳裡的時鐘統統沒有指針。

去年我們評論了當時的榮景（沒錯，的確是不理性的），指出投資人對報酬率的期望已超過合理水準數倍。證據之一，是 Paine Webber 公司與蓋洛普（Gallup）於1999年12月合作的一項投資人調查。這項調查請受訪者講出他們認為未來十年投資人可以期望的年報酬率，結果平均是19%。這肯定是不理性的期望：就美國企業整體而言，到2009年時，叢林裡肯定不會有足夠的鳥能提供這樣的報酬率。

但是，更不理性的，是當時一些幾乎肯定只有很低價值（甚至完全沒有價值）的公司，市場參與者卻給予極高的評價。受股價飆漲所迷惑的投資人不顧一切，蜂擁投入此類企業。情況就像投資專業人士和業餘者多數感染了某種病毒，集體進入一種迷幻狀態，以為某些類股的價值可以完全脫離其基本業務價值。

在這種迷幻狀態下，許多人高談闊論「價值創造」。我們很樂意承認，近十年來，一些新企業創造了巨大的價值，而且未來還會有更多。但任何一家公司如果終其一生是虧錢的，則不管其市值曾經升至多麼高的水準，也只是摧毀而非創造價值。

在這些案例中，實際發生的是財富**轉移**，而且往往是極大規模的財富轉移。近年來，金融掮客藉由無恥地推銷無鳥叢林，將數十以至數百億美元從大眾的口袋裡轉移到他們自己的口袋裡（當然也包括他們的朋友和生意夥伴）。事實就是，泡沫市場製造出泡沫公司，而泡沫公司存心只想**騙**投資人的錢，而不是**幫**投資人賺錢。企業掮客的首要目的，往往是首次公開發行（IPO），而不是公司的業務能賺錢。歸根結柢，這種公司的「業務模式」不過是一種老式的連鎖信騙局，求財若渴的投資銀行業者是它們勤快的郵差。

但每一個泡沫都有一根針在等著它。兩者相遇時，新一波投資人就

會學到一些非常古老的教訓：第一，只要投資人願意買，不管那是什麼東西，大批華爾街業者會去找來賣給他們——華爾街是一個不重視品質控管的圈子。第二，投機獲利看起來最容易的時候，正是最危險的時候。

在波克夏，我們從不嘗試從一大堆未經考驗的公司中，挑出終將脫穎而出的少數贏家。我們沒這本事，對此也有自知之明。我們只是嘗試應用已有兩千六百年歷史的伊索智慧，尋找那些我們覺得安心的投資機會，也就是那種我們對叢林裡有多少鳥，以及牠們何時出現頗有信心的機會（我的孫子可能會將此原則更新為「敞篷車裡的一個女孩，勝過電話簿上的五個」）。當然，我們永遠不可能精準地預測一家公司的現金流入與流出狀況。我們因此以保守的態度去評估狀況，同時將注意力集中在那種不大可能重創股東利益的產業上。儘管如此，我們還是犯過許多錯誤：大家應該還記得，我曾經自以為了解集點券（trading stamps）、紡織、製鞋和二流百貨公司的業務前景。

近來，我們在一些前景最樂觀的「叢林」裡，經洽商百分百收購了一些公司，對此相當滿意。但是，請各位務必了解，這些收購案最多只能為我們帶來合理的報酬。唯有當資本市場極度慘淡、企業界同感悲觀時，我們才可能藉由這種併購方式獲得真正豐厚的報酬。目前我們距離這種狀態極其遙遠。

二、內在價值、帳面價值與市價 ⁶²

Intrinsic Value, Book Value, and Market Price

　　內在價值（intrinsic value）是至關緊要的概念，是評估投資項目和企業的相對吸引力時，唯一的合理基準。內在價值的定義很簡單，就是在企業餘下壽命中，股東所能獲取的現金流量之折現值。

　　但計算內在價值卻沒那麼簡單。如我們的定義所顯示，內在價值是一個估計值，而非確鑿無疑的數值。而且，利率改變或未來現金流量的預估值修正時，內在價值這個估計值也必然會改變。面對同樣的事實，兩個人（甚至查理和我也不例外）必然會估算出不同的內在價值，至少會略有差異。這也是我們不向各位報告我們對內在價值之估計的原因之一。但我們的年報會為各位提供我們自己估算內在價值時使用的資料。

　　在此同時，我們定期向各位報告我們的每股帳面價值。這個數字很容易計算，但用處有限。其局限並非源自我們持有的有價證券——這種證券是按市值記錄在我們的帳上。帳面值的不足跟我們控制的公司有關，這些公司記錄在我們帳上的價值，可能與它們的內在價值截然不同。

　　這種差異可正可負。例如，我們可以非常確定地告訴各位，1964年時，波克夏每股帳面值為19.46美元。但是，該數字顯著高於公司當時的內在價值，因為公司全部的資源均鎖在利潤不佳的紡織業上。當時我們的紡織業資產，持續經營的價值或清算的價值均與帳面值不同。不過，如今波克夏的情況已扭轉過來：1996年3月31日時，公司每股帳面值15,180美元遠遠低於內在價值，因為我們控制的許多企業均遠比帳面值值錢。

　　雖然無法反映實況，我們仍為各位提供波克夏的帳面值數據，因為它們雖然是顯著低估的數字，但如今可用於大致追蹤波克夏內在價值的走

勢。換句話說，隨便一年帳面值的變動百分比，很可能頗接近這一年內在價值的變動幅度。

如果你將接受大學教育視為一項投資加以分析，就可以對帳面值與內在價值的差別有更深入的了解。大學教育的成本可視為其「帳面值」。若想準確計算此成本，就必須將學生因為選擇念大學而犧牲的工作收入算進去。

在這裡我們將忽略大學教育相當重要的非經濟利益，純粹計算其經濟價值。首先，我們必須估算這名大學畢業生一輩子可以賺到多少錢，然後再減去另一個估計值：假設他沒念大學，他這一生能賺多少。這樣我們就得到大學教育為這名學生帶來的額外收入，再用適當的利率折算回畢業時的價值，得到的金額就是大學教育的內在經濟價值。

有些學生會發現，大學教育的帳面值超過其內在價值；也就是說，無論是誰幫他付學費，這都是一項不划算的投資。當然也會有學生發現，其學位的內在價值遠大於帳面值，那就是說這項投資是非常明智的。但無論如何，帳面值顯然都無助於推測內在價值。

比較一下我們控制的企業，以及打算永遠持有的少數股權投資為我們帶來的帳面盈餘，你會發現會計上一個饒富興味的諷刺現象。我們這幾檔少數股權投資的市值超過20億美元，但1987年它們為波克夏貢獻的帳面稅後盈餘卻只有1,100萬美元。

根據會計準則，我們只能將這些公司分配給我們的股息（通常只是意思意思，只占這些公司盈餘的一小部分）計入我們的盈餘中，而不是我們在這些公司的應占盈餘；後者在1987年顯著超過1億美元。另一方面，這三檔股票是由我們的保險子公司持有的，按照會計準則必須以現

行市值記錄在我們的資產負債表上。結果就是：按照一般公認會計原則（GAAP），我們的淨值反映了這些少數股權投資的最新市值，但我們的損益表卻不能按持股比例反映這些公司的實際盈餘。

至於我們控制的企業，情況剛好相反：我們的損益表完整反映它們貢獻的盈餘，但它們在我們資產負債表上的資產值卻從未改變，無論這些企業自從被我們收購之後，價值增加了多少。

面對這種會計上的精神分裂症，我們的應對方式是忽略GAAP數字，將注意力集中在我們所投資的企業（無論我們是否擁有控制權）未來的營利能力上。藉由這種方式，我們建立了自己評估企業價值的模式，不受帳面值（我們控制的企業在我們帳上的價值）或股票市值（我們持有少數股權的公司，股價有時可能相當離譜）影響。我們期望未來能以合理速度（不合理的話更好）成長的，正是我們按自己方式評估出來的企業價值。

———————

波克夏股票的市價過去一直略低於公司的內在價值。投資人以這種價格買進我們的股票，只要折價幅度不擴大，其個人投資績效至少不會遜於波克夏的經營績效。但近來這種折價已經消失了，有時還出現小幅的溢價。

折價消失意味著波克夏市值的成長速度超越了公司的內在價值（雖然後者的增速也令人滿意）。對在此期間持有波克夏股票的投資人來說，這是好事，但對新股東或有意購入者則是壞事。波克夏的新股東如果希望自己的投資績效不輸給波克夏的經營績效，那麼他們所支付的股票溢價就必須維持下去。

長期而言，波克夏股票市值與內在價值之間的關係，比我所熟悉的任何一家上市公司都來得穩定。這是託各位的福：因為各位一直是關心公

司、投資導向的理性股東，波克夏股票的市價幾乎一直維持在合理的水準。此一非凡成就有賴一群非凡的股東：我們的股東幾乎全都是個人，而不是法人。這種情況在規模相若的上市公司中獨一無二。

班傑明·葛拉漢四十年前講過一個故事，可以說明專業投資人士的行為傾向：一名石油探勘者蒙主寵召，在天堂門口遇到聖彼得。「恭喜你，你有資格上天堂，」聖彼得說，「但是，如你所見，我們這裡給石油業人士的住所已經爆滿，沒地方讓你住了。」這名石油探勘者想了一下，表示想跟天堂裡的同業說一句話。聖彼得覺得這應該不礙事，就答應了。這名老兄於是將手掌窩成喇叭狀放在嘴邊，大聲喊道：「地獄裡發現石油了！」旋踵之間，天堂裡的石油商紛紛走出他們的住所，奔向地獄。聖彼得深感佩服，對這名石油探勘者說，他現在可以住在天堂了，好好享受吧。哪知道這位老兄猶豫了一下，然後說：「不，我想我還是跟著同業走好了。說不定剛才那傳言是真的。」

———————

在1995年的致股東信裡，我就當時波克夏3.6萬美元的股價對各位表示：（1）近年來波克夏市值的成長幅度超越了公司的內在價值，儘管後者的增幅也令人非常滿意；（2）這種股價超越內在價值的情況不可能永遠持續下去；（3）查理和我當時不認為波克夏股票的價值遭市場低估了。

自從我提出這些警告之後，波克夏的內在價值進一步大幅增加，但我們的股價則大致持平。也就是說，波克夏1996年的股價表現落後於經營績效。因此，今天的價格／價值關係跟一年前大不相同，而查理和我認為目前的情況是比較合理的。

雖然我們的首要目標是盡可能讓股東（整體而言）從波克夏賺取最多的利益，但我們也希望盡可能減少部分股東能從其他股東身上占到的便

宜。我們若管理一間家族合夥事業，會希望達成上述目標，而我們相信這些目標對上市公司的經理人同樣適用。在合夥事業中，合夥人加入或離開時，為求公平，必須合理評估合夥人的權益；就上市公司而言，股票市價與內在價值若一致，股東就能得到公平待遇。這種理想狀態顯然並非總是能達成，但經理人若能貫徹某些政策，宣揚特定理念，對促進公平是大有幫助的。

當然，股東持股時間越長，波克夏業績對其投資績效的影響就越大，而他買賣其股票時，股票折價或溢價的影響就越小。這是我們希望吸引長期股東的原因之一。總的來說，我認為我們在這方面是成功了。在美國的大企業中，波克夏有意長期投資的股東比例之高，很可能位居第一。

――――――――

計算內在價值雖然是至關緊要的事，但這必然是不精確的計算，而且常常錯得離譜。企業的前景越不確定，就越可能算出非常離譜的結果。波克夏在這方面有一些優勢：我們的收入來源非常多元、相對穩定，流動性很高，而且負債極低。這些因素意味著波克夏的內在價值可以算得比多數公司準確。

不過，雖然波克夏的財務特徵有助於提高內在價值估算的準確度，我們那麼多收入來源卻令問題變得比較複雜。1965年時，我們只擁有一家小型紡織公司，計算內在價值實在有夠輕鬆。如今，我們擁有68家業務和財務特質大不相同的公司。這些互不相關的企業，加上我們龐大的投資部位，使得各位無法光靠檢視我們的合併財務報表，就能合理地估算出公司的內在價值。

為了幫助大家解決這個問題，我們將這些企業合理地分成四大類〔波克夏四大類業務：保險（主要是蓋可、通用再保和國民保險公司）；受管

制和資本密集的產業（波克夏哈薩威能源和柏靈頓北方聖塔菲鐵路）；製造、服務與零售業（幾乎無所不包）；以及金融（XTRA、CORT和克萊頓房屋）〕。當然，波克夏的價值可能大於、也可能低於這四組企業的價值總和。結果如何則取決於這些公司身為企業集團的一部分，是經營得好一些還是差一些，以及在母公司的指揮下，資本配置是改善了還是退步了。換句話說，波克夏控制這些企業的股權，有產生任何價值嗎？抑或我們的股東直接持有這68家公司會更好一些？這些是非常重要的問題，但各位必須自行判斷。

我們來看兩組數字，以便了解我們走過的路，以及目前的處境。第一組數字是我們手上投資（包括現金與準現金資產）的每股價值。這些數字不含我們在金融事業上的投資，因為相關投資大部分為債務所抵銷。

年分	每股投資值*（美元）
1965	4
1975	159
1985	2,407
1995	21,817
2005	74,129
1965-2005年間年複合成長率	28.0％
1995-2005年間年複合成長率	13.0％

·扣除少數股東權益

這些有價證券投資幾乎全部由我們的保險子公司持有。在此之外，我們也擁有各種非保險事業，以下這組數字顯示這些企業為我們貢獻的稅前每股盈餘（不考慮商譽攤銷）。

年分	稅前每股盈餘*（美元）
1965	4
1975	4
1985	52
1995	175
2005	2,441
1965-2005年間年複合成長率	17.2%
1995-2005年間年複合成長率	30.2%

‧稅前及扣除少數股東權益

　　談論成長率時，對開始與結束年分之選擇提出質疑，通常是有道理的，因為兩者只要有一個是異常的，計算出來的成長率就會遭到扭曲。尤其必須注意的是，如果基期年盈利特別差，就可能會算出一個令人讚嘆但毫無意義的盈利成長率。但是，在上表中，基期年1965年的盈利異常**出色**，波克夏此前十年只有一年表現更好。

　　各位從這兩個表格可以看到，波克夏上述兩個價值來源過去十年中的成長率顯著改變了，反映我們日益傾向重視收購企業。然而，查理和我希望兩者兼顧，同時提升這**兩個**表格中的數字。

　　近三十年來，我們在〔年度信函的〕開頭都會列出波克夏每股帳面值的百分比變化。現在是時候放棄這種做法了。

　　〔到2018年時，〕波克夏每股帳面值的年度變化已失去它曾有的意義。這是由三個因素造成的。首先，波克夏已逐漸從一家資產集中於有價股票的公司，**轉變**為一家主要價值在於營運業務上的公司。

其次，雖然我們持有的股權是按市價估值的，但根據會計規則的要求，我們一系列的營運公司記在資產負債表上的帳面值，遠低於它們當前的價值，而兩者的差距近年來不斷擴大。

第三，隨著時間過去，波克夏可能會大量回購股票，而回購價將高於帳面值，但低於我們估算的公司內在價值。這種回購的影響不難推斷：每一筆回購交易都會推高公司的每股內在價值，而每股帳面值則會降低。如此一來，帳面值數據與經濟層面的現實將越來越脫節。在未來的財務績效表格中，我們將聚焦於波克夏的股票市價。市場有時非常反覆無常，但假以時日，波克夏的股價將成為公司業務表現的最佳指標。

三、透視盈餘 [63]

Look-Through Earnings

一家公司擁有另一家公司的部分股權時，會計上的處理方式可分三大類，投資方必須選擇適用的一種方式。至於何者適用，主要取決於持股百分比。

持股百分比超過50％的話，按照一般公認會計原則（GAAP）的要求（自然會有一些例外情況），子公司的營收、費用、稅項和盈餘必須全數併入母公司的財務報表中。波克夏持有60％股權的藍籌集點券公司，即適用此要求。因此，藍籌集點券所有的收入和費用項目，都會併入波克夏的合併損益表中。至於另外40％股東應占的淨利，在合併損益表中則以「少數股東權益」（minority interest）的名義扣除。

持股比例在20％至50％之間的公司，其貢獻的盈餘，通常也會全數反映在持股公司的報表上。波克夏實質控股但僅擁有48％股權的魏斯可金融公司，就屬於此類型。此類公司貢獻的盈餘，會以單獨一行的形式記錄在持股公司的損益表中，而不是像持股逾50％的子公司那樣，所有的收入和費用項目均併入母公司的報表中。因此，如果A公司持有B公司三分之一的股權，無論B公司是否將盈餘分配給股東，B三分之一的盈餘均會算進A的盈餘中。處理此類公司以及持股逾50％的公司時，還必須就公司之間的賦稅和收購代價做一些調整，相關問題留待日後再跟各位說明（我們知道各位都很心急）。

最後一類投資，就是持有的證券占所投資公司的投票權不足20％。在此情況下，會計原則要求持股公司僅記錄從所投資公司收到的股息。至於所投資公司保留的盈餘，則完全忽略不計。因此，如果我們擁有X公司10％的股權，而該公司1980年盈餘1,000萬美元，則我們的損益表中可能會出現以下其中一種情況（公司之間股息相對輕微的稅負暫且略過）：（1）如果X將1,000萬美元的盈餘全部用來派發股息，我們的盈餘將含X貢獻的100萬美元；（2）如果X將50％的盈餘，即500萬美元用來發放股息，我們的盈餘將含X貢獻的50萬美元；或者（3）X保留全部盈餘，我們的盈餘將完全不含源自X的貢獻。

我們強迫大家上這堂簡短又過度簡化的會計課，是因為波克夏有大量資源集中在保險業，因此很多資產屬於第三類股權投資（持股比例低於20％）。此類公司有許多僅將很低比例的盈餘用於派發股息，因此我們的當期盈餘中，只反映這些公司當期營利能力的一小部分。雖然我們的公告盈餘僅反映從此類公司收到的股息，但我們的實質財務狀況取決於這些公司的盈餘，而非股息。

近年來，隨著我們保險事業的擴張，加上證券市場提供了特別誘人的普通股投資機會，我們的第三類股權投資銳增。投資大增加上此類公司的

盈餘顯著成長，產生了一個異常的結果：去年我們在此類公司應占的保留盈餘（也就是我們應占的盈餘未以股息的形式派發給我們的部分），超過了波克夏整年的公告盈餘。因此，按照傳統的會計原則，我們的盈餘「冰山」，浮出水面看得見的還不到一半。這種情況在企業界相當罕見，但就我們而言，卻很可能是經常性的。

我們分析盈餘真相的方式，與GAAP有些不同，通膨高漲且不穩定時尤其如此（但批評會計原則遠比提出改善建議容易，此中問題實在極度棘手）。我們百分百擁有一些公司，但這些公司的公告盈餘對我們來說卻不如百分百的現金值錢，儘管就會計原則而言，我們完全有權控制這些盈餘的分配。（這種「控制」只是理論上的。除非我們將全部盈餘再投資在這些公司身上，否則既有資產的價值勢必將顯著萎縮。但這些盈餘再投資下去，報酬率卻不可能接近資本報酬率的市場水準。）我們也擁有一些企業的少量股權，它們有非常誘人的再投資機會，其保留盈餘對我們來說遠比同額的現金值錢。

保留盈餘對波克夏的價值，並非取決於我們擁有相關企業100％、50％、20％還是1％的股權，而是取決於這些盈餘如何運用，以及隨後產生多少效益。盈餘的配置方式是由我們決定，或是由並非我們聘請、但我們選擇與其共事的經理人決定，並不影響盈餘的價值（關鍵是做什麼，而不是什麼人做）。而且，這些保留盈餘是否計入我們的公告盈餘中，完全不影響其價值。如果在我們擁有部分權益的某個森林中有一棵樹正在成長，即使我們沒將這個情況記錄在我們的財務報表中，我們仍擁有這棵樹的部分權益。

必須提醒各位的是，我們的觀點並不符合傳統。但是，我們寧願看到我們沒辦法入帳的盈餘在我們持有10％股權的公司、由並非我們聘請的經理人好好運用，也不希望見到我們可以入帳的盈餘被其他經理人（即使我們就是經理人）投資在效益成疑的項目上。

「盈餘」一詞似乎含有精確的意義。如果還獲得不合格的審計師的背書，天真的人可能會以為盈餘就像圓周率那麼精確，可以算到小數點後數十位。

但在現實中，假如企業的經營者是騙子，盈餘的「可塑性」就可以像黏土那麼高。真相終究會大白，只是在此期間，大筆資金可能已經換手。事實上，美國社會的一些財富傳奇，就是靠會計幻象製造出來的。

波克夏自身的公告盈餘在另一個重要面向上，也是會誤導人的：我們的少數股權投資規模龐大，所投資的公司盈餘遠高於其派發的股息，而我們只能將收到的股息計入我們的盈餘中，其餘的應占盈餘則全數忽略不計。首都企業／美國廣播公司是一個極端的例子。我們擁有該公司17%的股權，去年應占盈餘超過8,300萬美元，但波克夏按GAAP計入盈餘的卻只有53萬美元（我們收到的60萬美元股息，減去約7萬美元的股息稅）。餘下的8,200多萬美元留在了首都企業，是該公司保留盈餘的一部分，未來將為我們創造更多利益，但在我們的財務報表上卻杳無蹤影。

對這種「被遺忘但未消失的」盈餘，我們的看法很簡單：它們在會計上如何處理無關緊要，這些盈餘的所有權和隨後的運用方式才是關鍵所在。森林裡有一棵樹倒了下來，審計師是否聽到，我們並不關心；我們在乎的，是誰擁有這棵樹，以及接下來人們會如何處置這棵樹。

在我心目中，可口可樂是全世界價值最高的具特許經營特質的企業。該公司利用保留盈餘買回自家股票時，我們在這家優秀企業的股權比例就增加了（當然，可口可樂也利用保留盈餘做許多其他有助於提升公司價值的事）。可口可樂如果不回購股票，可以將盈餘以股息的形式派發給我們，而我們則可以拿這些錢買進更多該公司的股票。但這麼做的效益較差，因為我們必須就這些股息收入納稅，雖能提升持股比例的幅度，卻不

如可口可樂替我們使用這筆錢時能達致的效果。不過，如果我們走這條效益較差的路，波克夏的帳面盈餘反而能大幅增加。

我認為看待波克夏盈餘的最好方式，是使用「透視」（look-through）法。舉例如下：在1990年，我們所投資的公司未反映在我們帳上的保留盈餘有2.5億美元，如果這筆錢全部當成股息發放給我們，我們將需要多繳3,000萬美元的稅。2.5億減3,000萬等於2.2億美元，將這個數字加上我們的公告盈餘3.71億美元，即得出波克夏1990年的「透視盈餘」（即完整的盈餘）5.9億美元。

———————

我們認為，對每一位股東來說，一家公司的保留盈餘之價值，取決於這些盈餘的運用效率，與股東的持股百分比並無關係。過去十年中，如果你持有波克夏萬分之一的股權，不管你採用什麼樣的會計制度，你完全可以從我們的保留盈餘中分享到應得的利益。按持股比例衡量，你得到的好處跟你持有20％的股權（神奇的股權門檻）是完全一樣的。但如果過去十年中，你擁有許多家資本密集型企業100％的股權，按照標準的會計制度，這些公司的保留盈餘雖然百分百準確記錄在你的帳上，但它們實質貢獻的經濟價值非常低，甚至是零。我們這麼說並不是要批評會計原則。我們並不想擔起設計更好的會計制度的職責。我們想說的不過是：企業經理人與投資人均應明白，會計數字只是評估企業價值的起點而非終點。

對大部分公司來說，低於20％的股權投資是不重要的（部分原因可能在於這些投資無助於擴大備受重視的帳面盈餘），而我們討論過的帳面盈餘與實質盈餘的差別，也無足輕重。但對波克夏來說，這些投資部位非常大，而且越來越重要。我們相信，正因為這部分的投資規模極大，使得波克夏帳面盈餘的意義顯著受限。

在規模巨大的拍賣場中〔由美國所有主要企業組成〕，我們的職責是挑選經濟體質優秀的公司，以便我們保留的每一元盈餘，最終能轉化為至少一元的市場價值。儘管我們曾犯下許多錯誤，但至今為止仍能達成此目標。在此過程中，我們得到阿瑟·奧肯（Arthur Okun；譯注：美國經濟學家）所稱的經濟學家的守護神——「聖抵銷」（St. Offset）——的大力協助。也就是說，在某些個案中，我們應占的保留盈餘對市值的貢獻微不足道，甚至是拖低了市值；但在另一些重大投資中，所投資公司每保留一元的盈餘，就創造了兩元甚至更多的市值。迄今為止，我們那些表現卓越的公司，幫助我們抵銷了表現落後公司的負面影響。如果我們能保持這種表現，不管我們的「會計」盈餘受到什麼樣的影響，我們致力擴大「實質」盈餘的努力，就能證明是值得的。

我們也相信，投資人將注意力集中在他們自己的「透視盈餘」上，對投資績效大有好處。他們只需要算出每一份投資的應占盈餘，再全部加起來就可以了。每一位投資人的目標，應該是建立一個大約十年後可帶來最高透視盈餘的投資組合（事實上有如一家「公司」）。

這麼做可以迫使投資人思考企業的長遠前景，而不是短線的股價表現，而這種思考方式很可能有助於改善投資績效。當然，長期而言，決定投資績效的還是市場價格。但價格是由未來的盈利決定的。投資一如打棒球，要想得分就必須集中注意球場上的情況，而不是一直盯著記分板。

衡量企業經營績效的首要準則，是經理人能否運用股東的資本以取得相當高的報酬率（而且是在沒有過度舉債、不要會計花招的情況下），而

不是每股盈餘是否穩定成長。許多企業的管理層和財務分析師最重視的卻是每股盈餘和該指標每年的變動率；在我們看來，如果他們能修正這種觀點，將可增進他們的股東以及投資大眾對公司的了解。

四、經濟商譽 vs. 會計商譽 [64]

Economic versus Accounting Goodwill

我們的企業內在價值大幅超過帳面價值，主要原因有兩個：

1. 根據標準會計原則，我們的保險子公司所持有的普通股必須以市值記錄在帳上，但我們持有的其他股票，則必須從總成本與市值中選較低者認列。1983年底，第二類股票的市值在稅前基礎上超過帳面值7,000萬美元，以稅後基礎計則是約5,000萬美元。這些差額也是我們內在價值的一部分，但計算帳面價值時是忽略不計的。

2. 更重要的是，我們擁有數家經濟商譽（economic goodwill）遠大於帳面上會計商譽（accounting goodwill）的公司。會計商譽會算進帳面價值中，經濟商譽則應計入內在價值中。

即使完全不思考商譽與攤銷問題，你也可以過著充實、有意義的一生。但是，有心學習投資與管理的人，則必須對此議題有透澈的了解，並掌握當中微妙之處。就商譽而言，我自己的想法跟三十五年前已截然不同，當年老師教我重視有形資產，規避那些價值主要仰賴經濟商譽的企

業。此一偏差使我錯過了許多投資良機，但我也因此較少選錯投資標的。

凱因斯以下這句話點出了我的問題：「困難在於擺脫舊觀念的束縛，而不是提出新觀念。」我花了很長時間才擺脫舊觀念的束縛，部分原因在於同一位老師教我的大部分知識極有價值（至今仍是這樣）。最後，商業上直接或間接的歷練改變了我對商譽的想法：如今我強烈偏好那些擁有大量的可持久商譽、僅運用少量有形資產的公司。

我推薦以下這篇文章給那些不怕會計術語、對商譽的商業意義有興趣的讀者。無論各位是否想看這篇文章，請務必了解：查理和我認為波克夏擁有巨額的經濟商譽，其價值遠遠超過我們帳面上的商譽價值。

———————

本文探討經濟商譽與會計商譽，不講商譽在日常用語中的意義。舉例來說，一家公司可能廣受好評，甚至深受多數顧客喜愛，但卻完全不具經濟商譽（美國電話電報公司〔AT&T〕在分拆前幾乎是有口皆碑的企業，但完全不具經濟商譽）。遺憾的是，一家顧客討厭的公司反而可能擁有相當大、且日益增加的經濟商譽。因此，請大家暫且放下情緒，將注意力集中在經濟因素和會計問題上。

按照會計原則，收購一家公司時，收購代價必須視同首先是支付所收購有形資產的公允價值。這些資產的公允價值（扣除債務之後）往往低於收購代價，此時其差額就會歸在「收購成本超過資產淨值的部分」（excess of cost over equity in net assets acquired）這個資產項目下。為免一再重複如此拗口的說法，我們簡單稱之為「商譽」。

1970年11月之前收購企業所產生的會計商譽具有特殊地位：除了某些罕見的情況外，只要收購回來的企業仍保留著，相關的會計商譽就可以一直是資產負債表上的一項資產。也就是說，收購方不必逐年攤銷商譽

（在損益表中認列商譽攤銷費用〔會導致公告盈餘減少〕，直到資產負債表上的商譽降至零）。

然而，從1970年11月起，會計原則的相關要求改變了。當收購企業產生商譽時，這項帳面上的資產必須在四十年內攤銷完畢，每年提列一筆數額相同的商譽攤銷費用。因為會計原則允許企業最長分四十年攤銷，企業管理層（包括我們）通常選擇四十年為攤銷期。

會計商譽基本上就是這麼一回事。以下舉一個實例，說明會計商譽與經濟現實的差異。為了方便大家理解，我們將省略相關數字的尾數，並大幅簡化情節。我們也將說明一些投資人和經理人應注意的問題。

1972年初，藍籌集點券公司以2,500萬美元的代價收購時思糖果，當時時思的有形資產淨值約為800萬美元（在本文中，應收帳款視為一項有形資產，這是分析企業的恰當做法）。除了短暫的旺季時期外，這樣的有形資產已足夠時思在不借貸的情況下營運。當時，時思年度稅後盈餘約為200萬美元；以1972年的幣值為基準，該公司未來營利能力保守估計不會低於此數。

這就說到了我們該學的第一課：企業如果能利用有形資產賺取顯著高於市場水準的報酬率，公司的價值就會合理地遠高於有形資產的淨值。超出市場水準的盈餘，資本化的價值就是經濟商譽。

像時思這樣，採用保守的會計方法、不舉債，有形資產淨值稅後報酬率能穩定保持在25％左右，在1972年是罕見的情況（現在也是）。時思能賺取高報酬率，原因不在於該公司的庫存、應收帳款或固定資產之公允價值較高；關鍵在於該公司的一些無形資產，尤其是消費者接觸時思的產品和員工，無數次的愉快經驗所產生的一種品牌信譽。

這種信譽賦予公司一種「消費者專營權」（consumer franchise），使公司能以產品為消費者貢獻的價值、而非生產成本作為定價基礎。消費者專營權是經濟商譽的主要來源，其他來源包括盈利不受管制的政府特

許事業（例如電視台），以及在某個產業中持續保持低成本地位的能耐。

回到時思的會計實例。藍籌公司收購時思，所付的價格比時思的有形資產淨值多 1,700 萬美元，因此，藍籌公司的帳上就得記錄一筆 1,700 萬美元的商譽；而且此後四十年，每年得在損益表中提列 42.5 萬美元的費用，以攤銷這項資產。到 1983 年時，在攤銷了十一年後，原本 1,700 萬美元的商譽已減至 1,250 萬美元左右。波克夏因為持有藍籌公司 60％ 的股權，因此連帶擁有時思公司 60％ 的股權。這意味著波克夏的資產負債表上會有時思商譽的 60％，也就是 750 萬美元左右。

1983 年，波克夏以換股方式收購藍籌公司餘下的 40％ 股權；按照會計原則，必須使用收購會計法（purchase accounting），而不是某些合併案可用的權益結合法（pooling of interest）處理。按照收購會計法，波克夏「付給」藍籌公司股東的股票之「公允價值」，必須分配到所收購的藍籌公司淨資產上。而如果以股票支付收購代價的是上市公司，則股票的「公允價值」幾乎一定是按股票的市值計算。

我們所「收購」的，是藍籌公司全部資產的 40％（如前所述，波克夏原本已擁有該公司 60％ 的股權）。波克夏「付出」的代價，比得到的有形資產淨值多了 5,170 萬美元，而該金額被分配到兩項商譽上：2,840 萬美元歸時思，2,330 萬美元歸水牛城晚報（Buffalo Evening News）。

因此，在這宗併購案後，波克夏帳上有兩筆源自時思的商譽資產：原始收購留下來的 750 萬美元，以及 1983 年「收購」40％ 資產新產生的 2,840 萬美元。未來二十八年中，時思商譽的攤銷費用每年將約為 100 萬美元；隨後的十二年中，每年則為 70 萬美元。

換句話說，同樣一項資產，因為收購日期和價格不同，兩筆收購的資產值與攤銷費用也大不相同（在此重申我們的免責聲明：我們無法建議更好的會計方法。相關問題很傷腦筋，必須選擇某種任意規則處理）。

但經濟現實又如何呢？真相之一是，自收購時思起，每年被當作是

一項費用在損益表中扣除的商譽攤銷，並非真正的經濟成本。我們敢這麼說，是因為時思去年以約2,000萬美元的有形資產淨值，賺得1,300萬美元的稅後盈餘；如此優秀的表現顯示，該公司擁有的經濟商譽遠大於我們帳上會計商譽的總原始成本。換句話說，儘管會計商譽從收購企業的那一刻起就開始定期定額減少，經濟商譽卻會不定時不定額地顯著增加。

另一真相是，未來每年的商譽攤銷費用與經濟成本並不相符。當然，時思的經濟商譽未來有可能會消失，但絕對不會是每年減少某個固定金額，或以類似方式逐漸消蝕。更有可能出現的情況，是受通貨膨脹影響，經濟商譽的名目價值未來將逐漸增加（甚至實質價值也有可能增加）。

之所以如此，是因為真正的經濟商譽，其名目價值往往會跟隨通膨的步伐成長。為了說明此道理，我們來拿時思跟一家較平庸的企業做比較。我們說過，1972年收購時思時，該公司以800萬美元的有形資產淨值賺取約200萬美元的盈餘。假設某家平庸企業也是賺200萬美元的盈餘，但維持正常營運需要1,800萬美元的有形資產淨值。因為有形資產淨值報酬率僅11%，這家平庸公司擁有的經濟商譽微不足道，甚至可能完全不具經濟商譽。

因此，這樣一家公司，大有可能以有形資產淨值（即1,800萬美元）的價格出售。相對的，雖然時思的盈餘並沒有比較高，而且「實實在在的」資產不到平庸公司的一半，我們卻付出了2,500萬美元的收購代價。這樣的收購價意味著「少」有時比「多」更值錢，這真的有可能嗎？答案是肯定的（**即使你預期兩家公司的銷售量均將停滯不前**）──只要你預期（如我們1972年時的預期）世界將持續出現通膨，答案就是肯定的。

為了解此中原因，我們想像一下物價隨後倍增對兩家公司有何影響。為了保持實質營利能力不變，兩家公司都必須將名目盈餘提升一倍至400萬美元。這似乎沒什麼大不了：以先前售價兩倍的價格賣出同量的商品，假設利潤率不變，名目盈餘也會倍增。

但關鍵在於，為達成此結果，兩家公司可能都必須提高有形資產淨值

一倍，因爲企業無論優劣，面對通膨時通常都得這麼做。增加銷售金額一倍，意味著應收帳款和庫存占用的資金也會相應增加。固定資產占用的資金額對通膨相對沒有那麼敏感，但幾乎也是一定會增加的。而且，這些通膨逼迫下的投資，全部都無助於提升報酬率。這種投資是爲了維持企業的生存，而不是增進股東的財富。

然而，別忘了，時思的有形資產淨值不過是800萬美元，因此，該公司爲了滿足通膨製造出來的投資需求，只需要額外投入800萬美元的資本。平庸公司的負擔則是時思的兩倍以上，必須額外投入1,800萬美元的資本。

塵埃落定之後，平庸公司每年盈餘400萬美元，而公司的價值大有可能仍等同其有形資產淨值，即3,600萬美元。也就是說，該公司股東每額外投入一元，只能得到一元的名目值（如果他們投入更多錢到儲蓄帳戶裡，也會得到同樣的結果）。

時思雖然也是每年賺400萬美元，但若按我們收購該公司時的評估方式（沒什麼理由不這麼做），公司價值則可能高達5,000萬美元。因此，該公司股東僅額外投入800萬美元，就得到了2,500萬美元的名目值──每投入1元能獲得超過3元的名目值。

儘管如此，各位得記住，像時思這種公司，股東在通膨的逼迫下，額外投入800萬美元的資本，也僅能維持實質盈餘不變。任何一家沒有舉債的公司，如果需要一定的淨有形資產維持營運（幾乎所有公司都有此需要），都會受通膨侵害。相對之下，企業需要維持的有形資產越少，受通膨傷害的程度越輕。

當然，許多人並不理解此一事實。多年來，「傳統智慧」──十分傳統，但智慧不足──認爲，抵禦通膨能力最強的企業，是那些擁有大量天然資源、廠房與設備，或是其他有形資產的公司（「我們信賴商品」〔In Goods We Trust〕；譯注：作者在此影射美鈔上的格言──「我們信賴上帝」〔In God We Trust〕）。但事實並非如此。有形資產密集的企業，資本報酬率通常相當

低——這種企業產生的資金，往往只夠再投資在既有業務上，以抵禦通膨侵蝕；公司並沒有剩餘的財力追求實質成長、發放股息給股東，或是收購新公司。

相反地，在通膨高漲的年代，真正賺大錢的生意，有許多是結合價值持久的無形資產，以及相對少量的有形資產創造出來的。在這些個案中，企業盈餘的名目值大幅膨脹，這些錢大部分可用於收購更多事業。此現象在傳播業尤其明顯。該產業不需要大量投資在有形資產上，但其特許經營特質卻能夠持久。在高通膨年代，商譽是企業價值源源不絕的泉源。

當然，該說法僅適用於真正的經濟商譽。企業界多的是虛假的會計商譽，而那完全是另一回事。過度興奮的管理層以荒謬的高價收購一家企業時，公司也會使用本文所述的同一套微妙會計方法。因為除了「商譽」此科目外無處可去，荒謬的高價必然帶來巨額的商譽資產。考慮到這是源自管理層欠缺自制能力，這種商譽改稱「無自制力」（No-Will）或許更貼切一些。但不管叫什麼名字，四十年的攤銷慣例仍需執行，而管理層一時衝動所多付的代價，則會一直以「資產」的名目留在帳目上，彷彿公司完成了一次明智的收購似的。

＊　＊　＊　＊　＊

如果你仍然堅信會計原則處理商譽的方式最能反映經濟現實，容我最後提出一點想法供你參考。

假設某公司每股淨值20美元，全為有形資產。再假設該公司靠自身努力建立起價值極高的某種「消費者專營權」，又或者在聯邦通訊委員會（FCC）最初發放牌照時，幸運取得一些重要的電視台牌照。因為這種有利因素，該公司營利能力很強，每年每股賺5美元，有形資產報酬率高達25％。

因為具有這種經濟體質，該公司的股價大有可能高達100美元，甚至更高。而如果有人洽購整家公司，收購價也很可能不會比這低。

假設某個投資人以每股100美元的價格購入該股，等同為每股付出80美元的商譽（就像某家公司百分百收購該企業時一樣）。如果分四十年攤銷，理論上每年每股會有2美元的商譽攤銷支出，那麼，這名投資人計算「真正的」每股盈餘時，需要扣除這2美元的攤銷嗎？如果需要，那麼新的「真正」每股盈餘只剩3美元，這名投資人是否應該重新考慮自己的買入價？

* * * * *

我們認為經理人與投資人都應該從兩個角度看待無形資產：

1. 分析經營績效時，也就是評估一家企業的經濟體質時，攤銷費用應忽略不計。評估一家企業的經濟吸引力時，最佳的標準是該企業在未舉債的基礎上，能藉由淨有形資產賺取多少盈餘，而計算該盈餘時，商譽攤銷是完全忽略不計的。此盈餘也是評估企業經濟商譽現值的最佳基礎。

2. 評估收購案是否明智時，攤銷費用同樣應忽略不計：既不應從盈餘中扣除，也不應從收購成本中扣掉。也就是說，收購所得的商譽，應永遠以未曾扣減攤銷費用的完整成本看待。此外，收購時若向賣方支付股票，其成本應以完整的公司內在價值來衡量，而非僅計帳面會計價值，不管併購時牽涉的證券市值為何，也不管權益結合法是否適用。例如，我們以換股方式收購藍籌公司餘下40％股權時，為時思公司和水牛城晚報商譽實際付出的代價就顯著高於出現在我們帳上的5,170萬美元。之所以會有此差異，是因為我們為此次併購所付出的波克夏股票之市值低於其內在價

值，而後者才是我們真正付出的成本。

以第一個角度來衡量一家公司或許顯得很好，但以第二個角度衡量則可能相形失色。好企業不一定能造就一宗好收購——雖然要成就好收購，最好還是在好企業中尋找標的。

————————

當波克夏收購一家企業，付出的價格高於 GAAP 認定的資產淨值時（這是常見的情況，因為我們看中的公司，通常不會以低於帳面淨值的價格出售），溢價部分會出現在我們資產負債表的資產項目中。有關此溢價該如何處理，規則非常多。為免我們的討論變得太複雜，我們在此僅專注講「商譽」——波克夏收購公司時付出的溢價，幾乎全都記錄在此項目中。例如，我們近期收購蓋可公司另外一半股權時，就記錄了約16億美元的商譽。

按照 GAAP 的要求，商譽必須在四十年內攤銷完畢。因此，為了攤銷我們帳上16億美元的蓋可公司商譽，我們每年將提列約4,000萬美元的費用到我們的損益表中。

因此，在會計上，我們的蓋可商譽每年將以同一幅度減少。但我可以向大家保證一件事，我們因為這次收購而得到的蓋可**經濟**商譽，肯定不會以同一方式逐漸減少。事實上，我個人認為蓋可的經濟商譽不但完全不會減少，未來還將增加，而且很可能是大幅增加。

在1983年的年報中，我以時思公司為例討論了商譽的會計處理法，當時我就源自時思的商譽也曾說過類似的話。那時我們的資產負債表上，源自時思的商譽約為3,600萬美元。此後我們每年提列約100萬美元的費用，以攤銷這項資產，如今時思商譽在我們的資產負債表上已降至約

2,300萬美元。換句話說,就會計的角度而言,時思自1983年以來有如損失了好大一部分商譽。

　　但經濟事實完全不是如此。1983年時,時思以1,100萬美元的淨營運資產賺得約2,700萬美元的稅前盈餘;1995年時,該公司以僅500萬美元的淨營運資產賺得約5,000萬美元的稅前盈餘。顯然,時思的經濟商譽在此期間是大幅增加而非減少。同樣明顯的是,時思的價值比它在我們帳上的價值高出至少好幾億美元。

　　當然,我們的想法有可能是錯的,但我們預期蓋可公司的會計價值逐漸消滅的同時,其經濟價值將與日俱增。我們絕大多數子公司都是如此,不僅時思而已。這就是為什麼我們會定期向各位報告我們按特定方式計算的經營利潤,以便大家不必受各種與收購案相關的會計調整所干擾。

　　未來我們計算持股低於20%的公司之透視盈餘時,也將應用類似的原則,以便相關的盈餘數字不受重大的收購會計調整所干擾。像可口可樂這些帳上只有少量商譽的公司,我們將不會應用上述原則。但是,像富國銀行近期完成了大規模的收購,未來將出現異常大筆的商譽攤銷費用,我們就會應用上述原則。

　　結束討論此議題前,我們要提出一項重要警告:許多企業執行長和華爾街分析師將折舊費用視同商譽攤銷,投資人常因此被誤導。折舊與攤銷的性質完全不同:除了罕見的例外情況,折舊是實實在在的經濟成本,一如薪酬、原物料以至賦稅。波克夏的情況肯定是如此,而我們研究過的所有其他企業幾乎也都是這樣。此外,我們不認為所謂的EBITDA(未扣利息、稅金、折舊和攤銷的盈餘)是評估企業經營績效的有意義指標。企業管理層若貶低折舊的重要性,強調「現金流量」或EBITDA的指標意義,往往很容易在決策上犯錯。這一點,各位在做自己的投資決定時,應謹記在心。

企業併購的會計處理方式，目前是極富爭議的議題，塵埃落定之前，國會甚至可能介入（真教人害怕）。

GAAP目前容許企業併購有兩種截然不同的處理方式：「購買法」或「權益結合法」。權益結合法僅適用於以股票支付收購代價的交易，至於購買法，收購代價既可用現金、也可用股票支付。無論是使用哪一種支付方式，企業經理人通常討厭購買法，因為此會計方法幾乎一定會導致收購方的帳上出現一項名為「商譽」、隨後必須逐步註銷的資產；也就是說，收購方的盈餘，此後每年得扣減一大筆商譽攤銷費用，而這通常會持續數十年。權益結合法則不會產生商譽科目，這就是企業經理人喜歡這種會計方法的原因。

財務會計準則理事會（FASB）如今提議廢除權益結合法，而許多企業執行長已準備好激烈抗爭。這將是一場重要的爭論，因此我們也想發表一些意見。首先，我們同意許多經理人的想法，也就是商譽攤銷費用通常是一項假費用。

會計準則強制要求企業提列通常與現實脫節的攤銷費用，實在是大有問題：絕大多數會計費用與眼下正發生的事情**有關**，儘管這些費用不一定能準確反映實況。舉例來說，折舊費用就無法準確反映實物資產的價值損耗，但這些費用至少反映了一些真正進行中的事。實物資產無可避免是會損耗的。因此，庫存過時廢棄的費用、應收帳款的壞帳損失，以及產品保固的應計費用，都是一些反映真實成本的費用。這些費用每年的金額無法準確計算出來，但企業顯然有必要加以估算。

反之，經濟商譽的價值通常不會萎縮；事實上，在許多情況下（可能是多數情況），經濟商譽反而會成長。經濟商譽的特質跟土地很像：這兩種資產的價值肯定會波動，但波動的方向絕對不是命定的。例如，過去七

十八年來，時思公司的經濟商譽以不規則的方式大幅增加。而如果我們管理得當，這種成長估計至少可再持續七十八年。

　　為了逃避虛妄的商譽攤銷，企業經理人欣然接受虛妄的權益結合法。此會計法有一個詩意的理論基礎：兩條河流一旦交會，流水就不分彼此了。根據此一概念，一家公司併入一家規模較大的企業，並不是被「收購了」（儘管前者的股東通常會收到大額的「出售」溢價）。因此，在權益結合法下，併購不會產生商譽；如此一來，會導致帳面盈餘減少，令人厭惡的攤銷費用自然也不會出現。在此會計法下，兩家公司合併後，彷彿向來就是一家公司。

　　詩意的事到此為止。現實中的併購往往不是那麼一回事：無論交易具體如何安排，事實上毫無疑問會有收購者與被收購者，後者就是被前者「買下」了。如果你認為不是這樣，只要問問那些合併後被裁撤的員工，他們會清楚告訴你哪一家公司是征服者、哪一家是被征服者。你一定不會再有疑問。因此，就這點而言，FASB是對的：在絕大多數併購案中，一方收購了另一方。沒錯，的確有一些合併案是真正的「對等合併」（mergers of equals），但這種交易實在罕見。

　　查理和我相信有一個基於事實的兩全其美方案，既可滿足正確堅持收購法的FASB，也能滿足那些反對不合理商譽攤銷的企業經理人。我們的建議是，收購方無論是支付股票還是現金，均以公允價值記錄其收購代價。在絕大多數情況下，這會創造出一項代表經濟商譽的大額資產。這項資產就此留在帳上，不必攤銷。之後經濟商譽的價值若受損（有時會出現這種情況），那就適度減記，一如其他被認為價值受損的資產。

　　當局若採納我們的建議，此規則應溯及以往，以便全美國的企業採用一致的併購會計法——這跟目前的混亂狀態當然是大相徑庭。我們的估計：新規則一旦落實，企業經理人會更明智地處理併購交易，決定要以現金還是股票支付收購代價時，會根據交易對股東的真實影響來評估，而不

是顧慮對公告盈餘的虛假影響。

五、事業主盈餘與現金流量的謬誤 [65]

Owner Earnings and the Cash Flow Fallacy

按照GAAP的規定，許多企業收購案必須就收購價格做一些重大的會計調整。在我們的合併財務報表中，我們當然是按照GAAP的要求編列數字。但是，我們認爲，這些GAAP數字未必是對投資人和經理人最有用的數據。因此，我們提供給各位的各營運單位盈餘數字，是未經收購價會計調整處理的。事實上，如果我們沒有收購這些公司，這些盈餘正是它們會公布的數字。

我們喜歡這種盈餘報告方式的原因，詳見下文。當然，這篇文章不是一定要看的，而且不可能像情節火辣的小說那麼好看。但我知道，在我們的股東中，有些人覺得我討論會計問題的文章十分刺激好看。希望各位閱讀愉快。

————

首先來個小測驗：以下是兩家公司1986年的簡化版損益表，哪一家公司價值較高？

	O公司		N公司
		（單位：千美元）	
營業收入		$677,240	$677,240
銷貨成本：			
不含折舊費用之原始成本	$341,170		$341,170
非現金特殊庫存成本			4,979(1)
廠房與設備折舊	8,301		13,355(2)
		349,471	359,504
毛利		$327,769	$317,736
銷售與行政費用	$260,286		$260,286
商譽攤銷			595(3)
		260,286	260,881
營業利潤		$67,483	$56,855
其他所得淨額		4,135	4,135
稅前盈利		$71,618	$60,990
營業所得稅：			
遞延及當期所得稅	$31,387		$31,387
非現金跨期分配調整數			998(4)
		31,387	32,385
淨利		$40,231	$28,605

（標註(1)至(4)的項目，本文稍後有說明。）

　　各位或許已經猜到了，O公司與N公司其實是同一家公司——史考特費澤。O欄（O代表「舊」）顯示的數字，是假設我們沒有收購該公司，其1986年按GAAP編製的損益表；而N欄（N代表「新」）則顯示我們收購該公司後，依GAAP規定，該公司實際反映在波克夏損益表上的數字。

　　必須強調的是，兩欄數字描繪的是完全相同的經濟事實：營收、薪酬、賦稅等，統統相同。兩家「公司」為股東創造的現金流量也是一樣的。唯一不同的只是會計方法。

那麼，各位思想家，到底哪一欄呈現的才是事實呢？經理人和投資人應將焦點放在哪一欄？

處理這些問題之前，我們先釐清 O 欄與 N 欄的差異是如何產生的。我們的討論將適度簡化，但這完全不影響分析和結論的正確性。

O 與 N 之所以會有差異，是因為我們收購史考特費澤所付的價格與該公司的帳面淨值不同。按照 GAAP 的規定，此類差額——溢價或折扣——必須以「收購價格調整數」的方式處理。就史考特費澤而言，我們為 1.724 億美元的帳面淨值付出 3.15 億美元的代價，因此支付的溢價為 1.426 億美元。

會計上處理收購溢價的第一步，是將流動資產的帳面值調整為現行價值。實務上這通常不影響應收帳款，因為其帳面值通常就是現行值，但庫存價值則通常需要調整。受 2,290 萬美元的後進先出（LIFO）準備 [66] 和複雜的會計因素所影響，史考特費澤的庫存帳面值比現行值低 3,730 萬美元。因此，我們會計上的第一項調整，是從 1.426 億美元的溢價中支取 3,730 萬美元，調升庫存帳面值。

調整流動資產的價值之後，收購溢價若仍有剩餘，下一步是將固定資產的帳面值調整為現行值。在史考特費澤的個案中，相關調整涉及遞延所得稅的會計特技。因為我已告訴大家本次討論將適度簡化，相關細節我就不講了，總之結果是：固定資產帳面值調升 6,800 萬美元，而遞延所得稅負債則減少 1,300 萬美元。兩項調整合計 8,100 萬美元，我們的收購溢價因此剩下 2,430 萬美元。

必要的話，接下來還有兩個調整步驟：將商譽之外的無形資產以及各項債務，調整至現行公允價值，後者一般僅影響長期債務和未提撥的退休金債務。但這兩項調整在史考特費澤均不適用。

所有的資產與負債均調整至公允市值後，我們必須做的最後一項會計調整，是將收購溢價的餘額歸入商譽的科目中（技術名稱為「收購成本超

過公允資產淨值的部分」）。我們帳上因而出現了2,430萬美元的商譽。因此，史考特費澤的資產負債表，收購前的狀況如下表O欄所示，我們收購後就變成了N欄。事實上，兩個資產負債表描繪的是同樣的資產與負債，但如各位所見，某些數字差異頗大。

	O公司	N公司
資產	（單位：千美元）	
現金及約當現金	$3,593	$3,593
應收帳款淨值	90,919	90,919
庫存	77,489	114,764
其他流動資產	5,954	5,954
流動資產合計	177,955	215,230
物業、廠房與設備淨值	80,967	148,960
對未合併子公司及合資企業之投資預付款	93,589	93,589
包括商譽之其他資產	9,836	34,210
	$362,347	$491,989
負債		
應付票據及長債一年內到期部分	$4,650	$4,650
應付帳款	39,003	39,003
應計負債	84,939	84,939
流動負債合計	128,592	128,592
長期負債與資本化租賃	34,669	34,669
遞延所得稅	17,052	4,075
其他遞延項目	9,657	9,657
負債合計	189,970	176,993
股東權益	172,377	314,996
	$362,347	$491,989

N欄顯示的資產數值較大，但稍早損益表中N欄的盈利數值卻較小。這是因為我們調高了一些資產的帳面值，而相關資產有一些必須提列折舊或攤銷費用。資產的帳面值越大，每年必須從盈餘中扣減的折舊或攤銷費用就越多。因為資產與負債調整而受影響的費用，在稍早的損益表中已標示出來，茲說明如下：

1.　497.9萬美元的非現金庫存成本，主要源自史考特費澤在1986年降低庫存的費用。未來這種費用會很少，甚至是零。

2.　因為固定資產帳面值調高，折舊費用增加505.4萬美元。未來十二年，折舊費用每年也將大約增加此金額。

3.　59.5萬美元的商譽攤銷費用。未來三十九年，每年都會有一筆商譽攤銷，金額略高於59.5萬美元，因為我們是在1月6日收購史考特費澤的，因此1986年的攤銷費用僅為整年金額的98％。

4.　99.8萬美元的遞延所得稅特技，抱歉，我沒能力簡單說明這一項（或許就算長篇大論也無法清楚說明）。未來十二年，每年均將有數額相若的這樣一筆費用。

　　1986年底，「新」、「舊」史考特費澤的淨值差額，已從1.426億美元縮減至1.31億美元，因為已有1,160萬美元的額外費用從「新」公司的盈餘中扣減。未來逐年扣減類似費用後，最初的收購溢價將逐漸縮小，兩個資產負債表的數字將因此趨同。但是，除非公司賣掉土地，否則新資產負債表上較高的土地價值將會一直保留下去。同樣的，除非公司進一步降低庫存水準，否則較高的庫存價值大部分也將留在資產負債表上。

＊　＊　＊　＊　＊

　　對股東來說，這一切意味著什麼呢？波克夏股東收購的這家公司，

1986年到底是賺4,020萬美元，還是2,860萬？新增的1,160萬美元費用，對我們來說是真實的經濟成本嗎？相對於N公司，投資人應該為O公司的股票付出更高的價格嗎？如果企業的價值是盈餘的特定倍數，史考特費澤的價值是否在我們收購翌日就顯著縮水？

我們只要想清楚這些問題，就能對所謂的「事業主盈餘」（owner earnings）得到一些洞見。事業主盈餘，是指（a）公告盈餘加上（b）折舊、損耗、攤銷及某些其他的非現金費用，如N公司損益表中的第（1）和第（4）項，再減去（c）企業為了充分維持長期競爭力和業務量，在廠房與設備等方面每年平均得付出的資本支出。（若企業必須增加營運資金才能維持競爭地位與業務量，此一資金需求增幅也應算進（c）項裡。但是，如果企業採用LIFO庫存會計法，則只要業務量不變，通常不會需要額外的營運資金。）

我們的事業主盈餘公式，無法得出GAAP模式下的假精確數字，因為（c）是一個估計出來的數字，而這種估算有時候難度極高。儘管如此，我們認為，無論是投資人購買股票或經理人收購整家企業，對評估企業價值更有用的是事業主盈餘，而不是GAAP數字。

利用我們的公式計算，你會發現O公司與N公司的事業主盈餘完全一樣，而這意味著兩者的價值也應該是相同的（其實只要根據常識判斷，就知道必然是這樣）。之所以如此，是因為O公司與N公司的（a）加（b）會得出相同結果，而兩者的（c）又必然是相同的。

那麼身為事業主與經理人的查理和我，認為史考特費澤事業主盈餘的正確數字應該是什麼呢？在目前情況下，我們認為（c）非常接近「舊」公司的（b），也就是830萬美元，而遠低於「新」公司的（b），也就是1,990萬美元。因此，我們認為O欄的公告盈餘遠比N欄更接近該公司的事業主盈餘。換句話說，我們覺得史考特費澤的事業主盈餘顯著高於我們按GAAP公告的盈餘。

這顯然是讓人欣喜的情況，但如此計算通常不會得出這種好結果。絕大多數經理人大概會承認，光是為了維持競爭地位和業務量，長期而言他們必須動用的資本支出高於（b）。在此情況下，也就是當（c）大於（b）時，GAAP盈餘會誇大公司的營利能力，而且往往是明顯地誇大。近年來，石油產業的情況顯然就是如此。倘若絕大多數主要的石油公司每年資本支出只有（b）那麼多，這些公司的實質規模必將萎縮。

由此可見，華爾街報告裡常見的「現金流量」數字是多麼荒謬：此類數字慣常地僅將（a）與（b）相加，並不減去（c）。投資銀行編製的公開說明書中，多數也會提出這種導人於盲的數字。這種數字暗示它們推銷的公司，就像是企業界的金字塔：永遠是最先進的，永遠不必替換、維修或更新。事實上，如果美國全部企業同時由主要投資銀行負責推銷，而且公開說明書的描述是可信的，則政府對全美廠房與設備支出的估計值，必須調降90％才行。

就某些不動產業者或其他初期資本支出龐大、隨後支出很低的公司而言，「現金流量」誠然是描述經營績效的一個簡便指標，有一定的參考價值。若公司唯一的主要資產是一座橋梁，或某個蘊藏量極豐富的天然氣田，現金流量會是一個有意義的指標。但是，對一般的製造業、零售業、採掘業或公用事業公司來說，「現金流量」是沒有意義的，因為（c）永遠是一項不小的負擔。此類公司固然可以在某年拖延資本支出，但五年或十年內，它們是非投資不可的，否則公司將步向衰敗。

那麼，為什麼「現金流量」現在如此流行呢？我們承認，我們的答案有點憤世的意味：我們認為推銷企業與證券的人常常利用這些數字，試圖把黑的講成白的（以便將一些不能賣人的東西賣出去）。當一家公司的（a），也就是GAAP盈餘，看來不夠強，撐不起某檔垃圾債券的償債負擔，或是支持不了高得離譜的股價時，推銷員改為強調（a）＋（b）的意義，實在是非常方便。但是，如果你不減去（c），就實在不應加上

（b）──雖然牙醫說得對，如果你忽略你的牙齒，終有一天它們會消失無蹤，但這道理並不適用於（c）。企業經理人或投資人若是相信，評估一家公司的償債能力或股票價值時，可以將（a）與（b）加起來而忽略（c），他們肯定是會遇到麻煩的。

＊ ＊ ＊ ＊ ＊

總而言之，就史考特費澤和我們的其他企業而言，我們認為按原始成本計算的（b），也就是不考慮無形資產攤銷和收購價格調整，數額與（c）頗接近（當然，兩者並不相等。例如在時思公司，我們為了保持競爭力，每年資本支出超過折舊費用50至100萬美元）。我們堅信這一點，而這就是為什麼我們會個別列出攤銷費用與收購價格調整項目，以及認為個別子公司本身帳目上的盈餘，比我們按GAAP編列的數字更接近事業主盈餘。

有些人或許會覺得質疑GAAP數字是對會計權威大不敬。畢竟，如果按會計準則編製的報表不能告訴我們企業的「真相」，我們付錢給會計師是為了什麼？但會計師的職責是記錄而不是評估價值，後者是投資人與經理人該做的事。

當然，會計數字是一種商業語言，對任何需要評估企業的價值和追蹤其狀況的人來說，都是非常有價值的。如果沒有這些數字，查理和我將無所適從：我們評估自己的事業和其他企業的價值時，必定是從分析會計數字開始。但是，經理人與投資人必須謹記，會計只是商業思考的輔助工具，絕不是替代品。

布萊克休斯（Black-Scholes）公式在金融界已達致接近聖典的地位，而我們編製財務報表時，會利用該公式評估股票賣權的價值。使用該公式時，必須輸入的關鍵數據包括選擇權合約的期限和履約價，以及分析師對波動性、利率和股息的預期。

但是，用該公式來評價期限很長的選擇權，可能產生荒謬的結果。說句公道話，布萊克和休斯幾乎一定深知這一點。但是，他們的虔誠追隨者可能忽略了他們發表該公式時所提出的一些警告。

以極端情況驗證一條公式，往往可以得到有用的啟示。假設我們賣出一個期限一百年、金額10億美元的標準普爾500指數賣權，履約價為903點（該指數2008年12月31日的水準）。利用我們簽定的長期契約所用的隱含波動性假設，加上適當的利率和股息假設，我們用布萊克休斯公式可以算出該賣權的「適當」權利金為250萬美元。

為了評斷這個權利金是否合理，我們必須評估標準普爾500指數一個世紀之後，是否可能低於現在的水準。一百年後1美元的價值，當然將僅為現值的一小部分（只要通膨率平均達到2%，一百年後1美元的價值將僅為現在的14美分）。因此，這將是推高股價指數（名目）水準的一個因素。但重要得多的另一個因素，是企業累積一百年的保留盈餘，將大大提升標準普爾500指數多數成分股的價值。20世紀期間，道瓊工業指數上升了175倍左右，主要正是拜成分股保留盈餘所賜。

考慮到所有因素，我認為標準普爾500指數一百年後不升反跌的機率遠低於1%。但我們就假定下跌機率為1%，而且如果下跌，跌幅將是

50％。根據這些假設，上述賣權契約的虧損期望值為500萬美元（10億美元×1％×50％）。

但如果我們一開始就收到250萬美元的權利金（根據布萊克休斯公式計算出來的），我們只需要為這筆資金取得0.7％的年複合報酬率，便能承受這個虧損期望值。超過的部分將是獲利。你會想以0.7％的利率借一百年的錢嗎？

現在我們以最壞的情況來檢驗我們的例子。倘若我的假設正確，我們不必付出任何代價的機率高達99％。而即使在1％機率的最壞情況下（也就是損失10億美元），我們如果將250萬美元的權利金當成借款，其實也只是付出6.2％的年利率。這清楚顯示，若非我的假設太瘋狂，那一定就是公式有問題。

在我這個極端例子中，布萊克休斯公式算出的選擇權權利金是荒謬的；這是因為該公式納入了波動性，而波動性又被假定為股價過去一段時間（以天、月或年計）的實際波動性。這個數字對估算美國數百家公司一百年後機率加權的（probability weighted）價值區間根本毫無意義（情況就像是你有一個躁鬱的鄰居，他每天針對你家的農場提出一個報價，然後你根據這些變動不居的報價算出來的波動性，作為利用一條公式估算你家農場一百年機率加權價值區間的一個重要輸入項）。

歷史波動性對評價短期選擇權是有用的（但也遠非不可能出錯），但隨著選擇權的期限拉長，其效用便迅速衰減。在我看來，布萊克休斯公式算出來的結果，高估了我們那個長期賣權的債務，雖然高估的幅度將隨著該契約逐漸接近到期而縮小。

即使如此，我們編製財務報表時，仍將使用布萊克休斯公式估算我們的長期股票賣權的債務。該公式代表傳統觀念，我如果提出某種評價選擇權的替代方案，必將招惹嚴重的懷疑。這是完全可以理解的：那些提出自己的方式評價複雜金融工具的執行長，幾乎沒有一個是偏向保守評價的。

查理和我完全不想加入這個樂觀者俱樂部。

──────────

查理和我認爲用布萊克休斯公式來評價長期選擇權，會算出非常不適當的結果。我們因此坐言起行，簽定了一些股票賣權契約。我們這麼做，代表我們認爲我們的交易對手（或他們的客戶）利用布萊克休斯公式所做的計算是有問題的。

不過，我們編製財務報表時，仍使用該公式評價選擇權。布萊克休斯公式是評價選擇權公認的標準方法（主流商學院都教這套方法）；如果我們使用其他評價方式，將被指責採用不合標準的會計方法。此外，倘若我們這麼做，我們的審計師將面臨一個無法克服的難題：他們有些客戶是我們的交易對手，而這些客戶使用布萊克休斯公式評價他們跟我們簽定的選擇權契約。假如交易雙方對同一份契約的評價不同，我們的審計師將無法同時替兩者的正確性背書。

審計師和監理機關喜歡布萊克休斯公式的原因之一，是它能算出精確的數字。這是查理和我做不到的。我們相信，我們那些選擇權契約的眞實債務，遠低於布萊克休斯公式算出來的結果，但我們無法提供精確的數字，一如我們無法算出蓋可、柏靈頓北方聖塔菲鐵路以至整家波克夏哈薩威的**確切**價值。我們無法提供精確的數字，但完全不覺得這有什麼問題：我們寧願約略正確，也不想精確但錯誤。

高伯瑞曾風趣地指出，經濟學家在觀念方面是最經濟的：他們在研究所學到的東西，會用一輩子。大學的金融系也往往如此：他們在1970和1980年代幾乎全都堅守效率市場理論，將那些有力駁倒該理論的事實貶爲「異常情況」（我一直很喜歡這種解釋：有些人堅信地球是平的，他們很可能會覺得船隻繞行地球一周是惱人的事實，但也只是不重要的異常情況）。

第七篇

會 計
Accounting

儘管一般公認會計原則（GAAP）缺點多多，我可不想擔起設計更好規則的職責。然而，現行制度的局限並非無可補救：企業執行長大可視GAAP報表為他們履行向股東和債權人報告資料的起點而非終點，而事實上他們也應該這麼做。畢竟，任何一家子公司的經理人若是僅向他的老闆——母公司的執行長——提供最低限度的GAAP數字，卻忽略掉老闆需要的關鍵資料，他一定會發現自己境況堪虞。那麼，執行長本身又為什麼要向**他的老闆**——公司的股東——隱瞞他們非常需要的資料呢？

　　企業真正應該報告的，是能幫助懂財務的讀者回答三個關鍵問題的數據，不管這些數據是否根據GAAP編製，或是超出了GAAP的要求。這三個問題是：（1）這家公司大約值多少錢？（2）它未來順利履行義務的機率有多高？（3）考慮到公司的既有條件，管理層表現如何？

　　大多數情況下，光靠最基本的GAAP資料，讀者很難、甚至根本無法回答這三個問題的其中一個或多個。商業世界太複雜了，單一套規則根本無法有效描繪所有企業的經濟實況，像波克夏這種業務非常多元的公司尤其如此。

　　令問題變得更複雜的是，許多企業經理人並非視GAAP為必須符合的標準，而是視之為必須克服的障礙。他們的會計師則往往樂意配合演出。（客戶問：「二加二等於幾？」通融的會計師答道：「不知您心目中的答案是什麼呢？」）即使是誠實好意的管理層，有時也會略微扭曲一下GAAP，以便數字更「恰當地」反映管理層的表現。盈餘平穩化和「洗大澡」，是一些還算正直的經理人美化帳面的「善意謊言」手段。

　　更惡劣的，當然是一些刻意以GAAP為詐騙手段的經理人。他們知道許多投資人和債權人視GAAP報表如真理。這些騙子因

此以極富「創意」的方式解讀會計原則，使公司的業績以技術上符合GAAP要求、實際上扭曲了財務事實的方式呈現出來。

　　只要投資人（包括理論上經驗老到的機構投資人）會給予公告「盈餘」穩定成長的公司極高評價，就一定會有一些經理人和金融掮客無所不用其極地利用GAAP製造出這種理想的業績，不管它們其實是多麼脫離現實。多年來，查理和我見識過許多規模驚人的會計詐欺，結果受懲罰的行騙者寥寥無幾，許多人甚至不曾遭受譴責。拿筆搶大錢，真的遠比拿槍搶小錢安全多了。[68]

美國鋼鐵公司宣布全面現代化方案

　　全球最大的工業企業——美國鋼鐵公司董事長麥倫‧泰勒（Myron C. Taylor）今日宣布各界期待已久的全面現代化方案。出人意表的是，此方案並不涉及改變美國鋼鐵公司的製造或銷售政策，將徹底改革的反而是公司的會計制度。公司將採用並改良一些現代會計與財務技術，而這會對公司的營利能力產生驚人的提振效果。即使在景氣不佳的1935年，美國鋼鐵公司採用新會計方法後，估計普通股每股公告盈餘將接近50美元。改良方案是派思、貝肯、格思里與柯比茲公司（Messrs. Price, Bacon, Guthrie & Colpitts）廣泛調查研究之成果，包括以下六點：

1.　廠房帳面值減至負10億美元。
2.　普通股每股面額減至1美分。
3.　所有薪酬以認股權證支付。
4.　庫存總帳面值減為1美元。
5.　優先股以不必付息、可按面值50％的價格贖回之公司債代替。
6.　建立10億美元的意外準備（Contingency Reserve）。

此現代化方案意義非凡，公司的聲明全文如下：

　　美國鋼鐵公司董事會很高興宣布，在深入研究產業環境變遷所衍生的問題後，董事會已核准全面革新公司會計方法的方案。在派思、貝肯、格思里與柯比茲公司的協助下，公司的特別委員會做了一項調查，發現

就某些先進記帳方法的應用而言，本公司某種程度上落後於其他美國企業。如果我們應用這些記帳方法，公司不必耗費現金或改變任何營運或銷售條件，就能大幅提升營利能力。我們已決定，公司不但要採用這些新方法，還將進一步完善它們。董事會核准的改革措施可歸納爲以下六點：

1. 固定資產帳面值減至**負10億美元**。

　　許多標竿企業已將廠房的帳面值減記至1美元，其損益表因此不會再出現折舊費用。特別委員會指出，如果這些企業的廠房僅值1美元，美國鋼鐵公司的固定資產價值肯定遠低於此數。眾所周知，許多廠房事實上是債務而非資產，不但會產生折舊費用，還會衍生稅捐和維修等支出。因此，董事會決定採納1935年報告提出的資產減值政策，將固定資產的帳面值從1,338,522,858.96美元減記至**負10億美元**。

　　此舉的好處應是顯而易見的。隨著廠房日益耗損，這項債務將相應縮減。因此，日後我們不但不會再出現每年約4,700萬美元的折舊費用，反而會有每年5%的升值利益，也就是5,000萬美元。公司年度盈餘因此至少可增加9,700萬美元。

2. 普通股每股面額減至1美分。

3. 所有薪酬以認股權證支付。

　　許多企業以發放認股權的方式，支付主管一大部分的薪酬。由於認股權的成本不必從盈餘中扣除，這些企業因此大幅降低了間接費用。我們顯然未充分利用此一現代技術。董事會決定按以下先進方式應用此技術：

　　公司全體員工的薪酬將以認股權支付，員工每50美元的薪酬可獲得認購一股普通股的權利，認股價爲50美元。普通股每股面額則減至1美分。

　　此一新方案其妙無窮，好處如下：

A. 公司不會再有任何薪酬支出，按1935年的情況，每年可節省2.5億美元。

B. 在此同時，全體員工實際得到的薪酬將增加數倍。因為在新會計制度下，公司普通股每股盈餘非常高，股票市價因此肯定將遠高於50美元的認股價；員工獲得的認股權可輕易套現之價值，也會因此遠高於他們目前獲發的現金薪酬。

C. 員工行使這些認股權時，每年將為公司帶來額外的大筆收益。因為普通股的面額固定為1美分，員工每認購一股，公司將獲得49.99美元的收益。但是，按照會計上的慎重原則，這筆收益將不會記入損益表中，而是會單獨記入公司的資本公積（Capital Surplus）中。

D. 公司的現金部位將大大增強。在新方案下，我們不但將省下每年2.5億美元（1935年的數字）的現金支出，還會因為員工認購五百萬股普通股而獲得2.5億美元的現金流入。因為盈餘豐厚且現金部位堅強，公司將能隨心所欲地發放高股息，這會促使員工一拿到認股權就馬上行權，而這又會進一步增強公司的現金部位，進而使公司得以發放更高的股息——事情就這麼一直循環下去。

4. 庫存總帳面值減為1美元。

　　大蕭條期間，企業因為必須將庫存的價值調降至市價水準，認列了巨額損失。許多企業（尤其是金屬和紡織業者）將全部或部分庫存以極低的單價入帳，成功化解了此問題。美國鋼鐵公司決定採用一種更進步的做法：庫存總帳面值將減為1美元。這將藉由每年年底的庫存減值達成，減值的金額將由意外準備（詳見後述）吸收。

　　新做法將為公司帶來巨大的利益：從此之後，我們不但完全不會有庫存貶值的問題，每年的盈利還可因此大幅增加。公司的庫存每年年初時帳面值只有1美元，年中出售時必定能帶來巨額利潤。估計公司每年收益將因此增加至少1.5億美元；碰巧的是，每年由意外準備吸收的庫存減值金額，也差不多是這個數目。

特別委員會的少數委員建議，公司的應收帳款與現金也減記至1美元，因爲這樣不但符合一致性原則，還可爲公司帶來上述好處。此建議暫時遭否決，因爲我們的審計師仍要求將公司收回的應收款與現金記入資本公積，而不是當成收益記錄在損益表中。但是，這項審計原則實在是太過時了，預計不久之後就會改變，以順應現代潮流。若果眞如此，我們將好好考慮採納上述的少數委員建議。

5. 優先股以不必付息、可按面值50％的價格贖回之公司債代替。

在最近的蕭條時期，許多公司以遠低於面值的價格買回它們發行的債券，獲利成爲計入損益表中的收益，因此抵銷了一些營運虧損。遺憾的是，美國鋼鐵公司的信用評等一直非常好，因此少了這樣一個收益來源。我們的現代化方案將改善此狀況。

根據該方案的建議，優先股將以不付利息的償債基金型（sinking-fund）債券代替，每股優先股換成面值300美元的債券。此批債券將分十等份於未來十年逐批贖回，贖回價爲面值的50％。公司將因此發行10.8億美元的債券，此後每年將贖回1.08億美元的債券，贖回成本只需要5,400萬美元，因此公司每年將獲得5,400萬美元的利潤。

一如第三點所述的薪酬方案，這項安排對公司和優先股股東均有好處。對後者來說，他們手上的優先股，平均五年內將按面值的150％由公司贖回。因爲目前短期證券的報酬率實際上接近零，新債券不付利息並不要緊。公司因此每年不但可省下2,500萬美元的優先股股息，還將可獲得5,400萬美元的債券贖回利潤——每年盈餘因此增加7,900萬美元。

6. 建立10億美元的意外準備。

董事會相信，不管未來遇到什麼樣的環境，上述改善措施將確保公司保持令人滿意的營利能力。不過，在現代會計制度下，我們其實可以完全消除景氣艱困造成虧損的風險，因爲所有可能出現的損失，均可由預先建

立的意外準備吸收。

　　特別委員會建議公司建立意外準備，金額是頗大的10億美元。如前所述，每年年底庫存減記至1美元，減值部分將由此準備金吸收。為免意外準備耗竭，董事會亦決定每年從資本公積中提撥適當金額補充該項準備。因為員工行使認股權每年至少將為資本公積帶來2.5億美元的進帳（見前面第三點），資本公積可輕易補充意外準備之消耗。

　　對於這項安排，董事會很遺憾地坦承，董事們未能超越一些大公司已實行的做法，也就是在股本、資本公積、意外準備及其他資產負債表項目之間轉移巨額款項。事實上，我們得承認，我們的做法看來太簡單了，欠缺多數先進會計技術神祕晦澀的特質。但是，董事會堅持公司的現代化方案應以清楚明瞭為原則，即使這麼做可能會損害公司的營利能力。

　　為顯示新措施對公司營利能力的整體影響，我們計算了公司1935年在兩種情況下的損益情況，簡要損益表如下：

	A.原會計制度下的結果	B.按新制度估計的結果
所有來源之總收入（含公司間交易）	$765,000,000	$765,000,000
薪酬費用	251,000,000	—
其他營運費用與稅捐	461,000,000	311,000,000
折舊	47,000,000	(50,000,000)
利息費用	5,000,000	5,000,000
債券贖回折價	—	(54,000,000)
優先股股息	25,000,000	—
普通股股東應占淨利	(24,000,000)	553,000,000
平均發行股數	8,703,252	11,203,252
每股盈餘	($2.76)	$49.36

為配合有點過時的習俗，以下附上美國鋼鐵公司假設已實施上述建議方案，1935年12月31日之簡要資產負債表。

資產	
固定資產，淨值	($1,000,000,000)
現金資產	142,000,000
應收帳款	56,000,000
庫存	1
其他資產	27,000,000
總計	($774,999,999)
負債	
普通股（面額1美分，總面值 $87,032.52），　設定價值·	($3,500,000,000)
子公司債券與股票	113,000,000
新發行的償債基金型債券	1,080,000,000
流動負債	69,000,000
意外準備	1,000,000,000
其他準備	74,000,000
原始資本公積	389,000,001
總計	($774,999,999)

· 本公司將於維吉尼亞州重新註冊，根據該州法規，設定價值（stated value）若與股票面值不同，以前者入帳。

　　在現代會計制度下，資產負債表的樣子跟以往較落後時期有些不同，各位股東或許都已了解這一點，無須我們多言。考慮到資產負債表的這些變動將為公司創造強勁的營利能力，大家也不必過度關注資產與負債項目的細節。

總之，董事會希望指出，上述措施落實後，我們的廠房帳面值將變成一個負數、薪酬支出歸零、庫存的帳面值接近零，美國鋼鐵公司將因此獲得巨大的競爭優勢。我們將能以超低的價格銷售產品，並仍然賺得可觀的利潤。董事會謹慎思考後認為，落實現代化方案後，我們將能以較低的價格打敗所有競爭對手；唯一阻礙我們百分百占領市場的，只有反壟斷法規。

董事會準備這份聲明時，並未忽略一種可能出現的情況：部分競爭對手可能會採取類似措施改進他們的會計制度，試圖藉此抵銷我們的新優勢。但是，我們有信心美國鋼鐵公司將能贏得新舊顧客的忠心支持，畢竟我們是開拓新服務的先驅，在業內享有特殊聲望。若有必要，我們相信公司可以藉由引進更先進的會計技術，維持我們應得的優勢。我們的會計實驗室目前正在研發這些新技術。

二、 制定標準 [70]
Standard Setting

數十年前，安達信（Arthur Andersen）會計師事務所的審計意見是審計界的圭臬。這家事務所內部有一個由精英組成的專業標準小組（Professional Standards Group, PSG），無論客戶施加什麼壓力，均堅持誠實報告事實。秉持這種原則，專業標準小組於1992年表明立場，指企業向員工發放認股權的成本顯然是一項費用，應以費用的名義記錄在財務報表上。但是，小組的意見遭到安達信一些「呼風喚雨的」合夥人推翻了。這些合夥人很清

楚客戶想要的是較高的公告盈餘，不管實際情況如何。許多企業執行長也極力反對認列認股權費用，因為他們知道，一旦真實的成本必須反映在帳上，他們渴求的巨額認股權（價值高得可恥）勢必將遭到大幅削減。

安達信專業標準小組的意見遭到推翻後不久，獨立運作的財務會計準則理事會（FASB）以7：0的票數，通過要求企業認列員工認股權成本的議案。結果，主要的會計師事務所與大群企業執行長一如預期地湧向華府，對參議院（還有哪一個機關更適合仲裁會計問題呢？）施加壓力，要求推翻FASB的意見。抗議者的聲音，因為他們大筆的政治獻金而變得更雄壯。這些政治獻金多數是由企業的股東買單，如今卻被用來遊說國會支持一些矇騙企業股東的會計準則。真不是公民教育的好示範。

可恥的是，參議院以88：9的票數通過反對認股權成本列為費用的議案。數名富影響力的參議員甚至呼籲，FASB若不改變立場，應廢除該組織（獨立機關的獨立性不過如此）。時任證券交易委員會（SEC）主席的小亞瑟‧萊維特向來積極捍衛股東權益，他隨後表示，他在此事上不情願地屈服於國會和企業界的壓力，是他任內最遺憾的事（萊維特在他的傑作《散戶至上》〔*Take on the Street*〕中，曾提及這件骯髒的事）。

在參議院已成囊中物、SEC又遭制伏的情況下，美國企業界知道在會計問題上，自己就是老大。財務報表因此進入一個「隨心所欲」的新時代，有時還獲得一些赫赫有名的會計師事務所背書。由此衍生的種種放肆行為，很快就成為巨大資產泡沫的氣泵。

在遭受參議院恐嚇後，FASB立場軟化，採行一種「榮譽制度」（honor system）：該組織宣稱認股權成本列為費用是比較可取的做法，但也容許不想認列費用的企業依然故我。結果教人氣餒：標準普爾500指數的500家公司中，498家選用了被視為較不可取的會計方法，以便公司的「盈餘」漂亮一些。求財若渴的執行長們很樂見此結果：榮譽讓給FASB，制度由他們掌控。

三、審計委員會 [71]

Audit Committees

　　審計委員會並不能做審計。一家公司的管理層聲稱的盈利是否可疑，只有該公司的外部審計師才能決定。公司治理的改革若忽略此一事實，只集中關注審計委員會的結構和權限，將不會有重大成效。審計委員會最重要的任務，不過是設法使外部審計師透露他們所知道的事。

　　為了達成這項任務，審計委員會必須確保審計師擔心誤導審計委員甚於冒犯公司管理層。近年來，審計師的表現顯然不是這樣。他們普遍視公司執行長為客戶，而不是覺得自己應該對公司股東或董事負責。這是審計師日常工作關係的自然結果，也是因為他們知道，無論理論怎麼說，審計費實際上是執行長和財務長付的，而他們是否能繼續為公司提供審計和其他服務，也是執行長和財務長決定的。

　　2002 年的《沙賓法》（*Sarbanes-Oxley Act*）要求公司董事會的審計委員會監督審計師並決定審計師的酬勞，但這不能實質改變此一事實。若想突破審計師與管理層這種過度友好的關係，審計委員會必須明確地迫使審計師承擔起責任，使他們明白一件事：如果他們不向審計委員透露他們所知道或懷疑的重要事情，他們將在財務上受到重大懲罰。

　　在我看來，審計委員會藉由問審計師四個問題，即可達成此一目標。審計委員必須記錄審計師的答覆，並向股東報告。這四個問題是：

1. 如果審計師完全負責編製公司的財務報表，做法是否會與管理層有任何不同？重大不同和非重大不同都必須報告。如果審計師會有不同的做法，管理層的說法和審計師的回應都必須記錄下來，

然後審計委員會必須評估這些事實。

2.　如果審計師是投資人，他是否能獲得了解公司這段時間財務表現所需要的資料，而且所用的文字是淺白易懂的？

3.　如果審計師是公司的執行長，公司的內部審計程序是否會有任何不同？若有，會有什麼不同？原因何在？

4.　審計師是否察覺到公司在會計或營運上有某些行動，其目的和效果是將營收或費用從一個報告期轉移至另一個？

如果審計委員會有問這些問題，其成員的組成方式（多數改革的關注焦點）就沒那麼重要了。此外，此一程序將能節省時間和支出。如果我們迫使審計師承擔起責任，他們將會做好分內事。倘若我們並未迫使他們承擔起責任，嗯，後果如何我們已經見識到了。

我們這四個問題的主要好處，在於它們有預防作用。審計師一旦知道審計委員會將要求他們正面肯定而非只是默許管理層的作為，他們將遠在似是而非的數字嵌入公司的帳本之前，及早抵制不當行為。害怕被原告律師盤問，將促使他們這麼做。

四、調整後盈餘 [72]

Adjusted Earnings

我們希望公司管理層在其評論中說明影響一般公認會計原則（GAAP）

數字的異常項目，無論這些影響是好是壞。畢竟，我們看這些過去的數字，是爲了估計未來的情況。但管理層如果習慣試圖藉由強調「調整後每股盈餘」來掩飾非常眞實的成本，我們會感到不安。

這是因爲不良行爲是會傳染的：執行長如果公然設法美化盈利，往往會助長一種下屬也努力「配合」的文化。舉例來說，這種目標可能導致保險公司低估需要的賠款準備金，而這種做法已經摧毀了許多保險業者。

我們聽到分析師讚嘆那些總是「達成業績目標」的管理層時，會感到尷尬。事實是，生意就是難以預料，不可能總是達成業績目標。意外總會無可避免地發生，此時，一名以華爾街爲關注中心的執行長就會想要弄虛作假。

***

企業經理人與會計師不願面對事實，最惡劣的例子當數員工認股權問題。在波克夏1985年的年報中，我對認股權的應用與濫用發表了我的看法。[73] 即使認股權的設計是妥當的，其會計方法仍是毫無道理的。這種情況絕非偶然：數十年來，企業界多數勢力一直與會計準則制定者激烈對抗，試圖抵制將認股權成本反映在企業盈餘中的要求。

企業經理人的典型說詞，是認股權的價值很難估算，因此相關成本應該忽略。有時也有經理人表示，認列認股權成本會傷害小型的新創企業。有時他們甚至嚴肅地宣稱，「價外」選擇權（即行使價等於或高於現行市價的認股權）發出之時，是毫無價值的。

奇怪的是，機構投資人委員會（Council of Institutional Investors）也來插一腳，提出另一種見解：認股權不應視爲一項成本，因爲它們「並非從公司腰包裡掏出去的錢」。這個見解很妙，我認爲它爲美國企業提供了即時提升公告盈餘的大好機會。例如，企業只要用認股權付保險費，保險成

本就從帳目上消失了。因此，如果你是某家公司的執行長，並且信奉這種「不是現金支出就不是成本」的會計原則，我想開一個你無法拒絕的條件給你：請打電話來波克夏，我們非常樂意賣保險給你，而你只需要以貴公司的長期認股權買單。

　　股東們應明白，公司將一些有價值的東西交給別人時，實際上就已經有成本發生，並不是只有將現金交給別人時才算。此外，一項重要的成本，如果只是因為無法準確量化，就說不應該認列在帳上，那實在是愚蠢又偏激的觀點。眼下的會計制度其實就含有大量不精確的估計數。畢竟，沒有經理人或審計師知道一架波音747客機的壽命有多長；也就是說，沒有人確實知道這架飛機每年的折舊費用應該是多少。一家銀行一年的壞帳成本是多少，也沒有人知道確實的答案。產險業者的理賠損失估計，更是出了名地不準確。

　　這些都是重要的成本項目，難道說因為它們無法絕對準確地量化，就應當忽略不計嗎？當然不是這樣。相反地，這些成本應該由誠實、富經驗的人估算出來，然後記錄在帳上。歸根究柢，除了認股權外，還有哪些重要但難以精確計算的成本，是會計專業界認為在計算盈餘時可以忽略不計的？

　　何況認股權的價值其實沒那麼難評估。沒錯，發放給管理層的認股權通常設有各種限制條件，評價的難度的確因此提高了。這些限制會影響認股權的價值，但不會令它們變得一文不值。事實上，因本人剛好有此興致，我願意跟任何一位獲發認股權（價外認股權也沒關係）的經理人做一筆交易：在他獲發認股權的當天，波克夏向他支付一筆數額不小的錢，交換他未來從認股權上可能獲得的全部利益。因此，如果你認識某位聲稱自己新獲發的認股權幾乎毫無價值的執行長，請他聯繫我們吧。事實上，相對於斷定一架企業公務飛機的正確折舊費用，我們對自己評斷認股權正確價格的能力有信心得多。

　　會計業與證券交易委員會對自己在認股權會計問題上，長期遭商界人

士箝制，實在應該感到羞愧。此外，在我看來，企業領袖不遺餘力的遊說工作也可能產生一種惡劣的副作用：企業精英在關乎切身利益的議題上堅持離譜的觀點，他們在重要社會議題上的觀點就可能會失去公信力，即使他們對相關議題或許有不少眞知灼見。

我們收購通用再保的交易暴露了會計準則的一個離譜缺陷。眼光銳利的股東閱讀委託書時，很可能會注意到第60頁上的一個異常項目：擬制（pro-forma）損益表具體顯示這宗併購對兩家公司1997年的合併盈餘有何影響，當中有一個項目顯示薪酬費用將增加6,300萬美元。

我們希望馬上指出，此項目不代表查理或我性格大變（查理仍喜歡搭長途巴士，並引用富蘭克林的名言）。此項目也並非源自通用再保會計政策上的缺失，該公司向來嚴格遵循一般公認會計原則（GAAP）。之所以有此項目，是因爲通用再保沿用已久的員工認股權方案，將以一個與經理人經營績效掛鉤的現金激勵方案代替。以往對這些經理人來說最重要的是通用再保的股價，如今他們的薪酬將取決於他們創造的業績。

新方案提供的獎勵，實際上跟我們將廢止的認股權方案相同；也就是說，員工就特定水準的績效所得到的獎勵是一樣的。差別只是原先員工期望拿到的新認股權，將以現金代替（往年已發放的認股權仍將有效）。

雖然兩個方案產生的經濟事實是一樣的，但我們將推行的現金方案卻會產生大不相同的會計結果。之所以會有此奇幻效果，是因爲現行會計原則計算盈餘時，認股權成本是忽略不計的，儘管認股權對許多公司來說是一項龐大且日益重要的費用。會計準則因此實際上爲管理層提供了一項選擇：以某種形式支付員工薪酬，將成本反映在帳上；或是以另一種形式支付員工薪酬，成本忽略不計。難怪認股權方案大行其道。但是，這種一面

倒的選擇對股東大大不利：認股權方案若設計得當，可以是補償和激勵高階經理人的適當（**甚至是理想的**）方式，但現實中這種方案卻往往非常糟糕——獎賞極度浮濫、激勵效果不彰，對股東造成非常昂貴的代價。

無論認股權功過如何，其會計處理方式非常離譜。舉個例子好了：我們每年為蓋可公司編列的廣告預算以億美元計，假設我們並非以現金付廣告費，而是付給媒體波克夏十年期的市價（at-the-market）認股權。會有人認為波克夏並未發生廣告成本，或是不應將這項成本記錄在帳上嗎？

柏克萊主教（Bishop Berkeley），也就是那位思考森林裡樹木在無人看見時倒下的問題之哲學家，或許會相信會計師沒看見的費用並不存在。但查理和我對忽略成本不計始終無法釋懷。我們在考慮投資一家有發放認股權的公司、評估其營利能力時，會將該公司若將這些認股權公開出售、可以得到的金額，從該公司的公告盈餘中扣除。同樣的，我們在考慮收購一家公司、評估其價值時，會將取代認股權方案的成本計算在內。然後若收購成事，我們會馬上將相關成本反映在帳上。

讀者若不同意我對認股權的看法，此時可能已在心裡駁斥我，認為我不應將員工認股權成本等同這種認股權在公開市場交易理論上的價值。讀者可能會提出的一點，是員工認股權可能會遭取消（這會減輕對股東利益的損害），而公開交易的認股權則不會有這種問題。的確如此。此外，當員工行使認股權時，企業會獲得租稅抵減，公開交易的認股權則沒有這種好處。沒錯，的確如此。但員工認股權有一個足以抵銷上述兩項因素的特點——其認股價常會調整，這使得其成本遠高於公開交易的認股權。

有時也會有人指出，員工得到的認股權不可以轉讓，其價值因此低於可自由轉售的公開交易認股權。的確如此，但這並不會降低不可轉讓認股權的成本。情況就像是公司為員工提供一輛用途受明確限制的公務車：這種限制會降低這輛汽車對員工的價值，但完全不會減輕它對雇主造成的成本。

查理和我就認股權調整企業的盈餘時，近年來調降的幅度往往達公告

盈餘的5％，高達10％者也並非罕見。有時這種降幅大到會影響我們的投資決策：可能促使我們拋售持股，也可能令我們打消購股的念頭（如果不是因為有認股權因素，我們會買進這些股票）。

幾年前，我們在年報中提出以下三個問題，至今仍未得到答案：「這些認股權若不是一種薪酬，那是什麼？薪酬若不是一種費用，那是什麼？計算盈餘若不須扣除費用，那麼費用又該放在哪裡？」

因為仍有人存心在認股權議題上導人於盲，在此應強調，無論是財務會計準則理事會（FASB）、投資大眾或我個人，沒人主張以任何方式限制認股權之運用。事實上，未來我在波克夏的繼承人大有可能以認股權支取他的大部分薪酬；當然，這些認股權必須在以下三方面設計得當：（1）行使價是合理的；（2）行使價逐步調高，以反映公司保留盈餘的情況；以及（3）行權認購所得的股票，禁止在短期內出售。我們樂見能有效激勵經理人的方案，不管方案使用的是現金還是認股權。如果企業發放認股權真的是物有所值，認列其成本沒有理由會導致企業減少使用這種工具。[74]

在認股權會計問題上，企業管理層的表現實在惡劣：近年來，許多執行長和審計師極力抵制財務會計準則理事會（FASB）糾正認股權會計騙局、真實反映相關成本的努力。此類人士數目之多令人沮喪，公開表示支持FASB的人則少之又少。FASB的反對者甚至積極遊說國會，宣揚誇大企業盈餘符合國家利益的謬論。

儘管如此，我認為企業管理層在重整與併購會計上的行為更加惡劣。

許多經理人在這些方面刻意操縱財務數字，欺騙投資人。他們的行為，正如麥克‧金斯利（Michael Kinsley；譯註：美國政治新聞記者與評論者）對華府的評論：「醜聞不在於那些違法之舉，而是在於那些**合法**的行為。」

曾經有一段時間，會計是黑白相對分明的世界。舉例來說，1960年代末，企業界曾刮起一陣會計浮誇風──有個騙子稱之為「勇氣可嘉、富想像力的會計」（拜這種會計手法所賜，這位先生一度成了華爾街的寵兒，因為他一直能使公司的業績符合華爾街的期望）。但是，在這段時期，絕大多數投資人都知道哪些人在要會計花招。而且，值得一讚的是，美國最受尊敬的企業幾乎全都抵制欺詐之風。

然而，近年來，企業操守逐漸沉淪。許多大公司仍正直行事，但有相當一部分本來算得上優質的經理人（也就是那種你會認為適合跟你的孩子結婚、或是當你的遺囑執行人的體面人士），卻發展出一種觀點，認為操縱盈餘以滿足華爾街的期望是沒問題的。而且，這種想法還有日漸普及的**趨勢**。事實上，許多執行長認為這種操縱行為不僅沒問題，甚至是他們的**職責**之一。

這些經理人往往是一開始就認為，他們的職責永遠是盡可能推高公司股價（我們堅決反對此觀點）。為了推高股價，他們致力爭取傑出的經營績效，這一點是可敬的。但當經營績效不如理想時，這些執行長就訴諸並不可敬的會計伎倆。這些伎倆或是直接製造出理想的「盈餘」，或是為未來的理想「盈餘」鋪路。

為這種行為辯解時，這些經理人往往會說，他們做併購時所用的貨幣──也就是公司的股票──價值若遭低估，勢必會損害股東的利益。他們還會說，他們使用會計詐術編造出理想的業績，不過是跟隨企業界普遍的做法罷了。這種「大家都這麼做」的心態一旦鞏固，道德疑慮便一掃而空。這種行為不啻是劣幣驅逐良幣定律的變種：惡質會計驅逐誠實會計。

目前盛行的會計詐術是「重整費用」（restructuring charge）。當然，企

業提列重整費用，理論上完全可以是正當的，但現實中這常常是有心人操縱盈餘的伎倆。重整費用的戲法是這麼變的：管理層將本來應分數年入帳的大筆費用，集中在某季度一次提列，通常是選業績已注定會令投資人失望的季度。有時候這是為了清理過往遭扭曲的業績，有時是為美化未來的盈餘鋪路。無論如何，這種費用提列多少、何時提列，是受以下這種犬儒心態支配：即使某季每股盈餘比市場預期低5美元，只要這一季的災難可以確保隨後每季每股盈餘持續高於市場預期5美分，華爾街就不會介意單季的差勁表現。

這種所有垃圾一季出清的做法，可以衍生出一種「勇氣可嘉、富想像力」的高爾夫球記分法。在球季的第一輪中，球手不理實際成績，隨便在記分卡上填上離譜的數字——雙柏忌（比標準桿多兩桿）、三柏忌與四柏忌，得出奇爛無比的分數，例如140桿。建立起這樣的「準備」後，他回到高爾夫球店，對他的專業指導表示：他希望「重整」他的揮桿技術。重整之後，他回到球場，記分卡僅記錄打得好的洞，打不好的就略過不計——這種歷史遺留下來的問題，可以動用先前建立的「準備」處理。五輪之後，這名球手的成績是140、80、80、80與80，而不是91、94、89、94與92。華爾街人士會忽略前面的140（畢竟是一時失常的表現），視我們的英雄為具80桿實力的高手（而且是從不令人失望的高手）。

若是想在一開始就扮演高手的人，也不難調整一下玩法。這名球手找到一個樂意通融的桿弟（也就是審計師），將打得不好的洞延後記錄，先交出連續四輪的80桿成績，接受眾人對他球技出眾且穩定的讚美，然後再交出140桿的第五輪成績。透過這種「洗大澡」方式糾正先前扭曲的分數後，他可能會含糊其詞地表示抱歉，但絕對不會退還先前憑假成績得到的種種好處（至於這個桿弟，則自然深得老闆歡心，找到了一個忠實的主顧）。

不幸的是，現實中玩這種記分法的執行長往往玩上癮了（畢竟，在記分卡上做手腳，遠比耗費時間苦練技術容易），而且永遠欠缺戒除陋習

的意志。他們的行為令人想起伏爾泰就性愛試驗的評論：「試一次是哲學家，兩次就成墮落者了。」

在併購圈，重整已昇華至藝術的層次：經理人如今常常藉併購之便，不誠實地調整資產與負債的價值，以便他們未來能報出穩定成長的盈利。事實上，併購的時候，大型會計師事務所有時會指點客戶玩一些（或很多）會計魔法。在導師的指點下，一流的經理人往往禁不起誘惑，玩起三流的伎倆來。審計師指導未來可以美化「盈餘」的技術，執行長自然是很難拒絕的。

舉一個產險業的例子，就能說明這種戲法是怎麼玩的。一家產險公司被收購時，買方有時會調高其賠款準備金，而且調升幅度往往很大。理論上，這種調整可能只是反映先前的準備金不足——但這種精算「發現」往往出現在併購時，也未免太巧了。無論如何，日後這些準備金可能會派上用場，使公司的盈餘有機會顯著美化。

波克夏從不沾染這種惡習：如果我們有天必須令各位失望，我們寧願是公司業績不夠好，而不是我們的會計手法有問題。在我們所有的併購交易中，賠款準備金均分文不動。畢竟，我們選擇併購的保險業者，其經理人必然是了解業務、誠實記帳的。收購一家產險公司時，買方若馬上大幅調高賠款準備金，則簡單推理就能告訴我們，經理人缺乏上述兩項條件的至少一項——另一個可能是，買方是在為未來美化「盈餘」鋪路。

在此告訴大家一起真實事件，從中可以看到美國企業界一個非常普遍的觀點。兩家大型銀行的執行長不久前在談一宗合意併購（結果沒有成事），其中一人曾完成許多併購案。這名老練的併購者正詳細解釋兩家銀行合併的好處，另一名執行長聽得滿心疑惑，打斷他問道：「但是，按照你的意思，我們豈不是得提列一筆巨額費用，可能多達10億美元？」「老練的」執行長快人快語，馬上答道：「我們會把它做得更大，這正是我們做這宗交易的原因。」

巴爾的摩 R. G. Associates 的初步統計顯示，1998 年美國企業提列或宣布將提列的特別費用（也就是為了重整、進行中的研發、併購相關項目，以及資產減值提列的費用）至少有 1,369 宗，總額達 721 億美元。這數目實在大得驚人：著名的財星五百大公司 1997 年總盈餘也不過是 3,240 億美元。

許多經理人如今對忠實報告財務的態度如此輕蔑，顯然是企業界一大恥辱。而審計師則如我們所言，並未發揮多少正面作用。雖然審計師理應視投資大眾為服務對象，他們卻往往選擇向聘請他們並付錢給他們的經理人叩頭（「誰給我麵包吃，我就唱誰的歌」）。

五、退休金估算與退休福利 [75]
Pension Estimates and Retiree Benefits

〔會計詐術往往源自會計準則賦予企業經理人的酌情裁量權。〕企業計算退休金費用時使用的投資報酬假設，便是一個好例子。完全不令人意外的是，許多公司繼續選用一種過度樂觀的假設，以便報出還過得去的「盈餘」。標準普爾指數中有退休金計畫的公司共 363 家，它們於 2006 年平均假設退休金投資報酬率可達 8％。我們來看一下它們達成此一投資報酬率的可能性。

整體而言，退休金計畫平均持有約 28％ 的債券和現金，而此類資產的報酬率估計不超過 5％。當然，想要獲得較高的報酬是做得到的，但企業必須為此承受較高的損失風險。

這意味著餘下72％的資產（主要是股票，若非直接持有，便是透過對沖基金或私募股權投資持有），必須取得9.2％的報酬率，才能達成整體8％的報酬率。而且，這9.2％的報酬率必須是扣除所有費用**之後**的淨報酬，而如今這些費用空前沉重。

這種報酬期望實際可行嗎？在20世紀，道瓊工業指數從66點升至11,497點。這漲幅看似巨大，但化為年複合報酬率，其實只有5.3％。投資人若在整個20世紀持有道瓊工業指數，大部分時候可以獲得豐厚的股息，但到了最後一段時間，股息報酬率只有2％左右。對投資人來說，這是個很好的世紀。

現在來看當前**這個**世紀。如果市值成長率能有上個世紀的5.3％，道瓊工業指數（最近低於13,000）到2099年12月31日時，將收在**2,000,000點**左右。如今我們處於新世紀的第八年，道指在這一百年間必須升1,988,000點，才能達成5.3％的年複合報酬率，而它實際上只升了不到2,000點。

市場評論者經常為了道指升逾「千點大關」（例如14,000或15,000）而興奮不已，這實在很有趣。倘若他們持續如此，而道指又真的能達成5.3％的年均漲幅，則未來九十二年間，他們將至少興奮不已1,986次。雖然一切皆有可能，但真的有人認為這是最可能發生的情況嗎？

目前股息報酬率保持在2％左右。即使股市年均漲幅能達到20世紀的5.3％，假設每年投資費用為0.5％，退休金資產股票部分的年報酬率仍將不到7％。而且0.5％的費用率很可能是低估了，因為如今市場上有多層的投資顧問和收費高昂的投資經理人（所謂的「服務者」）。[76]

人人自然都期望自己取得高於平均的投資報酬，而那些服務者（老天保佑他們）無疑會鼓勵客戶這麼想。但是，整體而言，這些服務者協助的投資人得到的報酬必將**低於**平均水準。原因很簡單：（1）所有投資人得到的整體報酬，必然是平均水準（再扣減費用）；（2）被動式和指數投資人因為極少買賣，將取得平均水準的報酬（再扣減非常低的費用）；（3）

既然有一組投資人取得平均水準的報酬，餘下投資人（主動式投資人）的整體報酬也必然是平均水準。但主動式投資人必須承受高昂的交易、投資管理和顧問的費用。因此，主動式投資人必須從投資報酬率中扣除的費用比率，遠高於被動式投資人。這意味著整體而言，「什麼都不知道的」被動式投資人必將勝出。

我必須指出，那些期望在本世紀藉由股票投資賺取10％年均報酬率的人（每年2％的股息，另加8％的股市漲幅），實際上是預期道指到2100年時升至24,000,000點。如果你的投資顧問告訴你，股票投資可以取得雙位數的年報酬率，你可以向他說明這當中的數學，而這不是要嚇他。許多「服務者」顯然是《愛麗絲夢遊仙境》中白王后的直系後裔，她會說：「為什麼有時候我還沒吃早餐，就相信了六件不可能的事那麼多呢？」小心這些能言善道的服務者，他們以夢想塞滿你的腦袋，以向你收取的服務費塞滿自己的荷包。

有些公司在美國和歐洲都有退休金計畫，而他們在帳務上，幾乎全都假定美國的退休金計畫將可取得較高的投資報酬。此事令我感到困惑。為什麼這些公司不安排其美國經理人掌管美國以外的退休金計畫，以便他們發揮神奇力量，替那些退休金計畫取得一如美國的報酬率呢？至今沒有人能解答這個問題。但是，那些負責審核投資報酬假設的審計師和精算師，看來完全不覺得這有什麼問題。

1993年生效的一項重大會計變動，要求企業認列員工退休醫療福利相關債務之現值。雖然GAAP先前已要求企業認列未來將支付的退休金，但卻不合邏輯地忽略了企業必須承擔的退休醫療支出。新規則將迫使許多公司認列一項巨額債務在資產負債表上（公司淨值因此將相應減少），而此

後計算年度盈餘時，也得提列顯著較高的成本。

近數十年來，沒有哪家公司的執行長敢向董事會提議，由他的公司承擔其他公司設立的無上限退休醫療福利方案。執行長不必是醫學專家，也會知道因為人們越來越長壽，加上醫療成本飆漲，承擔這種醫療債務必將重創公司的財務。儘管如此，許多執行長卻毫無顧忌地為自己公司的員工承擔同樣的債務，因此迫使股東承受無可避免的惡果。無上限的醫療福利承諾已製造出無上限的債務，後果之嚴重，甚至已危及美國一些重要產業的全球競爭力。

之所以會出現這種不顧後果的行為，我認為部分原因在於會計準則長期以來不要求企業認列員工的退休醫療成本。反之，會計準則允許企業在現金基礎上記錄相關成本，而這必然大大低估了企業日益累積的相關債務。事實上，企業經理人與會計師面對相關債務的態度是「眼不見為淨」。諷刺的是，此類經理人有些會理直氣壯地批評國會，指責當局面對社會保險制度（Social Security）或其他會製造出龐大未來債務的方案，採用的是「現金基礎」上的思考方式。

經理人思考會計問題時，務必謹記林肯愛講的一個謎語：「如果你將狗的尾巴稱為一條腿，一隻狗有幾條腿？」答案是：「四條，因為就算你將尾巴稱為一條腿，它不會因此就變成一條腿。」經理人必須記住，即使審計師願意幫你證實尾巴是一條腿，你也不會因此就多了一條腿。

六、盈利實現問題 ⁷⁷

Realization Events

我們來談媒體界最重視的一個數字：淨利。此數字對多數公司或許十分重要，但對波克夏幾乎總是**毫無意義**。無論我們的各項業務表現如何，查理和我可以用完全合法的手段，在任何一段期間製造出我們想要的幾乎任何一個淨利數字。

我們享有這種彈性，是因爲淨利會納入**已實現**的投資損益，而**未實現**的投資損益（往往是損失）則排除在外。例如，假設波克夏某年在投資方面的未實現盈利增加了100億美元，但同時有10億美元的已實現損失。我們的淨利將僅計入已實現的損失，因此將**低**於我們的營業利潤。如果我們**前一年**有可觀的已實現盈利，媒體報導可能宣稱波克夏盈利萎縮了某個百分比，儘管我們的實際表現可能大有進步。

如果我們眞的認爲淨利很重要，我們可以定期爲它貢獻已實現盈利，因爲我們在投資上有巨額的未實現盈利可以利用。大家請放心：查理和我**從來不會**因爲考慮到交易對我們即將公告的淨利之影響，而決定出售一檔證券。我們兩人對玩弄財務數字深惡痛絕；這種惡行在1990年代曾盛行於美國企業界，至今仍未能杜絕，但也已經沒有以往那麼普遍和肆無忌憚。

營業利潤雖然有一些缺點，但大致上是觀察波克夏業務表現的一個有用指標。但各位請忽略淨利。我們報告淨利，是因爲法規要求我們這麼做。如果你發現記者以我們的淨利爲關注焦點，那主要是反映他們而非我們的表現。

已實現和未實現投資損益均完全反映在波克夏的帳面淨值上。請注意帳面淨值和營業利潤的變化情況，因爲這才是了解我們公司表現的正確方法。

七、投 資 ⁷⁸

Investments

GAAP的一項新規則要求我們向各位報告淨利時，必須納入我們所持股票的未實現投資損益的淨變化。此一規定將導致我們的GAAP淨利出現一些十分反覆無常的劇烈波動。波克夏擁有1,700億美元的有價股票，這些持股的價值在一個季度的報告期內很容易出現100億美元或以上的波動。將這種規模的波動納入向各位報告的淨利中，將會掩蓋反映我們經營績效的真正重要的數字。對於分析公司表現來說，波克夏的「淨利」將變成無用的數字。

因為既有會計規則迫使我們將已實現投資損益納入淨利中，使我們長期以來面臨著一些溝通問題，而上述新規則又加重了這些問題。在過去的季度和年度新聞稿中，我們經常提醒大家不要關注那些已實現損益，因為它們會隨機波動，一如我們的未實現損益。

這在很大程度上是因為我們選擇在看似明智的情況下賣出所持證券，而不是因為我們試圖以任何方式影響公司的盈利。因此，有時在我們的投資組合整體表現不佳時，我們的財報上卻會出現非常可觀的已實現投資獲利（反之亦然）。

隨著有關未實現損益的新規則，進一步加劇了有關已實現損益的現行規則所造成的扭曲，我們每一季都將盡忠職守地向各位說明，要正確理解我們的損益數據需涉及哪些調整。但是，電視上關於公司財報的評論往往是在財報公布之後立即出現，而報紙的新聞標題幾乎總是聚焦於GAAP淨利與去年同期相比的變化。如此一來，媒體報導有時會側重某些數字，節外生枝地驚嚇或激勵了許多讀者或觀眾。

為了盡量減輕這個問題，我們將延續現行做法，也就是在市場收盤後過了一定時間的週五晚間或週六清晨公布財報。如此可供各位有最充裕的時間分析我們的財報，也供投資專業人士有機會在週一股市開盤前發表有憑有據的評論。儘管如此，我預計那些對會計規則很陌生的股東仍會有相當的困惑。

第八篇

賦　稅
Taxation

如果我們按年底時的市價出售全部證券，我們將得繳納以10億美元計的稅金。這項負債，跟我們年底後15天就必須支付供應商的應付帳款相同或相似嗎？顯然不是，儘管這兩項負債同樣令我們經審計的淨值減少了。

另一方面，只要我們不出售持股，這項遞延所得稅負債就不必支付，而我們基本上真的無意出售持股；那麼，這項負債是毫無意義的會計科目嗎？答案同樣是否定的。

就經濟實質而言，這項負債就像是美國財政部提供的免息貸款，何時到期償還完全掌握在我們手上（當然，除非國會修法，使未實現盈利也得馬上繳稅）。此一「貸款」還有其他特別之處：它僅能為持有特定的已升值股票融資，而且其數額會波動——每天隨股票市價波動，稅率改變時也會變動。事實上，這項遞延所得稅負債就像是一項很大的交易稅，只有在我們選擇將一項資產轉換為另一項資產時才必須支付。

按照稅法的運作方式，我們偏好的李伯式（Rip Van Winkle style）投資法若運作順利，相對於積極買賣的操作方式，數學上是占優勢的。但我們必須強調，我們並非因為這種優勢而採行偏好長期持有的投資策略。事實上，如果我們頻繁轉換投資標的，有可能賺得更高的稅後報酬。許多年前，那正是查理和我的操作方式。

但現在我們寧願盡可能按兵不動，儘管這意味著報酬率會低一些。原因很簡單：我們發現，美妙的商業關係非常罕有，而且極富樂趣，我們因此希望維繫所有這種關係。下此決定對我們來說毫無難度，因為我們相信這種關係可為公司帶來良好的財務績效，儘管可能不是最好的狀況。因此，我們認為實在沒理由放棄跟一些我們知道既有趣又值得欽佩的人共事之機會，改為跟一些我們不了解且很可能僅具平庸素質的人相處。[79]

一、企業賦稅之分配 [80]

Distribution of the Corporate Tax Burden

多年來，人們就企業所得稅到底是誰在支付（企業本身抑或企業的顧客）發表了大量觀點模糊且立場偏頗的評論。當然，相關議論通常是圍繞著加稅而非減稅。反對提高企業所得稅的人往往表示，企業事實上並未支付向它們徵收的稅，因為企業就像是一種經濟管道，將所有的納稅負擔轉嫁給消費者。此派人士認為，加企業的稅不過是導致企業提高產品售價，以抵銷加稅的影響而已。因此，企業若獲得減稅，「管道」論者的結論應該是：減稅的好處會透過商品降價的形式流向消費者，企業的盈利不會因為減稅而增加。

另一派人士則認為，企業不但支付了向它們課徵的稅，還自行吸收納稅負擔。此派人士認為，改變企業稅率不會影響消費者。

那麼，事實到底如何呢？企業獲得減稅時，波克夏、華盛頓郵報和首都企業等公司是將好處據為己有呢，還是藉由降低產品售價把好處送給顧客？對投資人、經理人以至政策制定者來說，這都是一個很重要的問題。

我們的結論是：在某些情況下，企業減稅的好處完全，或幾乎完全，由企業及其股東享有；在另一些情況下，減稅的好處則完全，或幾乎完全，透過企業流向了顧客。此中關鍵，在於企業的經營地位（business franchise）是否夠強，以及公司的盈利是否受政府規管。

舉例來說，經營地位夠強但稅後盈利受相對嚴格管制的公司，如電力公司，企業稅率變動的影響基本上是反映在產品價格而非公司盈利上。稅率調降時，此類公司的產品售價通常很快會相應調降。稅率調升時，價格會上漲，但通常會慢一些。

類似情況也發生在價格競爭激烈的產業中——相關企業的經營地位往往很弱。在這種產業中，企業的盈利受自由市場「管制」——雖然管制的效果不規則，而且會延後出現，這種管制基本上還是有效的。市場體制對這種產業發揮的作用，類似公用事業委員會（Public Utilities Commission）對電力公司的管制。因此，在價格競爭激烈的產業中，稅率調整對價格的影響，最終會大於對盈利的影響。

至於經營地位很強、盈利又不受管制的企業，情況則完全不同：減稅的好處主要流向企業及其股東。此類企業就像盈利不受管制的電力公司：稅率下調時，因為沒有主管機關要求公司降價，享受減稅好處的是公司本身。

我們投資的許多公司，包括百分百持股或僅擁有部分股權的，就是屬於此類企業。因此，這些公司因為減稅而得到的好處，大部分是落入我們的口袋，而不是流向我們的顧客。這麼講雖然不明智，但此事實是無法否認的。不信的話，你可以想想你所在地區最能幹的腦外科醫師或律師，這些專家在其領域於此地區擁有極強的經營地位。你會因為個人所得稅最高稅率如今從50％降至28％，就預期他們調降收費嗎？

但是，加稅將影響波克夏的產物／意外險公司的盈利，雖然它們身處價格競爭非常激烈的產業。該產業之所以很可能是一個例外，是因為主要保險公司的稅務狀況明顯有別，原因包括：新的最低稅負制（alternative minimum tax）將顯著影響某些公司，其他業者則可能不受影響；某些大保險公司累積了可抵稅的巨額虧損，至少未來數年可抵掉大部分所得的稅負；某些大保險公司的盈虧，會被併入擁有非保險業務的公司之業績中。因為這些因素，產物／意外險業者的邊際稅率將顯著有別。價格競爭激烈的其他產業則多數不會出現這種情況，像鋁業、汽車與百貨業，主要業者的稅務狀況通常很相似。

產物／意外險業者的稅務狀況各不相同，加稅的影響因此可能無法像典型的價格競爭產業那樣，多數轉嫁給顧客。換句話說，保險業者本身得

吸收大部分的新增稅負。

———————

　　波克夏的稅務狀況有時會遭人誤解。首先，資本利得對我們並無特殊吸引力：無論是來自資本利得或一般業務，企業的應稅所得均適用35％的稅率。也就是說，同樣的長期資本利得，波克夏的租稅負擔比個人高整整75％。

　　有些人則抱持另一項誤解，以為我們所收到的全部股息，有70％可以不必計入應稅所得中。事實上，70％股息免稅的規定適用於多數企業，也適用於波克夏非保險子公司的股票投資。然而，我們幾乎全部的股票投資都是由保險子公司持有，而它們的股息免稅比例為59.5％。這仍意味著一元的股息對我們來說比一元的一般所得顯著值錢，但也沒有許多人以為的那麼值錢。

二、賦稅與投資哲學 [81]

Taxation and Investment Philosophy

　　波克夏是聯邦所得稅的納稅大戶。就我們個人的部分而言，查理和我對繳納這些稅金毫無怨言。我們知道自己身處一個對我們非常慷慨的市場經濟體制中：許多人對社會的貢獻不比我們低，但這個體制對我們的獎勵

遠比對其他人優厚。政府應透過稅制多少糾正這種不公平的情況，事實上也正是如此。但我們仍獲得體制的特別厚待。

波克夏若以合夥事業或「S」型企業（兩者皆為常見的企業形態）的形式經營，公司與股東總共應繳的稅款可大幅減少。因為各種原因，波克夏不能這麼做。但是，企業形態對我們的稅負懲罰，某種程度上因為我們奉行長期投資策略而得以減輕——儘管距離完全抵銷還差得遠。即使我們經營的是一家豁免納稅的機構，查理和我仍將奉行買入並持有的政策。我們認為這是最明智的投資方式，而且完全符合我們的個性。不過，我們偏好這種投資方式的第三個原因，是因為投資利得只有在實現時才需要繳稅。

我年輕時喜歡看連載漫畫《小阿布納》（*Li'l Abner*），這部漫畫讓我有機會了解延後納稅的好處，只是我當時沒體會到這一點。阿布納住在狗鎮（Dogpatch）這處窮鄉僻壤，像個白痴一樣開心地混日子，使讀者不禁產生一種優越感。阿布納一度迷戀紐約艷婦 Appassionatta Van Climax，但要跟她結婚幾乎是無望的，因為他只有一塊銀幣，而她只對百萬富翁有興趣。沮喪的阿布納將問題告訴狗鎮最有智慧的老摩斯。這位智者對他說：你把錢倍增，重複20次，Appassionatta 就是你的了（1, 2, 4, 8……1,048,576）。

我還記得最後一段故事是：阿布納走進一家酒館，把他的一塊錢投進老虎機裡，中了大獎，獎金撒滿一地。但他謹遵摩斯的指示，只拿了兩塊錢，就出發去尋找下一次將錢倍增的機會。看到這裡我就放棄這部漫畫了，開始研讀班傑明·葛拉漢的著作。

作為一名導師，摩斯的能力顯然是被高估了：他不但未能料到阿布納會如此盲從他的指示，還忘了賦稅問題。如果阿布納像波克夏那樣，必須承擔35％的聯邦所得稅，而他每年能將自己的財富增加一倍的話，二十年後他也只能累積22,370美元。事實上，如果他繼續每年財富倍增並支付35％的稅，他還需要再等上七年半，才能存到贏得 Appassionatta 芳心所需要的100萬美元。

那麼，如果阿布納將他的一塊錢放在單一項投資裡，一直持有，讓它的價值倍增27.5次，結果又會如何呢？這樣的話，他的稅前財富會暴增至2億美元，如果在最後一年支付7,000萬美元的所得稅，稅後還有1.3億美元。看在這麼多錢的分上，Appassionatta就算爬也會爬到狗鎮來。當然，經過了二十七年半的時間，坐擁1.3億美元的男人會怎麼看Appassionatta，那又是另外一回事了。

這個小故事告訴我們，需要納稅的投資人長期持有單一項投資，讓它的價值按某一速度持續複合成長，最終可以得到的財富，遠比不斷轉換報酬率相同的投資項目來得多。不過，我想許多波克夏股東早就明白這個道理了。

―――――

波克夏偏好百分百收購一家公司而不是購入少量股權，是考慮到一個與賦稅有關的重要財務因素。在現行稅法下，我們擁有一家公司80％或以上的股權，遠比僅持有較少的股權有利。一家我們百分百持股的公司稅後賺了100萬美元時，這筆錢完全屬於我們。如果該公司將全部盈餘當作股息分配給我們，我們不必繳納股息稅。而如果該公司保留全部盈餘，然後我們以超過成本100萬美元的價格出售這家公司（這種事幾乎不可能發生在波克夏！），我們並不需要支付資本利得稅。這是因為這宗出售案的「稅務成本」，除了我們的原始投資金額外，還包括子公司隨後保留的盈餘。

我們來比較一下有價證券投資的情況。假設我們擁有一家稅後盈餘1,000萬美元的公司10％之股權，我們應占的盈餘100萬美元將必須繳納額外的州與聯邦稅金：（1）如果這筆錢以股息的形式發放給我們，我們必須支付約14萬美元的股息稅（我們多數的股息收入適用14％的稅率）；

（2）如果這100萬美元被保留在公司，隨後我們出售股權時，以資本利得的形式回饋給我們，我們將必須支付不低於35萬美元的資本利得稅（我們的資本利得通常適用35％的稅率，但有時也接近40％）。當然，只要我們不馬上出售持股，這35萬美元的資本利得稅是可以延後支付的，但我們最終還是逃不掉。事實上，就一般股票投資而言：政府可說是分享我們投資報酬兩次的「合夥人」；但如果我們的持股比例達80％或以上，則政府僅能分享一次。

2003年5月20日，《華盛頓郵報》社論版刊登了本人批評布希政府減稅方案的文章。十三天之後，美國財政部主管賦稅政策的助理部長潘蜜拉·歐森（Pamela Olson）在一場有關減稅法案的演講中講道：「這意味著某位中西部聖賢仍可安心留住他的全部所得；要知道，他玩弄稅法，就像拉小提琴那麼純熟。」我想她講的正是在下。

唉，鄙人「琴技」實在平庸，別說是卡內基音樂廳，連在高中音樂會上演奏都不夠格。波克夏將為2003年的所得，替各位和本人向美國財政部繳納33億美元的稅金，占2003財政年度美國企業繳納的所得稅總額之2.5％（相對之下，波克夏的市值僅占美國全部企業1％左右）。

此金額幾乎肯定會使我們名列全美納稅大戶前十名。事實上，只要有540位和波克夏一樣的納稅人，所有其他美國公民與企業就可以不必再繳一毛錢給聯邦政府。沒錯，也就是說，2.9億美國公民和所有的其他企業，可以不必繳任何所得稅、社會保險稅、消費稅或遺產稅給聯邦政府（是這麼算的：2003財政年度聯邦政府包括社會保險稅在內的歲入總計1.782兆美元，只要有540個「波克夏」，每個繳33億美元，聯邦政府就能得到這1.782兆美元）。

2002年度我們繳了17.5億美元的聯邦所得稅，報稅表不過是8,905頁紙而已。奉稅法規定，我們盡職地準備了兩份，疊起來有七英尺高。在波克夏的全球總部，我們區區15.8名員工趕出這些文件後雖然筋疲力盡，但一時間也倍感光榮：我們敢說，波克夏肯定已盡了支持國家財政所需的義務。

　　財政部如今對美國企業界相當不滿，官員容易發脾氣，我能明白此中原因。但財政部應該找國會與白宮想辦法，而不是找波克夏。2003年度，企業所得稅僅占聯邦政府總歲入7.4%，遠低於1952年的戰後高點32%。除了1983年外，去年的百分比是1934年此數據系列開始公布以來最低的。

　　儘管如此，爲企業（及其投資人，特別是大戶）減稅仍是現任政府2002與2003年的施政重點。如果美國眼下正發生階級戰爭，我的階級顯然正大占上風。如今許多大公司支付的聯邦所得稅，實際稅率遠低於法定稅率35%——這些公司的執行長才是眞正的小提琴高手，各位的董事長眞是相形見絀。

　　波克夏於1985年繳了1.32億美元的聯邦所得稅，當年美國企業總計繳了610億美元。1995年，這兩個數字分別是2.86億和1,570億。如前所述，我們2003年將納稅33億美元左右，而美國企業整體估計將繳1,320億美元。我們希望波克夏貢獻的稅款未來繼續增加，因爲這代表我們的業務日益興旺；但我們也希望，其他美國企業在納稅上能跟我們同步成長。這或許正是歐森女士該努力推動的事。

　　我想針對股息和稅務說幾句教育性的話：一如多數公司，波克夏從1美元的股息得到的淨收益，顯著多於從1美元的資本利得得到的淨收益。這可能會使我們的一些股東感到驚訝，因爲他們習慣了視資本利得爲稅務

上比較優惠的一種報酬。

但公司相關的數學邏輯是這樣的：公司每實現1美元的資本利得，要繳35美分的聯邦所得稅（通常還要繳州所得稅）。另一方面，從國內公司獲得的股息收入總是適用較低的稅率，雖然實際稅率因收取股息者的身分而異。

對非保險公司（例如母公司波克夏哈薩威）來說，每1美元的股息收入要繳10.5美分的聯邦稅。此外，非保險公司若擁有所投資公司逾20％的股份，則每1美元股息只需要繳7美分的稅。（公司的股息收入適用較低稅率的理由，是支付股息的被投資公司已經為用來配發股息的盈利繳了自己的公司稅。）

波克夏的保險子公司適用的股息稅率略高於非保險公司，但仍遠低於35％的資本利得稅率。財產／意外保險公司收到的大部分股息，適用的稅率約為14％。不過，如果它們擁有總部設在美國的被投資公司逾20％的股份，股息適用稅率會降至11％左右。

三、美國政府：沉默的夥伴 [82]

American Government: The Silent Partner

各位的公司每年都要繳納非常可觀的聯邦所得稅。例如在2021年，我們繳了33億美元，而美國財政部報告的企業所得稅總收入為4,020億美元。除此之外，波克夏也繳交大量的州稅和外國稅。那句經常作為託詞的

「我在公司捐獻過了」（I gave at the office），如果是由波克夏的股東來說，那是完全站得住腳的。

波克夏的歷史生動地說明了政府與美國企業之間無形且往往不為人知的財務夥伴關係。我們的故事始於1955年，當時波克夏精紡公司（Berkshire Fine Spinning）和哈薩威製造公司（Hathaway Manufacturing）同意合併。新英格蘭地區這兩家備受敬重的紡織公司請求股東批准交易時，對合併表達了厚望。

例如，哈薩威公司向股東保證：「兩家公司間資源和管理層的合併，將創造出紡織業最強大、最高效的組織之一。」這種樂觀的觀點獲得哈薩威的顧問雷曼兄弟支持（沒錯，就是**那家**雷曼兄弟）。

我確信，無論是在秋河市（波克夏所在地）還是新貝德福市（哈薩威所在地），合併成立的那一天都是歡樂的日子。但是，當樂隊停止演奏、銀行家都回家去之後，股東們卻面臨一場災難。

合併後的九年之間，波克夏的股東眼睜睜看著公司的淨資產從5,140萬美元跌至2,210萬美元。某部分是因為公司回購股票、不明智地配發股息，以及關閉工廠所造成的。不過，數千名員工於九年間的勞動力，也讓公司累積了不少營運虧損。波克夏的掙扎求生並不反常：新英格蘭紡織業當時已經悄悄步入漫長且不可逆轉的死亡過程。

在合併後的這九年裡，美國財政部也因為波克夏的困境而蒙受損失。在此期間，波克夏總共僅向政府繳了337,359美元的所得稅——平均**每天100美元**，實在少得可憐。

1965年初，情況發生了變化。波克夏任命了新的管理層，重新配置了可用的資金，並將幾乎**所有**盈餘投入到各種良好業務中——隨後多年，它們多數一直保持良好的狀態。盈餘再投資結合複利的力量，發揮了神奇的作用，公司股東也獲得豐厚的報酬。

值得注意的是，波克夏這一次修正發展方向，並非只嘉惠了公司股

東。他們的「沉默夥伴」美國財政部，開始收到波克夏繳納的可觀所得稅，多年下來高達**數百億**美元。還記得平均每天繳稅100美元的日子嗎？現在，波克夏平均每天向財政部繳稅約**900萬**美元。

為了公平對待我們的政府夥伴，我們的股東應該承認（或甚至大肆宣揚），波克夏能有如此榮景，**很大程度**上是因為公司在美國營運。自1965年以來，即使**沒有**波克夏，我們的國家也會有傑出表現。但是，如果沒有我們的美國家園，波克夏絕不可能有趨近今天的成就。各位看到國旗時，請說聲謝謝。

第九篇

美國歷史
American History

在我看來，波克夏的成就在很大程度上不過是搭上了「美國順風」（The American Tailwind）的產物。美國的企業或個人如果誇耀自身成就「全靠自己」，那就是極度傲慢。諾曼第那一排排整潔的白色十字架，應該使那些傲慢的人感到羞愧。

　　世界各地還有許多其他國家前景光明。我們應該對這種情況同感喜悅：如果所有國家都興盛發展，美國人將會更加富足且安全。在波克夏，我們期望從事規模可觀的跨國投資。

　　不過，在未來七十七年裡，我們主要的收益來源可說肯定將來自美國順風。獲得這股力量的支持是我們的幸運——無可比擬的幸運。[83]

一、美國奇蹟 ⁸⁴

The American Miracle

　　我們國家的成就可用奇蹟一詞概括。美國人建國兩百四十年（還不到我在世時間的三倍），結合人類的聰明才智、市場體系和法治制度，借助大量湧入的才華橫溢且雄心勃勃的移民，從無到有創造了我們祖先作夢也想不到的富足。

　　你不必是經濟學家，也能明白我們的制度運作得非常好。你只需要看看你的周遭。看看7,500萬間自有住宅、豐饒的田地、2.6億輛汽車、生產力極高的工廠、傑出的醫學中心、人才濟濟的大學——它們都是美國人以1776年的荒蕪土地、原始建築和微薄產出為基礎所創造出來的。美國人白手起家，至今積累了總額90兆美元的財富。

　　誠然，擁有房屋、汽車和其他資產的美國人往往大量借貸以取得資金購買這些財產。但是，如果這些人債務違約，其資產不會消失或失去用處。它們的所有權通常會落入美國的放款機構手上，然後轉售給其他美國人。我們國家的財富仍完好無損。正如葛楚·史坦（Gertrude Stein）所說：「錢一直都在，只是會換口袋。」

　　最重要的是，我們的市場體系——一名能幹地指揮資本、人才和勞動力配置的經濟交通警察——創造了美國的富足。這個體系也是決定經濟成果分配的主要因素。在此之外，政府藉由聯邦、州和地方層面的課稅進行再分配，決定了頗大一部分的財富分配。

　　例如，美國人認為，處於勞動年齡的公民應該照顧老幼。這種形式的援助有時反映在法定福利支出（entitlements）上，往往被視為老年人專享。但不要忘記，每年出生的四百萬名美國孩子都享有公立教育福利。此

一社會福利承擔的資金需求主要在地方層面解決，每個孩子的費用約爲15萬美元，每年總費用超過6,000億美元，約爲GDP的3.5%。

無論我們的財富如何分配，你在四周所目睹的驚人財富幾乎全都屬於美國人。當然，我們的財富也有一小部分屬外國人所有，但這並不怎麼影響我們國家的資產負債，因爲我國公民在國外擁有價值相若的資產。

應該強調的是，早期的美國人並不比那些在他們之前的漫長歲月裡辛勤勞作的人更聰明或更勤奮。但這些富冒險精神的先驅精心設計了一套能釋放人類潛能的制度，而後繼者在此基礎上壯大了國家。

在未來很長的日子裡，這種經濟創造將繼續帶給我們的後代越來越多財富。是的，財富的積累將不時短暫中斷，但它不會停止。我想再說一次我過去曾說、未來料將再說的一句話：今天出生於美國的孩子是歷史上最幸運的一代。

* * * * *

美國的經濟成就帶給了股票投資人驚人的利潤。在20世紀，道瓊工業指數從66點升到11,497點，資本利得高達17,320%，而穩步增加的股息更進一步顯著提高了整體獲利。

美國企業未來幾乎肯定會更值錢，因此一籃子的美國股票亦然。創新、生產力成長、創業精神和充裕的資本將確保此事發生。現實中總是存在看輕美國前景的人，他們或許可以藉由推銷他們的悲觀預測來獲利。但如果他們真按照自己的胡言亂語行事，就只能祈求上天保佑他們了。

當然，許多公司會落後於人，還有些公司會倒閉。這種篩選是市場動能的產物。此外，未來偶爾會出現股市大跌——甚至是恐慌——的情況，屆時幾乎所有股票都將受影響。沒有人能告訴你這樣的重創何時會發生。紐約聯邦準備銀行的梅格·麥康奈（Meg McConnell）恰當地描述了經濟

恐慌的現實：「我們花很多時間尋找系統風險，但事實上，往往是系統風險找上我們。」

二、生產力成長 [85]

Productivity Growth

　　美國現在的人均GDP約為56,000美元。按實際價值計算，這是我出生的1930年的六倍，而這種驚人的成長遠非我父母那個世代所能想像。相對於1930年的美國人，現在的美國公民並非生來比較聰明，也沒有更努力地工作。他們只是大幅提高了工作效率，因此大大增加了產出。這個強大的**趨勢**必將持續下去：美國的經濟魔力依然生機勃勃。

　　一些評論者哀嘆我們的GDP實質成長率現在只有2%——確實，我們都希望成長率可以高一些。但我們且用這個令人遺憾的2%成長率來做一些簡單的推算。我們將看到，這種成長率可以帶給我們驚人的利益。

　　美國人口目前每年增加約0.8%（出生人數減去死亡人數貢獻0.5%的成長，移民淨流入貢獻0.3%的成長）。因此，2%的整體經濟成長造就約1.2%的人均GDP成長。這看來似乎沒什麼了不起。但若以一個世代25年計，這個成長率將造就人均GDP實質成長34.4%。（因為複利效應，累計成長率將高於單純的25×1.2%。）也就是說，這個34.4%的增幅將帶給下一個世代19,000美元的人均GDP實質成長，增幅相當驚人。如果經濟成長成果平均分配，一個四人家庭一年的所得將增加76,000美元。今天的從政

者不需要為明天的孩子流淚。

的確，現在的孩子多數過得很好。在我居住的上層中產階級社區，所有家庭一般享有高於我出生時老洛克菲勒（John D. Rockefeller Sr.）所能享有的生活水準。洛克菲勒先生無與倫比的財富無法買到我們現在視為理所當然的東西，無論是在交通、娛樂、通訊還是醫療服務方面——這還只是其中幾個例子。當年他無疑坐擁權勢和名望，但他無法像我現在的鄰居們生活得那麼好。

雖然下一個世代可以分享的經濟大餅將遠大於現在，但大餅如何分配仍將極富爭議。一如現在的情況，勞動人口與退休者之間，健康者與病弱者之間，繼承者與白手興家者之間，投資人與勞動者之間，以及，尤其是那些本身才能具高度市場價值的人、與同樣體面勤勞但其技能不受市場青睞的美國人之間，將爭奪增加的商品和服務產出。這種衝突過去一直存在，也將一直持續下去。國會將是戰場，金錢和選票將是武器，而遊說業仍將是一個成長型產業。

不過，好消息是，未來即使是「戰敗」一方的成員，也幾乎肯定可以享受遠多於過去的商品和服務——理應如此。他們獲得增長的資源之品質也將大大提高。在生產人們想要的東西方面，沒有什麼能與市場體系媲美——在提供人們還不知道自己想要的東西方面，更是如此。我的父母年輕時無法想像電視機這種東西，而我在五十幾歲時也沒想到我需要個人電腦。這兩種產品向世人展現其功能之後，很快就天翻地覆地改變了我們的生活。現在，我每週花十個小時在網路上打橋牌。而在我寫這封信時，「搜尋」對我來說是無價之寶。

兩百四十年來，押注看衰美國是個可怕的錯誤，而現在也絕不是開始這麼做的時候。美國的商業和創新金鵝將繼續生出更多更大的蛋。美國的社會保障承諾將會兌現，而且可能變得更慷慨。而且，是的，美國孩子們的生活將會比他們的父母好得多。

＊　＊　＊　＊　＊

自1776年建國以來，每小時就業所產出的持續成長，向來是美國民眾生活水準大幅提高的祕訣。不幸的是，「祕訣」這個說法正如其名：少有美國人完全明白生產力與繁榮之間的關聯。為了闡明兩者的關係，我們先來看這個國家最戲劇性的例子——農業的情況。

1900年，美國非軍職勞動人口為2,800萬，當中1,100萬人從事農業，占總勞動人口的比例高達驚人的40％。和現在一樣，當時最主要的農作物是玉米。約9,000萬英畝的田地專門種植玉米，平均每英畝產量為30蒲式耳，一年總產量為27億蒲式耳。

隨後出現了拖拉機和一項又一項的創新技術，讓影響農業生產力的各個關鍵因素有了革命性的進展，包括種植、收割、灌溉、施肥和種子品質。現在，我們用來種植玉米的田地縮減至約8,500萬英畝。但是，生產力的進步使每英畝產量大增至150蒲式耳以上，年產量高達130至140億蒲式耳。其他農產品的生產也取得了類似的進步。

不過，產量大增並非故事的全貌：農產品產出巨幅成長的同時，務農勞動力（「人力投入」）大大減少了。現在美國有約300萬人在農場工作，僅占我國1.58億勞動人口的2％。因此，農業生產技術的進步，使現在數千萬名勞工得以利用其時間和才能從事其他工作，而這種人力資源的重新配置，使現在的美國人享有若非如此則無法得到的巨量的非農業商品和服務。

回顧過去一百一十五年，我們不難發現，農業創新著實創造了巨大的利益——不僅是為農夫，更為我們整個社會。如果扼殺了這些生產力成長，美國就絕不會是現在這個樣子。（幸好馬兒不能投票。）但是，在日常生活中，關於「更大利益」的說法，對那些被機器搶走飯碗的農場工人來說肯定是空泛之詞（畢竟機器執行某些例行作業的效率是人類不可能企

及的）。

接下來，我們來看對波克夏的子公司產生重大影響的三則關於效率的故事。類似的轉變在美國企業界比比皆是。

- 第二次世界大戰剛結束的1947年，美國總勞動人口為4,400萬。約135萬人受雇於鐵路業。一級鐵路在這一年中完成的貨運收益噸英里數（revenue ton-miles）總額為6,550億。

到了2014年，一級鐵路於這一年共運輸了1.85兆貨運噸英里，較1947年增加182％，但僅雇用18.7萬人，較1947年減少86％。（這當中的變化部分涉及客運方面的員工，但人力減少主要還是在貨運方面。）因為這種驚人的生產力進步，經通膨調整的每噸英里貨運收費自1947年以來降低了55％，每年可為託運人節省約900億美元（以現值美元計）。

另一個驚人的數字：如果鐵路貨運的人力需求維持在1947年的水準，我們將需要超過300萬名鐵路員工來處理今日的貨運量。（當然，雇用這麼多人將大幅推高鐵路貨運費，結果是貨運量不可能接近現在的實際水準。）

- 略久於一個世紀前，人類發明了汽車，為汽車及其駕駛人提供保險的行業因此形成。最初，這項業務是傳統的保險代理公司所經營的——代理火險業務的那種公司。這種以代理為中心的運作方式涉及高昂的佣金和其他承保支出，約占保費40％。當時，實力雄厚的地方代理公司居主導地位，因為它們同時代表多家保險公司，在談判佣金時可以利用保險公司之間的競爭為自己牟利。業界因此盛行卡特爾式（Cartel-like）定價，充分照顧到所有參與者的利益——除了消費者。

之後，有美國人發揮了他們的聰明才智：來自伊利諾州默納（Merna）

的農夫馬赫爾（G. J. Mecherle）想到可以建立一支專屬銷售團隊，專門販售單一公司的保險產品。他就此建立了State Farm Mutual。該公司削減佣金和支出，因此得以降低保費，很快成為一方巨擘。有好幾十年的時間，State Farm都是汽車和屋主保險方面遙遙領先的業務量冠軍。同樣採用直銷模式的好事達保險公司（Allstate）長期位居亞軍。State Farm和好事達的承保費用均為保費的25%左右。

1930年代初，另一競爭者、類似互助公司的聯合服務汽車協會（United Services Auto Association, USAA）以直接向客戶銷售的方式，承作美國軍人的汽車保險。此一行銷創新源於軍方人員的特殊保險需求：他們從一個基地轉移到另一個基地，所買的保險必須繼續生效。在地的保險代理公司對這種業務興趣不大，他們要的客戶是穩定續保的在地永久居民。

USAA的直銷途徑比State Farm和好事達的模式更節省成本，因此對客戶來說更加划算。USAA的員工李奧·古德溫（Leo Goodwin）和莉莉安·古德溫（Lillian Goodwin）因此誕生一個夢想，希望將這種直銷模式的目標市場擴大到軍人以外。1936年，他們以10萬美元的資本起家，成立了政府雇員保險公司（Government Employees Insurance Co.），後來將這個拗口的名字簡稱為蓋可（GEICO）。

- 從歷史上來看，地方電力公司之存活並不取決於經營效率。事實上，經營「馬馬虎虎」的地方電力公司也可以有不錯的財務表現。這是因為公用事業公司通常是當地某必需品的唯一供應商，而且獲准把產品價格訂在一定水準，確保可以帶來預定的資本報酬率。業內有這麼一個笑話：公用事業公司是唯一可以藉由重新裝修老闆的辦公室而自動多賺一些錢的公司。有些公用事業公司的執行長著實以這種方式管理公司。

但這一切正在改變。到了今天，社會已經決定，由聯邦政府補貼風能

和太陽能發電符合我們國家的長遠利益。聯邦稅額抵減被用於此一政策的實施上，而這種支持使再生能源在某些地理區域具有價格競爭力。稅額抵減或其他政府規範下的再生能源扶助措施，最終可能侵蝕既有公用事業公司的經濟狀況，尤其是那些成本高昂的營運商。

諸如此類的生產力提升──以及美國的無數其他成就──帶給了社會巨大的利益。這就是為什麼我們的公民整體而言已經享受到、也將繼續享受商品和服務方面的重大成長。

在這種思維的背後，亦有些許抵銷作用。第一，近年的生產力提升主要嘉惠的是有錢人。第二，生產力提升經常引發劇變，當創新或效率上的變革顛覆某人的世界時，無論是資方或勞方都可能付出慘重的代價。

我們不必為資本家流淚，無論是私人公司的老闆還是上市公司的股東。照顧好自己是他們的責任。既然投資人可以因為正確的決定而獲得豐厚的報酬，他們也就應當承受錯誤的抉擇所造成的損失。此外，投資人只要廣泛分散投資並堅持持有，就必定會邁向成功：在美國，好投資所貢獻的收益，總是能抵銷並遠遠超過失敗投資所造成的損失。（在20世紀，道瓊工業指數──可視為一支指數基金──從66點飆升至11,497點，而其成分股支付的股息一路上亦持續增加。）

長期就業的勞工面臨的情況有所不同。創新與市場體系互動促成效率提升，可能導致許多勞工變成冗員，他們的技能也失去價值。有些人可以在其他地方找到像樣的工作，但也有許多人做不到。

處理這類變革的方法不是去限制或取締提高生產力的行動。如果我們強制要求農業部門永遠都得雇用1,100萬人，美國人的生活就不可能像現在一樣好。

真正的解決方案是建立起各種安全網，使那些願意工作、但因市場力量導致個人技能變得不值錢的人可以過上體面的生活。（我個人傾向支持改革和擴大勞動所得稅額抵減制度，以確保在美國，願意工作的人都得以

安居。）絕大多數美國人的生活都變得越來越好，但不應該以不幸者陷於貧困為代價。

三、順風 [86]

Tailwinds

3月11日將是我首度投資於美國企業77週年。那一年是1942年，我11歲，傾盡了一切，動用了我從6歲開始儲蓄的114.75美元。當時我買了3股城市服務公司（Cities Service）的優先股。我成了一名資本家，感覺相當不錯。

現在我們來回溯一下我首度投資之前的兩個七十七年。第一個七十七年始於1788年，也就是喬治·華盛頓就任我國首任總統的前一年。當時有誰能想到他們的新國家將在短短三個七十七年裡取得如此輝煌的成就？

在1942年之前的兩個七十七年裡，美國從400萬人口（約占世界人口0.5％）發展成為地球上最強大的國家。但是，在1942年春天，我們面臨一個危機：美國及其盟國在我們三個月前才投入的世界大戰中損失慘重，每天都有壞消息傳來。

雖然新聞標題令人惶惶不安，但在那年的3月11日當下，幾乎所有美國人都相信我們將打贏這場戰爭。而且，他們的樂觀精神並非僅限於打贏戰爭這件事。撇開某些先天的悲觀主義者不談，美國人相信，他們的子子孫孫將過上比他們自己好得多的生活。

當然，當時的美國公民明白前方的道路不會一帆風順。這個國家從

來沒有一帆風順。早年我國經歷了嚴酷的內戰，那場戰爭殺死了4％的美國男性，促使林肯總統公開提出令他深思的問題：「一個抱持如此主張、為這個主張如此奉獻的國家能否長久存在？」1930年代，美國經歷了大蕭條，那是民眾大量失業的一段痛苦時期。

儘管如此，我在1942年首度投資時，這個國家正期待著戰後的經濟成長，而事後證明這個信念是有充分根據的。事實上，以嘆為觀止來形容這個國家的成就是最恰當不過。

我們來引用數據以支持上述觀點：如果當年我把那114.75美元投資於一支無需費用的標準普爾500指數基金，並將所有股息再投資下去，那麼到2019年1月31日（本文截稿時可取得的最新資料），我的持股（稅前）價值將達到606,811美元，也就是每投入1元就變成5,288元。如果當年有個免稅機構（例如退休基金或大學捐贈基金）投資了100萬美元，其持股的價值將變成約53億美元。

有些人習慣基於政府財政赤字宣揚悲觀的看法，他們可能注意到，在我提到的最後一個七十七年裡，我國國債增加了約400倍，也就是40,000％！假設你預見此一情況，而且對赤字失控、美元將變得一文不值的前景感到恐慌。為了「保護」自己，你可能會放棄股票，選擇拿那114.75美元買入3.25盎司黃金。

那麼，這項「保護」措施可以帶給你什麼呢？你現在手上的資產約值4,200美元，比起用無需主動管理的方式投資於美國企業，你所能得到的價值不及後者的1％。神奇的黃金與美國人的才智勇氣相比根本不是對手。

我國近乎不可思議的繁榮是在兩大政黨共同努力下實現的。1942年以來，我們經歷了七位共和黨籍總統和七位民主黨籍總統。在他們任職的這些年裡，我國不時經歷各種嚴峻考驗，包括一段長時間的嚴重通膨、曾達21％的基本放款利率、幾場富爭議且代價高昂的戰爭、一位總統辭職、

一次普遍性的房價崩跌、一場癱瘓經濟運作的金融恐慌，以及諸多其他問題。這些事件全都帶來駭人的新聞標題，但現在全都已成爲歷史。

聖保羅大教堂的建築師克里斯多夫·雷恩（Christopher Wren）身後就葬在倫敦他蓋的這座教堂裡。你可以在他的墓地旁看到這些文字（原文爲拉丁文）：「如果你想尋找我的紀念碑，請看看四周吧。」那些對美國經濟運作方式持懷疑態度的人，應當遵從雷恩寫下的這則訊息。

回到我們的起點，1788年時，這裡除了一夥雄心勃勃的人，以及一個意在實現其夢想的治理框架雛形，眞的也沒有多少東西。如今，聯準會估計我們的家戶總財產達到108兆美元——一個幾近超乎理解範圍的數字。

第十篇

尾聲
Coda

波克夏如今是一家業務非常多樣的綜合企業集團，並持續致力進一步拓展各種業務。必須承認的是，綜合企業集團在投資人當中名聲很差，而且這是應該的。我先解釋綜合企業集團為何名聲不佳，然後再說明為什麼這種形式帶給波克夏巨大且持久的優勢。[87]

一、巴菲特論波克夏文化 88

Buffet on Berkshire Culture

　　我進入商界之後，綜合企業集團曾有幾段時間極受歡迎，最蠢的一段是在1960年代末。當時企業集團執行長的操作方式很簡單：這些經理人利用個人名聲、宣傳或可疑的會計手段，將一家新興企業集團的本益比推升至相當高的水準（例如二十倍），然後盡快發行股票，收購本益比低得多（例如十倍左右）的公司。他們立即應用「權益結合法」這種會計方式，在完全沒有改善業務體質的情況下，自動提升了公司的每股盈餘，以此作為他們具有管理才幹的證據。接著他們向投資人表示，如此優秀的表現足以證明其公司的本益比值得維持在高水準，甚至進一步提高。最後，他們承諾不斷重複此一程序，進而創造每股盈餘持續成長的佳績。

　　在1960年代，華爾街越來越愛這種戲法。倘若可疑的手段被用來製造出持續成長的每股盈餘，華爾街業者總是樂於擱置懷疑，尤其是如果這種特技可以促成企業併購，帶給投資銀行業者豐厚收入的話。審計師樂於祝福這些企業集團的會計方法，有些甚至會提供建議，協助這些公司進一步美化數字。由於可以輕鬆賺大錢，許多人的道德疑慮便一掃而空。

　　因為這些企業集團的每股盈餘成長有賴於利用本益比差異，其執行長必須伺機收購低本益比的公司。後者當然往往是長期前景不佳的平庸公司。這種傾向導致這些企業集團收購素質越來越差的公司。這對投資人來說並不重要：他們指望快速併購和權益結合法造就盈餘成長。

　　併購活動因此大爆發，崇拜企業界的媒體推波助瀾。ITT、利頓工業（Litton Industries）、海灣西方（Gulf & Western）和LTV等公司受到熱烈追捧，其執行長成了名人。（這些一度大名鼎鼎的企業集團早已消失。如尤

吉·貝拉所言：「每個拿破崙都會遇到他的水門。」〔Every Napoleon meets his Watergate.〕）當年各種各樣的會計詐術（有許多是明目張膽到荒謬的地步）都得到開脫或忽視。事實上，一家擴張中的企業集團若有會計術士坐鎮，會被視為巨大的優勢：股東可以確信公告盈餘永遠不會令人失望，無論公司的經營環境多麼艱難。

1960 年代末，我曾出席一場會議，會上一名熱衷收購的執行長吹噓自己「勇氣可嘉、富想像力的會計手段」。在場的分析師多數點頭稱許，覺得自己找到了一位必定能達成財測的經理人，無論公司的經營績效如何。但是，午夜的鐘聲響起時，一切將變回南瓜和老鼠。我們再度明確看到，以連續發行價格過高證券為基礎的商業模式，就像連鎖信把戲那樣，無疑會導致財富重新分配，但絕對無法創造財富。儘管如此，這兩種現象仍不時在我國流行（這是所有掮客夢寐以求的），雖然它們往往會有精心設計的偽裝。結局總是一樣：錢從輕信者流向行騙者。但股票騙局有一點與連鎖信不同：被騙走的錢可能多得驚人。

那麼，查理和我認為波克夏的企業集團結構有何誘人之處？簡而言之：我們若能明智利用企業集團形式，它便是達致長期資本成長最大化的理想結構。資本主義據稱擁有一個優點，是它能高效地配置資金：市場將引導資金投入有前途的業務上，並且使必將凋零的業務得不到資金。事實的確如此：雖然會產生種種離譜現象，但市場導向的資本配置方式通常遠優於所有替代方案。

不過，資本的理性流動往往仍必須克服一些障礙。公司的資本若投入於衰退中的業務，執行長極少會選擇將大量資本轉投到不相關的活動中，因為這麼做往往必須炒掉長期的工作夥伴，並且承認錯誤。此外，即使這名執行長有意承擔資本重新配置的任務，你也可能不想將這件事交給他。

在股東的層面，個別投資人若想轉換標的（公司或產業）、重新配置資本，往往必須承受沉重的稅金和「摩擦成本」。即使是不必納稅的機構

投資人，轉移資本仍必須承擔高昂的費用，因為它們往往需要中介協助。許多品味奢華的人搶著分一杯羹，包括投資銀行業者、會計師、顧問、律師，以及從事資本再配置的人，例如槓桿收購業者。這些協助資本重新配置的人，收費一點也不便宜。

相對之下，像波克夏這樣的企業集團，具有絕佳的條件以最低的成本理性配置資本。當然，形式本身無法保證成功。我們歷來犯了很多錯誤，未來也仍會犯錯。但是，我們的結構優勢是非常巨大的。

在波克夏，我們可以在避免產生稅負或其他費用的情況下，將巨額的資金從那些再投資機會有限的業務，轉移到前景較為樂觀的業務。此外，我們不會因為終身投入於某個產業而受歷史偏見影響，也不會受到那些為了自身利益而支持維持現狀的同事施加壓力。這是很重要的：如果當年控制投資決定的是馬，我們將不會有汽車產業。

我們具有的另一項重要優勢，是可以購入優秀企業的**部分股權**（也就是普通股）。這是多數公司的管理層沒辦法做的一件事。在波克夏的歷史上，這個策略選項證實非常有用：選擇非常多樣，有助於我們做出更好的決定。股市每天提供的收購機會（當然只是購入少量股權），吸引力往往遠大於我們同期得到的收購整家公司的機會。此外，我們在有價證券投資上的獲利，也賦予我們完成某些大型收購案的財力；如果少了這些獲利，我們根本負擔不起那些收購。

實際上，這個世界如同波克夏的牡蠣（編注：比喻世界就像一個可以打開、充滿寶藏的牡蠣）：我們可以把握的機會，遠比多數公司廣泛多樣。當然，我們收購的企業，僅限於我們可以評估其經濟前景的公司。這是很大的限制：查理和我對許多公司十年後的情況毫無頭緒。但是，相對於那些只有單一產業經驗的企業經理人，我們的限制其實小得多。此外，相對於受限於單一產業有限潛力的許多公司，我們有利可圖的擴展空間大得**多**。

波克夏還有一項歷年來日趨重要的優勢：我們如今是許多優秀企業的

股東和經理人的首選歸宿。擁有成功企業的家族考慮出售公司時，有多種選擇。最好的決定往往是按兵不動。擁有一家自己非常了解的興旺企業，其實是非常美好的事。但是，華爾街業者很少會建議這些企業主什麼都不要做。（別去問理髮師你是否該剪頭髮。）

如果家族中有人想出售公司，也有人想繼續經營，公開發行股票往往是合理的做法。不過，有時股東想賣掉全部股權，此時他們通常會考慮兩種做法。第一種是將公司賣給競爭對手，對方往往對合併兩家公司所能產生的「綜效」垂涎不已。這種買家總是會考慮炒掉賣方公司的許多員工，包括許多幫助老闆建立事業的人。但是，關心員工的老闆（還真不少）通常不希望自己的長期夥伴悲傷地唱這首古老的鄉村歌曲：「**她得到金礦，我受到苛待。**」

第二種選擇是將公司賣給華爾街買家。在一段時期裡，這些買家正確地自稱「槓桿收購業者」。到了1990年代初，該名稱變成一個臭名——還記得 RJR 併購案和記述此事的著作《門口的野蠻人》（*Barbarians at the Gate*）嗎？這些業者匆忙替自己更名爲「私募股權公司」。但它們也只是改了名而已：在私募股權公司主導的收購案中，被收購公司的股權資本幾乎一定**大減**，債務則大增。事實上，私募股權公司開出的收購價，某種程度上取決於買家認爲被收購的公司可以額外承受**多少債務**。

之後如果一切順利，股權資本開始顯著增加，私募股權公司往往會替這家公司額外舉債，重新提高槓桿。然後它們往往會利用舉債所得，派發一筆豐厚的股息，大幅降低股權資本，有時甚至會降至負數。事實上，對許多私募股權公司來說，「股權」是個髒詞；它們熱愛的是債務。在利率非常低的時候，這些買家往往可以支付很高的價格。買回來的公司一段時間之後會被轉手賣掉，往往是賣給另一家槓桿收購業者。被買來賣去的公司實際上變成了一種商品。

波克夏爲希望出售公司的企業主提供第三種選擇：一個永久的歸宿，

公司的人員和文化都可以保留下來（雖然偶爾可能必須更換一些管理層的人）。此外，我們收購的公司可以大幅增強財力和成長能力，公司管理層也永遠不必再與銀行和華爾街分析師打交道。有些賣家不在乎這些，但如果他們在乎，沒有多少買家能與波克夏競爭。

有時會有「權威人士」建議波克夏分割一些業務。這種建議毫無道理。我們的公司作為波克夏的一部分，價值高於成為獨立的公司。原因之一，是我們有能力在不會產生稅負的情況下，立即在各業務之間轉移資金，或是將資金投入新的事業。此外，如果有些業務分割出去，有些費用必然會全部或部分重複。這是最明顯的例子：波克夏維持單一董事會的費用微不足道；如果數十家子公司分割出去，董事總費用將飆漲。監理和行政費用也將大增。

最後，我們可以利用某家子公司的節稅空間，有時是因為我們擁有其他子公司。例如，我們的公用事業子公司可用的某些租稅抵減，目前之所以能用，是因為波克夏的其他業務產生了巨額的應稅所得。相對於其他公用事業公司，波克夏哈薩威能源在發展風能和太陽能業務方面，因此享有重大優勢。

投資銀行業者必須促成交易才能賺大錢，他們因此不斷力勸收購方以高於市價20％至50％的價格收購上市公司。這些投行業者告訴收購方，這種溢價是合理的，因為收購方將取得「控制價值」，而且一旦收購方的執行長掌管一切，將會發生很多美好的事情。（渴望收購其他公司的經理人，怎麼會質疑這種說法呢？）

數年之後，面無表情的投行業者再度現身，同樣熱切地敦促客戶分割之前收購回來的業務，以便「釋放股東價值」。這種分割當然會剝奪母公司據稱擁有的「控制價值」，而且不會有任何補償。投行業者表示，分割出去的公司將茁壯成長，因為其管理層在擺脫了母公司令人窒息的官僚程序之後，將展現強勁的創業精神（之前據稱英明神武的執行長忽然被貶低了）。

如果分割業務的公司之後希望買回分割出去的業務，投行業者又將力勸其管理層爲「控制價值」支付高昂的溢價（投資銀行界的這種心理「彈性」衍生了一種說法：往往是服務費促成交易，而不是交易產生服務費）。

當然，波克夏有時可能會應監理機關的要求，分割或出售某項業務。我們曾於1979年執行這樣一宗分割：針對銀行控股公司的新法規，迫使我們分割我們在伊利諾州羅克福德市擁有的一家銀行。

但是，對我們來說，自願的分割是毫無道理的：我們會失去控制價值和資本配置彈性，有時還可能失去重要的租稅優勢。目前經營表現傑出的子公司執行長，在公司分割出去之後將難以維持同樣的傑出表現，因爲他們會失去身爲波克夏集團一員所享有的營運和財務優勢。此外，子公司分割出去之後，子公司與母公司的費用將有所增加。

* * * * *

如今波克夏擁有（1）一些無與倫比的公司，多數享有樂觀的經濟前景；（2）一隊傑出的經理人，他們幾乎全都極度忠於他們負責的子公司和波克夏；（3）極其多元的盈利來源、頂級的財力，以及在所有情況下都將維持的極度充裕的流動資金；（4）首選買家的地位（考慮出售公司的企業主和經理人，往往選擇波克夏作爲首選買家）；（5）我們花了五十年建立起來、如今堅若磐石的一種企業文化，在許多方面與多數大公司截然不同（這與上一點有關）。這些優勢是我們發展事業的極佳基礎。

現在，我們來展望前方的道路。請注意，如果我在五十年前展望波克夏的前景，我的某些預測將大大偏離事實。提出這個警告之後，現在我來告訴各位，如果我的家人今天問我波克夏前景如何，我會說些什麼。

- 首先是最重要的一點：我認爲耐心的波克夏股東蒙受永久資本損失的可能性非常低，應該是投資單一公司最低的。這是因爲假以

時日，我們的每股內在價值幾乎必將成長。

然而，這個美好的預測有一個重要的但書：如果投資人買進波克夏股票的價格異常高（例如接近帳面淨值的兩倍——這是波克夏股價有時會達到的水準），他可能必須等待多年才可以獲利了結。換句話說，如果購入價異常高，明智的投資可能變成輕率的投機。波克夏無法不受此一法則約束。

但是，投資人若以略高於波克夏願意回購股票的價格買進，則應該可以在合理的時間內享有獲利。波克夏的董事必須認為公司股價顯著低於內在價值，才會授權管理層買回自家股票（我們認為這是回購股票的一個必要條件，但其他公司的管理層往往忽略了這一點）。

至於那些打算在買進後一年或兩年內賣掉的投資人，無論他們以什麼價格買進，我都無法提供任何保證。如果你的持股時間這麼短，股市大盤在這段期間的波動，對投資績效的影響將遠大於波克夏內在價值的變動。因為據我所知，世上並無可靠的方法能預測市場的波動，我建議你必須打算持有至少五年，才買進波克夏的股票。尋求短期獲利的人，應該另找標的。

另外也請注意，你不應該借錢買進波克夏的股票。自1965年以來，我們的股價曾三次自高位下跌約50％。未來某個時候，類似的跌勢將再發生，而沒有人知道會於何時發生。對**投資人**來說，波克夏幾乎必將是令人滿意的持股。但對借錢操作的投機客來說，波克夏大有可能是造成災難的標的。

- 我認為波克夏因為任何事件而陷入財務困境的機率幾乎是零。我們總是準備好應付千年一遇的洪水；事實上，事情真的發生時，我們將出售救生衣給那些沒有做好準備的人。在2008至2009年的金融危機中，波克夏發揮了重要的「救急」功能，此後我們的

資產負債實力和營利潛力均已倍增有餘。各位的公司是美國企業界的中流砥柱，未來也仍將如此。

一家公司要有強勁的財務持久力，必須在**所有**情況下保持以下三項實力：（1）巨大且可靠的盈利來源；（2）大量的流動資產；和（3）**不會忽**然需要大量現金。忽略最後一項，往往是企業意外陷入困境的原因：賺錢企業的執行長往往假定公司到期的債務將可獲得再融資，無論債務規模多大。2008至2009年間，許多公司的管理層發現，這種心態其實非常危險。

現在來講我們將如何**一直**保持這三項實力。首先，我們有源源不絕的巨大盈利，來自非常多樣的業務。我們的股東如今擁有許多享有競爭優勢持久的大公司，而我們未來將收購更多這種公司。業務多元化確保了波克夏持續營利的能力，即使未來發生巨災，導致我們必須承受遠超過以往紀錄的保險損失，波克夏仍將有利可圖。

然後是現金。在強健的公司，現金有時被視爲必須盡可能減少的東西——一種不具生產力的資產，會拖低一些績效指標，如股東權益報酬率。但是，現金對企業的意義，有如氧氣對個人的意義：當它存在時，沒有人會注意它；當它短缺時，所有人都只想到它。

美國企業於2008年爲此提供了一個案例。那一年9月，許多長期興旺的公司突然擔心它們開出的支票是否將跳票。它們的財務氧氣一夜之間消失了。但在波克夏，我們的「呼吸」毫無障礙。事實上，從9月中到10月初的三個星期間，我們爲美國企業提供了156億美元的新資金。我們能夠這麼做，是因爲我們總是保持至少200億美元的現金和準現金資產（實際上往往遠遠超過此數）。我們講的準現金資產是指美國國庫券，而不是其他現金替代物；後者宣稱可以提供流動資金，實際上也可以，**除了**你眞正需要它的時候。債務到期時，現金才是法定貨幣。出門時別忘了帶著它。

最後是第三點：我們在營運或投資上，將永遠不會做一些可能導致我

們忽然需要大量現金的事。也就是說，我們將不會使波克夏承受巨大的短期債務負擔，也不會參與可能涉及追繳大量擔保品的衍生交易契約或其他業務安排。

若干年前，我們參與了一些衍生交易契約，因為我們認為它們的價格顯著偏離合理水準，而且只涉及微不足道的擔保要求。那些契約最後帶給我們不錯的獲利。但是，如今新的衍生交易契約涉及充分的擔保要求。我們因此對衍生交易完全失去興趣，無論它們可能提供多大的獲利潛力。我們已有多年時間不曾締結此類契約，僅有的少數例外是為了滿足我們的公用事業子公司的營運需求。

此外，我們不會締結那種賦予保戶套現權利的保險契約。許多**壽險**產品含有贖回條款，結果是保戶可能在極度恐慌時蜂擁套現，情況有如銀行擠兌。我們的產險和意外險業務，則完全沒有這種產品。如果我們的保費收入萎縮，我們的浮存金也將減少，但只會以非常緩慢的速度減少。

有些人可能會覺得我們的保守態度太極端了，但我們如此保守，是因為人們偶爾恐慌是完全可預期的，但事情何時發生則是完全不可預期。雖然幾乎每天都相對平靜，但明天總是不確定（在1941年12月6日或2001年9月10日，我都沒有感到特別不安〔譯注：前者是日本偷襲珍珠港之前一天，後者是911恐怖攻擊之前一天〕）。如果你無法預測明天將發生什麼事，就必須為一切可能情況做好準備。

一名64歲並打算在65歲退休的執行長，在評估未來一年低機率事件發生的風險時，可能會有自己的特別考量。事實上，他的評估可能在99％的時候是「對的」。但這種機率對我們毫無吸引力。我們絕不會拿各位託付我們的資金去玩俄羅斯輪盤，即使那支槍有100個彈膛，而且只裝了一顆子彈。在我們看來，為了追求你只是**想要**的東西，去冒失去你**需要**的東西之風險，是瘋狂的行為。

- 雖然我們如此保守，但我認為我們**每**年均可增強波克夏的每股營利能力。這**並**不代表我們的營業利潤每年均會增加，遠非如此。美國經濟將會有起伏（雖然多數時候是成長），而經濟轉弱時，我們的當期盈利也會受損。但我們將繼續取得有機成長（靠公司本身發展而非併購所獲得的成長），並從事「補強型」收購，拓展新的業務領域。我因此相信波克夏的**基本**營利能力每年均可增強。

在某些年度，我們的盈利將大幅成長，但有時將相對停滯。市場、競爭和運氣將決定我們何時能把握機會。但無論如何，波克夏將持續前進，動力來自我們如今擁有的優秀企業和我們未來將收購的新公司。此外，在多數年度，我國的經濟將為我們的業務提供強勁的助力。我們能以美國為家，實在幸運。

- 壞消息是，波克夏的長期成長（以百分比而非金額計）不可能是戲劇性的，而且將**顯著不如**過去五十年達到的水準。我們的規模已經變得太大了。我估計波克夏未來的表現將優於一般美國企業，但我們的優勢（如果有的話）將不會很大。

終有一天，很可能是距今十年至二十年，波克夏的盈利和資本資源將達到必須調整政策的水準，因為屆時管理層將無法動用公司全部盈餘做明智的再投資。屆時我們的董事將必須決定，處理過剩盈餘的最好方法是派發股息、回購股票或兩者並行。如果波克夏股價低於公司內在價值，大量回購股票幾乎一定是最好的選擇。各位可以放心，屆時我們的董事將會做正確的決定。

- 沒有一家公司像波克夏這麼替股東著想。逾三十年來，我們每年均重申我們的股東原則（參見本書楔子），總是一開頭便說：「雖然我們在形式上是一家公司，但秉持的是合夥事業的精

神。」此一誓約是非常牢固的。我們有一個知識異常豐富和事業導向的董事會,董事們為貫徹這種合夥精神做足了準備。

為了進一步確保延續我們的文化,我已提議由我兒子霍華接替我出任非執行董事長。我這麼做的唯一原因,是希望公司未來若出現不適任的執行長,需要董事長採取有力行動時,事情可以容易一些。我可以向各位保證,波克夏出現這種情況的機率非常低,可能是上市公司中最低的。但是,我曾擔任19家上市公司的董事,見過這種情況:表現平庸的執行長因為身兼董事長,公司很難換掉他(任務總是可以完成,但幾乎一定拖很久)。

霍華若當選非執行董事長,將不支薪,而且除了所有董事都必須做的事之外,不會投入時間在這份工作上。他僅將發揮安全閥的功能:任何董事若對執行長有疑慮,而且想知道其他董事是否也有疑慮,可以找他。如果多位董事都對執行長的表現感到不安,因為霍華擔任董事長,將能迅速且適當地處理問題。

- 選對執行長對我們至關緊要,這是波克夏董事會議耗費很多時間討論的事。管理波克夏的首要工作是資本配置,另外就是選擇和留住傑出的經理人去經營我們的子公司。當然,波克夏執行長在必要時必須撤換子公司的執行長。這些職責意味著波克夏的執行長必須是一個理智、沉著且果斷的人,他必須有廣博的商業知識,而且洞察人性。他也必須了解自己的局限。

品格至為重要:波克夏執行長必須全心全力為公司,而不是為他自己(我使用男性代名詞是為了避免行文古怪,性別絕不應成為決定執行長人選的因素)。他不得不替公司賺取遠高於潛在需求的盈餘。但有一點非常重要:他不能因為自負或貪婪,尋求獲得媲美最高薪執行長的薪酬,即使他的成就可能遠遠超過那些執行長。執行長的行為對底下的經理人有巨大的影響。如果這些經理人清楚看到,執行長最重視股東的利益,他們幾乎

全都將秉持同樣的原則。

我的繼任者還必須具有另一項能力：他必須能有效抑制企業衰敗的三個關鍵因素，也就是傲慢、官僚和自滿。這些企業惡性腫瘤一旦擴散，連最強健的公司也可能衰亡。可以證明這一點的例子非常多，但為了顧全友誼，以下我只講一些年代久遠的例子。

在它們的輝煌年代，通用汽車、IBM、西爾斯百貨和美國鋼鐵公司是其所屬產業的龍頭老大。它們實力堅強，看似無懈可擊。但是，我上文提到的惡劣行為最終導致這些公司嚴重衰敗，墜入其執行長和董事們不久之前認為不可能出現的困境。它們一度強健的財力和以往的營利能力，證實無法保護公司。

隨著波克夏的規模越來越大，唯有保持警惕和堅決的執行長能夠防止那些墮落的力量削弱公司。他必須謹記查理的請求：「告訴我，我將死於何處，以便我永遠避開那裡。」如果我們喪失我們的非經濟價值，波克夏的經濟價值也將崩毀。「最高層的作風」對維持波克夏特殊的企業文化至關緊要。

幸運的是，我們未來的執行長成功履行職責所需要的結構，已經牢牢確立。波克夏目前異常高度授權的運作方式，是防止公司官僚化的理想方法。在營運意義上，波克夏並非一家巨型公司，而是一群大公司。在波克夏總部，我們從不曾設立管理子公司的委員會，也不曾要求子公司提交預算（雖然許多公司以此為一項重要的內部管理手段）。我們也沒有法務部門或其他公司視為理所當然的其他部門，例如負責人力資源、公關、投資人關係、策略和併購事務的部門。

當然，我們有一個活躍的審計部門；我們沒有理由當大傻瓜。但是，我們異常信任我們的經理人，相信他們將積極善盡管理職責。畢竟他們在我們收購他們的公司之前，正是這麼做的。此外，除了偶爾出現的例外情況，我們這種基於信任的方式產生的績效，優於不斷發布指令、不停審

查、建立多層官僚程序所產生的績效。查理和我致力以推己及人的方式與公司的經理人互動。

- 我們的董事認為，我們未來的執行長應該從董事們已清楚了解的內部人士中選出來。我們的董事也認為，新執行長必須相對年輕，以便他或她可以長期任職。旗下執行長掌管業務若平均遠遠超過十年，波克夏將運作得最好（要教會新人一些老把戲是很困難的）。而且他們不大可能到了65歲便退休（或許你已經注意到了）。

波克夏在收購企業或做一些量身訂製的大型投資時，使交易對手熟悉波克夏的執行長，並對他感到安心是很重要的。建立這種互信和鞏固關係是需要時間的，但報酬可能非常豐厚。董事會和我均認為我們目前已有接替我出任執行長的合適人選——我逝世或卸任時，此人已準備好接任。在某些重要方面，此人將做得比我更好。

- 投資對波克夏總是至關緊要，相關事務將由數名專家處理。他們將向執行長報告工作，因為廣義而言，他們的投資決定必須與波克夏的營運和收購計畫保持協調。但整體而言，我們的投資經理人將享有巨大的自主權。在這方面，我們也已經為未來數十年做好了準備。

總而言之，波克夏已經為查理和我退下來之後的日子做好周全的準備。我們已經擁有合適的人才，包括董事、經理人和這些經理人未來的繼任者。此外，這些人已經普遍內化了我們的文化。我們的體制也具有再生能力。文化無論好壞，很大程度上會自我決定如何繁衍。價值觀和我們相似的企業主和經理人，因為一些很好的理由，將繼續受我們吸引，視波克夏為獨一無二的永久歸宿。

二、蒙格論「波克夏系統」

Munger on "The Berkshire System"

　　巴菲特領導下的波克夏管理系統和政策（「波克夏系統」）早就確立：波克夏是一家鬆散的企業集團，僅排斥公司無法提出有用預測的活動；母公司藉由獨立註冊的子公司經營幾乎所有業務，而子公司執行長享有極高的自主權；集團總部僅是一個小小的辦公室，駐守者爲董事長、財務長和若干助理；波克夏子公司當中總會有重要的意外險公司（這些保險子公司整體而言將貢獻可靠的承保收益，同時提供大量「浮存金」作爲投資之用）；波克夏不會有涵蓋整個集團的人事系統、股票選擇權制度、其他激勵制度和退休制度之類，因爲子公司會有自己的制度，而且這些制度往往各有不同。

　　波克夏董事長僅替自己保留少數幾項活動：（1）管理幾乎所有證券投資，主要是在意外險子公司操作；（2）決定所有重要子公司的執行長人選，確定他們的薪酬，並在適當時候要求他們私下推薦繼任者；（3）子公司增強競爭優勢之餘仍有現金，交由董事長決定如何運用，理想的用途是收購新的子公司；（4）迅速滿足子公司執行長的聯繫需求，除此之外幾乎不要求子公司與董事長有其他聯繫；（5）每年寫一封條理分明、內容有用的長信給股東，納入公司年報中（巴菲特會設想一名被動的股東會想了解什麼，據此決定怎麼寫這封信），並在股東年會上花數小時回答問題；（6）致力成爲波克夏文化的模範，力求這種文化在他卸任前後的很長一段時間裡都能造福顧客、股東和其他利害關係人；（7）保留大量時間安靜地閱讀和思考，致力藉由學習提升自己，無論年紀已經多大；（8）花大量時間熱情稱讚其他人的成就。

波克夏收購新的子公司時，通常會用現金支付代價，而不是發行新股；只要保留一元的盈餘能替股東創造出超過一元的市值，波克夏就不會派發股息；收購新的子公司時，波克夏會尋求以公允的代價買下董事長能理解的好公司。波克夏也期望收購標的有出色的執行長在任，預計將繼續任職很長一段時間，而且可以在集團總部不提供協助的情況下管好公司；替子公司選擇執行長時，波克夏希望這個人可靠、技能出色、活力充沛，並且熱愛公司的業務和所處環境。

　　波克夏幾乎永遠不會出售子公司，這是它很重視的一個原則；波克夏幾乎永遠不會將子公司的執行長調到一家不相關的子公司；波克夏絕不會僅以年齡為理由，強迫子公司的執行長退休；波克夏將維持非常輕的債務負擔，因為它將致力在所有情況下維持幾近完美的信用，並且在市場上出現異常機會時，有大量的現金和信貸可用；對有意出售的大公司賣家，波克夏總是保持友善態度。波克夏將迅速回應這種收購機會。如果收購不成事，除了波克夏董事長和另外一兩個人外，不會有其他人知道曾有此事，而知情者也絕不會洩漏消息。

　　波克夏系統的要素及其規模均異乎尋常。我所知道的大公司，沒有一家具有波克夏一半的要素。波克夏為什麼會建立如此非凡的企業性格？當年握有波克夏45％股權的巴菲特雖然只有34歲，但所有其他大股東完全信任他。他可以在波克夏建立他想建立的任何制度，而他也就建立了我們現在所知的波克夏系統。巴菲特選擇這些要素，幾乎全都是因為他相信在他的領導下，這種制度有助於波克夏取得最大的成就。他並不是試圖創造一種所有其他公司均適用的制度。事實上，波克夏並未要求子公司在自身運作上採用母公司的制度，而有些子公司採用不同的制度，也能取得出色的績效。

　　巴菲特設計波克夏系統時，是以什麼為目的？多年下來，我發現了一些重要因素。巴菲特希望這個系統中的重要人物（以他自己為首）持續

盡可能發揮自身的理性能力、技能和奉獻精神；盡可能創造雙贏結果，例如以忠誠換取忠誠；追求有助於長期績效最大化的決定，盡可能由可以長期任職、為決策後果負責的人做決定；盡可能避免總部發展出大型官僚制度，進而造成惡劣影響；以班傑明·葛拉漢教授為榜樣，個人致力傳播自己得到的智慧。

巴菲特建立波克夏系統時，是否預見該系統將產生的所有好處？並沒有。他在逐漸完善其做法的過程中，意外發現該系統的一些好處。但他看到有益的結果時，會強化相關做法。波克夏在巴菲特的領導下為何表現如此優異？我看到的只有四大因素：巴菲特的有益特質；波克夏系統的有益特質；好運氣；以及若干股東和其他崇拜者（包括一些媒體界人士）異常強烈且有感染性的忠誠追隨。我認為這四個因素都真實存在，也幫助了波克夏，但主要的貢獻源自那些有益的特質和異常的忠誠追隨，以及它們的互動作用。

巴菲特決定僅致力於少數幾項活動，而且盡可能專注做這些事，持之以恆五十年之久，結果極其成功。他事實上是採用了著名籃球教練約翰·伍登（John Wooden）的制勝方法。伍登學會將幾乎所有上場時間分配給他最優秀的七名球員之後，便帶領球隊成為常勝軍。伍登這種做法使他的對手總是面對他最好的球員，而且因為得到額外的上場時間，這些球員的進步更是超乎尋常。

巴菲特比伍登更伍登，因為他將所有的關鍵技能集中在一個人（他自己）而非七個人身上，而在他經營波克夏的五十年間，他的技能越來越出色，而非像籃球員那樣，上了年紀後表現便走下坡。此外，藉由將能力和權力集中在重要子公司往往長期任職的執行長身上，巴菲特也創造了強勁的伍登效應。這種效應增強了這些執行長的技能，也提升了子公司的績效。

然後，隨著波克夏系統賦予許多子公司及其執行長渴望的自主權，令波克夏名利雙收，這些結果吸引了更多優秀的企業加入波克夏集團，也吸

引了更多出色的執行長加盟。而這些優秀的子公司和執行長根本不需要集團總部多費心，結果便形成一種「良性循環」。

波克夏一直以意外險業者爲重要的子公司，結果如何？結果極好。波克夏的抱負極其遠大，但即使如此，它還是達成了目標。意外險公司在普通股上的投資，價值往往與公司股東權益相若，而波克夏的保險子公司也是如此。過去五十年間，標準普爾500指數年均稅前報酬約爲10％，成爲波克夏價值成長的重要助力。

在巴菲特年代的最初數十年間，波克夏保險子公司的普通股投資報酬率遠優於大盤指數，一如巴菲特的預期。後來隨著波克夏股票投資規模變得實在巨大，加上考慮到所得稅問題，股票投資報酬超越大盤的幅度變得微不足道（這種情況可能不是永久的），但波克夏迎來更好的其他優勢。阿傑・詹恩（Ajit Jain）「無中生有」，替波克夏創造出巨大的再保險業務，產生巨額「浮存金」和承保收益。蓋可整家公司併入波克夏，隨後市占率增加了三倍。波克夏的其他保險業務表現也大有進步，主要有賴名譽優勢、承保紀律、找到和維持很好的利基市場，以及招攬並留住傑出人才。

後來，隨著波克夏近乎獨特和十分可靠的企業性格廣爲人知，其保險子公司把握了許多其他業者無法得到的誘人機會，買進一些非公開發行的證券。這些證券多數有固定的期限，產生了很好的報酬。波克夏保險業務的傑出表現並非一種自然的結果。意外險公司產生的報酬通常相當平庸，即使管理得很好也是如此，而這種平庸的表現價值不大。波克夏在這方面的表現好得驚人：我認爲就算巴菲特返老還童，而且保留他的才智，他回到當年那麼小的規模，也無法再創造出這麼好的表現。

波克夏鬆散的企業集團結構是否損害其績效？答案是沒有：因爲涉足廣泛的業務，波克夏的機會增加了。其他企業集團普遍面對的一些不利因素，則因爲巴菲特技能出眾而得以避免。爲什麼波克夏傾向以現金而非自身股票支付收購企業的代價？因爲波克夏的股票極有價值，往往很難交

換到同等價值的資產。在保險業以外，收購企業往往會損害買方股東的利益，但為什麼波克夏的收購行動卻能大大造福其股東？

波克夏除了享有更好的機會，在運作方式上也占有重大優勢。它從不曾設立「併購事務部」——這種部門會有促成交易的壓力。波克夏也從不倚賴必將傾向促成併購交易的「服務者」。此外，巴菲特自認專業知識不足，可有效避免自欺，但他因為累積了當被動投資人（不涉入所投資公司的事務）的豐富經驗，對於商業上什麼行得通、什麼行不通非常清楚，比多數企業經理人清醒得多。最後，雖然波克夏得到的機會優於多數其他公司，但巴菲特往往展現出近乎超人的耐性，很少出手收購企業。例如，在他掌管波克夏的第一個十年間，波克夏有一個事業（紡織）步向衰亡，另外僅新增兩家公司，也就是淨增一家公司。

波克夏在巴菲特的領導下犯過什麼大錯？雖然有為的錯誤（錯誤的行動）相當普遍，但幾乎所有大錯都是錯過投資機會的問題，包括在沃爾瑪公司鐵定將大獲成功時沒有買進該股。這些無為的錯誤影響很大。當年巴菲特因為未能確定投資報酬而錯過了幾個機會，如果他把握了那些機會，波克夏的淨值如今至少可以增加500億美元。

如果巴菲特很快卸任，波克夏能繼續交出異常優秀的成績嗎？答案是可以。波克夏多家子公司有強勁的業務動能，其基礎是一些非常持久的競爭優勢。此外，波克夏的鐵路和公用事業子公司，如今提供了投入巨額資金在新固定資產上的好機會。而且，許多子公司如今正從事明智的「補強型」收購。只要波克夏系統能大致維持，因為業務動能和各種機會非常好，波克夏幾乎必將在未來很長的時間裡，保持優於正常水準的經營績效。

最後談一個問題：波克夏過去五十年的優異表現，是否能為其他組織提供有用的啟示？答案顯然是肯定的。巴菲特接手初期，波克夏有一個巨大的任務：將一家小企業變成一家有用的大公司。它達成了任務，辦法是避免官僚主義，長期倚重一名考慮周到的領袖，而這位領袖不斷進步，並

替公司招攬了很多像他這樣的人才。

對照一下典型的大公司系統：集團總部有種種官僚程序，多任執行長59歲左右才上任，幾乎沒什麼時間停下來安靜思考，很快就因為固定的退休年齡而被迫卸任。我深信其他公司應該多試行波克夏那種系統，至於像惡性腫瘤那樣的官僚主義惡果，則應該以類似治療癌症的方法處理。

三、 前方的路 [90]

The Road Ahead

三十年前，我的中西部朋友、當時80幾歲的喬‧羅森斐（Joe Rosenfield），收到當地報社寄來一封令人惱火的信。該報毫不避諱地要求喬提供傳記資料，以便將來撰寫喬的訃文。喬沒理會。然後呢？一個月後，他收到報社寄來第二封信，上面標注著「緊急」（URGENT）。

查理和我早已進入這種緊急狀態，這對我們來說可不是什麼值得開心的事。但波克夏的股東不必擔心：各位的公司已經為我們的離去做好了百分之百的萬全準備。

我倆的樂觀看法是基於五個因素。首先，波克夏的資產分散在非常多樣的全資或部分擁有的企業上，它們整體而言可以為所動用的資本賺取誘人的報酬。其次，波克夏將它「控制的」企業置於單一實體中，因此享有一些重要且持久的經濟優勢。第三，波克夏將一直維持穩健的財務管理方式，使公司能夠承受極端性質的外部衝擊。

第四，我們擁有技能精湛且**敬業忠誠**的高層管理人員。對他們來說，經營波克夏遠非只是一份高薪或體面的工作。最後，波克夏的董事——各位的守護者——始終重視股東的福祉，致力培養一種在巨型企業中罕見的優秀文化。（勞倫斯·康寧漢和史蒂芬妮·庫巴的新書《信任邊際》〔*Margin of Trust*〕探討了這種文化的價值。）

查理和我都有非常務實的理由，希望確保波克夏在我們離去之後的很多年裡繼續興旺：蒙格家族持有的波克夏股票價值遠大於他們的其他投資，而我的淨資產有99%是波克夏的股票。我從未賣出波克夏的股票，也不打算這麼做。

除了慈善捐贈和一些小額個人贈與，我唯一一次處理波克夏的股票是在1980年。當時我和其他被推選參與這件事的波克夏股東們，一起將我們持有的一些波克夏股票換成伊利諾州一家銀行的股票。該銀行是波克夏在1969年收購的，而到了1980年，因為銀行控股公司法有所改變，波克夏必須脫手這家銀行。

現在我的遺囑明確指示遺囑執行人——以及在遺囑執行完畢後接替他們管理遺產的受託人——不要出售波克夏的**任何一張**股票。這顯然將導致我的遺產極度集中在波克夏的股票上，而我的遺囑免除了遺囑執行人和遺產受託人可能因此承擔的責任。

我的遺囑還指示遺囑執行人——以及隨後的遺產受託人——每年將我的一部分波克夏A股換成B股，然後將這些B股分配給各家基金會。這些基金會將必須迅速且有效地運用贈款。整體而言，我估計我去世時持有的波克夏股份全部流入市場將需要十二到十五年的時間。

如果我的遺囑沒有規定我擁有的所有波克夏股票必須持有到預定的遺產分配日，則遺囑執行人和遺產受託人的「安全」做法，將是賣出他們暫時控制的波克夏股票，並將所得收益投資於到期日與遺產預定分配日一致的美國公債上。這種做法可以使受託人免受公眾批評，而且不會因為未按

「善良管理人」（prudent man）標準行事而承擔個人責任。

　　我個人相當確信，在我的遺產處置期內，波克夏的股票將是安全且報酬不錯的投資。未來的事實總是有可能證明我的這個預期錯了──可能性不大，但也並非可以忽視。無論如何，我相信比起常規做法，奉行我的指令將有很高的機率使社會得到的資源大大增加。

　　我在遺囑中獨厚波克夏股票的指示，關鍵在於我對波克夏董事未來的判斷力和忠誠度有信心。他們將不時受那些渴求服務費的華爾街人士考驗。在許多公司，這些超級推銷員可能會獲勝。但我實在不認為那會發生在波克夏。

四、瑪土撒拉的資產 [91]
Methuselah's Estate

　　皮夾太厚，是爭取卓越投資績效的大敵。相對於查理和我剛接手這家公司的時候，波克夏如今的淨值大得多。雖然市場上的好公司跟以往一樣多，但如果我們收購的公司對波克夏的淨值無法產生顯著貢獻，那是毫無意義的。因此，如今我們考慮證券投資時，可以投資的範圍大大縮小了。

　　儘管如此，我們堅守造就我們今日成績的原則，致力維持我們的標準。泰德・威廉斯（Ted Williams）在他的著作《我的一生》（*The Story of My Life*）中解釋道：「我的看法是，要成為一名好打者，你得有好球可打才行。這是首要原則。如果球落在我的好球帶之外我還揮棒，我的打擊率

就不會是三成四四，而是只有兩成五。」查理和我都認同此觀點。我們將耐心等待進入我們「好球帶」的機會。

我們將繼續忽略政治與經濟面預測；對許多投資人與商界人士來說，這種預測只會使人分心而已，代價非常高昂。三十年前，沒有人能預見越戰規模驚人擴大、薪資與價格管制、兩次石油危機、總統辭職、蘇聯解體、道瓊工業指數一天暴跌 508 點（譯注：指 1987 年 10 月 19 日股市崩跌，當天道指跌幅高達 22.61%），或是美國國庫券殖利率會在 2.8% 至 17.4% 的區間內波動。

但是，教人驚訝的是，這些轟動一時的重大事件絲毫未能動搖班傑明・葛拉漢的投資原則。經洽商以合理的價格收購優質企業，仍是投資的王道，完全不受上述事件影響。想像一下，如果我們因為前景不明而心生恐懼，躊躇不前或改變運用資本的方式，代價將何其沉重。事實上，我們最得意的收購，通常是發生在大家對某些宏觀事件的憂慮達到頂點時。恐懼是趕潮流者的敵人，卻是基本面信徒的朋友。

未來三十年間，肯定會有一連串不同的震撼事件發生。我們既不預測，也不會嘗試從中獲利。如果我們能找到一些好企業，素質接近我們過去收購的公司，則外來的衝擊對我們的長期績效影響將有限。

我們之所以有此成就，是拜旗下事業傑出的經理人團隊所賜：他們經營看似平凡的業務，創造出不凡的業績。凱西・史丹格（Casey Stengel）曾形容帶領棒球隊是「靠其他人擊出全壘打以賺取報酬」，這其實也是我在波克夏的工作模式。

擁有名鑽「希望」（Hope）的部分權益，遠勝於百分百擁有一顆萊茵石（譯注：一種模仿鑽石的材料）。我們剛剛提到的企業，堪稱是稀有的珍貴寶石。更難得的是，我們的珍寶並非只有少數幾顆，其陣容正日益鼎盛。

股票價格將持續波動，有時還將劇烈波動，而經濟也會有起有落。但是，長期而言，我們相信，我們旗下事業的價值，極有可能繼續以令人滿意的速度成長。

身為股東，各位自然關心以下問題：在我開始老朽之後，我是否會堅持繼續擔任公司執行長？如果會的話，董事會將如何處理此問題？此問題並非僅可能發生在我身上。波克夏的子公司不時會出現類似問題，查理和我對此並不陌生。

　　各人老化的速度差異很大，但精力與才智衰退是遲早的事。有些經理人八十開外還勝任愉快，但有些人六十幾歲就明顯衰老了。經理人能力衰退時，往往也會逐漸失去自知之明，這時通常需要有人出來敲響警鐘。如果有天我也走到這一步，波克夏董事會就必須擔起責任，做該做的事。就財務考量而言，我們的董事有非常強烈的動機做正確的事。他們的利益與波克夏股東幾乎完全一致——據我所知，全美再沒有第二家公司的董事會像我們這樣，甚至程度接近的也極少。但是，在個人層面上，絕大多數人會發現，要告訴一個人（尤其是自己的朋友）「你已經不行了」，是異常困難的一件事。

　　然而，如果有一天我走到這地步，董事會的直言不諱將會幫我一個大忙。我持有的波克夏股票，未來將全數捐給慈善團體，我希望社會能因此得到最大的好處。如果因為我的夥伴們未能善盡在適當時候趕我下台的責任（我當然希望他們能做得溫柔點），導致我這筆財富的公益價值大幅萎縮，那無疑將是一場悲劇。但大家不必擔心這一點：我們的董事非常優秀，一定會堅持做有利於股東的事。

　　去年我已安排將我大部分的波克夏持股轉移給五家慈善基金會。我畢生的計畫，是最終將我全部的持股捐作公益，因此去年的安排是我完成計

畫的部分行動。在我的遺囑裡，我已指明，在我的遺產完成結算後，我去世時仍持有的波克夏股票的收益，將於十年內投入公益使用。因為我的事務並不複雜，最多三年，我的遺產就能完成結算。這十三年加上我的預期餘命，意味著我全部的波克夏持股，未來二十餘年內應將全數成為資助公益事業的資金。

我設定這樣的時程，是因為我希望這些錢能由我知道是能幹、富活力和衝勁的人，在相對較短的時間內運用。隨著機構老化（尤其是那些不受市場力量約束的機構），這些經理人特質有時會消逝。目前那五家基金會均由非常優秀的人主管，因此，我去世時，我的捐獻由這些人明快地善加利用，不是最好嗎？

那些偏好永久基金會的人認為，未來社會上幾乎一定會有需要慈善資金協助解決的重大問題。的確如此。但是，未來也會有許多超級富有的個人和家族，他們的財富將超過今天的美國人，屆時公益團體可以向他們募捐。

這樣的話，未來的富翁就能親身判斷哪些公益團體兼具活力與專注力，最能有效處理當時的社會問題。如此一來，公益團體的理念與效益就能接受一種市場檢驗。有些團體值得大力支持，有些則可能已完成歷史使命。地上的人即使決策有瑕疵，對於如何明智地分配公益資金，總比地下六英尺的已故者數十年前的想法高明一些。當然，遺囑總是可以重寫，但我的想法不大可能顯著改變。

———————

為免本文結束時留給大家陰鬱的感覺，容我向各位報告：我覺得自己的狀態好得不得了。我熱愛經營波克夏，而如果享受人生能延年益壽，瑪土撒拉的紀錄恐怕要被打破了。**92**

注 釋

1　1979年；1996年股東手冊——該手冊始於1983年，1988年起每年發給股東，內容偶有修改。

2　巴菲特在隨後的致股東信中，有時會提到上次年會的出席人數。波克夏1975年的年會有12人出席，1997年增至約7,500人，2000年代初超過15,000人，2008年達到35,000人，2015年爲40,000人。從2016年起，波克夏年會經由網路直播，吸引了世界各地更多觀眾。受COVID病毒大流行影響，2020和2021年的年會完全採遠端方式舉行。

3　1984年。

4　2020年。

5　以短線隔開：2020年；2021年。

6　以短線隔開：2000年；2002年；2018年。

7　請參考第六篇〈五〉有關事業主盈餘和現金流量陷阱的論述。

8　以短線隔開：2019年；1988年；1993年；2004年；1986年；1998年；2005年。

9　這21家公司爲波克夏、藍籌集點券、首都企業／美國廣播公司、可口可樂、Data Documents、登普斯特、General Growth、吉列、卡夫亨氏、Maracaibo Oil、Munsingwear、奧馬哈國民銀行、Pinkerton's、波特蘭煤氣、所羅門、聖邦地圖、Tribune Oil、全美航空、Vornado、華盛頓郵報，以及魏斯可金融。

10　另一重要職責是資本配置，於第二篇和第六篇中闡述。

11　1985年；2006年。

12　2010年，附上隨後年度的更新資料；2009年。

13　以短線隔開：1987年；1981年（1988年重印）；1981年；1990-93年；1993年；2003年。

14 年報原文特意將括弧中句子的字體縮小。巴菲特1986年致股東信中有以下內容：

去年我們買了一架公務飛機（注：年報原文特意縮小這句的字體）。有關這種飛機的傳聞是真的：它們非常昂貴；對我們這種不需要經常到偏遠地區出差的公司來說，是一項奢侈品。而且，公務機成本高昂，不僅是因為開飛機很費錢，光是擁有飛機，維修保養就所費不菲。一架1,500萬美元的新飛機，每年光是資本成本和折舊費用就高達300萬美元。我們買的是二手飛機，花了85萬美元，前述費用每年接近20萬美元。

各位的董事長了解這些數字，而且很不幸的，過去曾就公務機發表過一些非常不客氣的評論。因此，在購買這架飛機前，我被迫進入我的伽利略狀態。我很快經歷了必要的「反啟示」（counter-revelation）；如今旅行比以前容易多了——也昂貴多了。這架飛機對波克夏來說是否物有所值仍不得而知，但我將努力在生意上做出一些成就，好將它們歸功於這架飛機（不管理由多牽強）。我好怕富蘭克林有我的電話號碼。他曾說過：「當理性動物實在很方便：任何事情只要我們有心想做，總是能找到或捏造一個理由。」

1989年巴菲特致股東信中有以下內容：

去年夏天，我們賣了三年前以85萬美元購入的公務機，以670萬美元買了另一架二手飛機。上文提及細菌繁殖速度驚人〔詳見本書結語部分〕，對此有印象的股東可能會產生合理的恐慌：倘若波克夏的淨值持續以當前速度成長，而我們汰換飛機的成本則持續按目前已確立的100％年複合成長率增加，不久之後，波克夏整家公司的淨值會被它的公務機吃掉。

查理不喜歡我以細菌比喻飛機，他覺得這樣侮辱了細菌。他認為氣派的旅行方式，是坐空調巴士；而且，他只在票價優惠期內享受這種奢華旅行。我個人對公務機的態度，則可用以下這句祈禱文概括。這句話據稱是聖奧古斯丁說的，但我覺得應該是虛構的。奧古斯丁在思量是否捨棄世俗享受、成為一名神父，天人交戰之際祈禱道：「神啊，幫幫我吧，讓我成為貞潔刻苦的人，但不是現在。」

替這架飛機命名可不簡單。我起初建議取名「查爾斯蒙格號」，查理的反建議是「失常號」（The Aberration）。最後我們同意稱它為「無可辯解號」。

1998年致股東信中提到，巴菲特已將波克夏的公務機賣掉，如今他需要搭飛機時，都光顧波克夏旗下的飛行服務公司。

15　直至2002年，巴菲特在每年寫給股東的信中，皆列出指定捐贈計畫的股東參與率、捐款金額和受助團體的數目。股東參與率一直超過95％，經常超過97％。年度捐款額持續增加，從1980年代初的一、兩百萬美元，增至2002年的1,700萬美元左右，同期受助團體從低於1,000個增至約3,500個。截至2002年（指定捐贈計畫的最後一年），該計劃共捐出1.97億美元的善款。

16　以短線隔開：1985年；2005年；1985年；1994年；1991年；2003年；2002年。

17　以短線隔開：2009年；2010年年報附錄；2015年。

18　2010年。

19　1985年。

20　2013年。

21　以短線隔開：1987年；1997年。

22　以短線隔開：1988年；1989年。

23　以短線隔開：1988年；1993年；1991年；1987年。

24　1993年的致股東信中有以下這段文字：
容我講一個歷史教訓：可口可樂公司1919年以每股40美元的價格掛牌上市。到了1920年底，市場重新評估該公司的前景，悲觀的預期使得該股慘跌逾半至19.50美元。但到了1993年底，投資人若將股息再投資在該股上，最初一股可口可樂的價值如今已膨脹至210萬美元。

25　以短線隔開：1987年；1992年；1985年。

26　以短線隔開：1996年；1999年；1997年。

27　1989年。

28　參見第一篇〈五〉員工和產業變遷。

29　2005年；2010年；2017年。

30　1986年。

31　以短線隔開：2005年；1988年8月5日致波克夏股東信。

32　1989年致股東信中有這麼一段：
〔韓德森兄弟公司的〕吉米・馬奎爾擔任波克夏股票在紐約證交所的專業經紀

商已超過一年，繼續維持傑出表現。在我們上市前，交易商的買賣價差經常高達股價市價的3％或以上。吉米將買賣價差維持在50點之內，按當前市價計算遠低於1％。這大大降低了交易費用，買賣股票的股東因此受惠良多。

因爲我們對吉米、韓德森兄弟和紐約證交所處理波克夏事務的表現非常滿意，最近在紐約證交所推出的一系列廣告中，我對他們不吝讚美。我通常會避免替人代言，但這次我很樂意公開讚揚紐約證交所。

33 以短線隔開：1983年；1992年。

34 以短線隔開：1995年；1996年。波克夏後來收購柏靈頓北方聖塔菲鐵路公司時，連帶執行B股分割，使一股B股的經濟權利變成一股A股的一千五百分之一，投票權則爲萬分之一。

35 以短線隔開：1984年；1999年；2011年；2016年；2021年；2016年。

36 若需更多關於股票價格改變的資訊，請見第二篇〈二〉市場先生。

37 以短線隔開：1984年；2012年；2014年。

38 參見第六篇〈四〉「經濟商譽vs.會計商譽」。

39 2019年。

40 以短線隔開：2005年；2016年；2017年。

41 1987年；1988年和1989年刪去第一句後沿用。

42 2011年。

43 以短線隔開：2002年；1990年；1990年波克夏子公司魏斯可金融致股東信，作者爲查理‧蒙格，經授權引用。

44 參見第二篇〈七〉「雪茄菸蒂與制度性強制力」。

45 1989年。

46 以短線隔開：1989年；1994年；1996年；1990年；1995年；1997年。

47 參見第二篇〈五〉「『價值』投資：一個贅詞」。股價數字前後不同，是因爲該股曾實行股票分割。

48 以短線隔開：2002年；2005年；2006年；2008年。

49 以短線隔開：2003年；2004年；2005年。

50 以短線隔開：2011年；2008年；2015年。

51 以短線隔開：2001年；2003年；2009年；2013年；2014年；2015年；2017年。

52　1992年。

53　以短線隔開：1981年；1982年；1997年；1994年。

54　1984年。

55　魏斯可金融公司1989年致股東信，作者為查理‧蒙格，經授權引用。

56　以短線隔開：1995年；1991年（後者自1982年起就有類似的版本）。

57　在1988和1989年的致股東信中，最後一句是：「對於新事業、以有望扭轉頹勢為賣點的公司，或是以拍賣方式出售的企業，我們的興趣，可用山繆‧高德溫（Samuel Goldwyn）的妙語概括：『請將我算出去（Please include me out）。』」

58　以短線隔開：1990年附錄B——致有意出售事業者的信件範例；1999年。

59　2000年；2008年。

60　1988年。

61　2000年。

62　以短線隔開：1996年股東手冊；1987年；1985年；1996年；2005年，翌年有更新資料的濃縮版。

63　以短線隔開：1980年；1990年；1982年；1991年；1979年。

64　以短線隔開：1983年；1983年附錄；1996年股東手冊；1999年。

65　以短線隔開：1986年；1986年附錄。

66　LIFO準備是指目前庫存的重置成本超過庫存帳面值之數額。這項準備可能會隨著時間的推移顯著擴大，通膨高漲時期尤其如此。

67　以短線隔開：2008年；2010年。

68　1988年。

69　1990年附錄A。
本節內容為班傑明‧葛拉漢於1936年創作的一個諷刺故事，未曾公開發表。葛拉漢於1954年將此故事交給巴菲特。

70　2002年。

71　2002年。

72　以短線隔開：2016年；1992年；1998年；2004年；1998年。

73　參見第一篇〈六〉「有理有節的高層薪酬政策」。

74　自2005年起，會計準則強制要求美國企業認列認股權成本。

75　2007年；1992年。

76　參見第三篇〈七〉以指數戰勝交易費用。

77　2010年。

78　2017年。

79　1989年。

80　以短線隔開：1986年；1998年。

81　以短線隔開：1993年；2000年；2003年；2016年。

82　2018年。

83　2016年。

84　2015年。

85　2018年。

86　2019年。

87　前言的段落，2014年，五十週年紀念部分。

88　2014年，五十週年紀念部分。

89　本文是查理‧蒙格為波克夏哈薩威股東所寫，收錄於該公司2014年年報五十週年紀念部分。此處轉載版本略經編輯，是為了節省篇幅和方便閱讀，主要是略去表格和條列式編號。

90　2021年。

91　以短線隔開：1994年；2005年；2006年；2006年；1996年股東手冊（每年更新）。

92　據聖經記載，瑪土撒拉活了九百六十九年（《創世記》5:27）。

名詞解釋

雪茄菸蒂投資法（Cigar Butt Investing）
一種愚蠢的投資方式，投入資金就像是只為吸雪茄菸蒂僅剩的一口。意指
盡管標的企業的長期業務前景看來非常糟糕，仍以某個看似超值的價格買
進。因為價格夠低，短期內往往有利可圖。參見第二篇〈七〉。

能力範圍（Circle of Competence）
個人評斷企業經濟體質的能力界限。明智的投資人很清楚自己的能力範
圍，堅持僅投資自己了解的公司。參見第二篇〈六〉。

股息檢驗標準（Dividend Test）
只有當每保留一元的盈餘，能為股東創造至少一元的市值時，盈餘才值得
保留。參見第三篇〈六〉。

雙管齊下收購模式（Double-Barreled Acquisition Style）
一種明智的收購政策：經洽商百分百收購一家公司，或是在股市中購入上
市公司部分股權。參見本書〈楔子〉。

制度性強制力（Institutional Imperative）
彌漫在組織中的一股力量，導致不理性的商業決策，像是抗拒變革、將公
司的資金投入效益不彰的投資與收購項目中、高層主管沉溺於滿足個人欲
望，以及盲目模仿同業的做法。參見第二篇〈七〉。

內在價值（Intrinsic Value）

企業價值的指標，很難計算但至關緊要，等於在企業餘下壽命中，股東所能獲取的現金流量之折現值。參見第六篇〈二〉。

透視盈餘（Look-through Earnings）

適用於評估持股比例低於20％的有價證券投資，有別於一般公認會計原則（GAAP）報表所反映的情況。透視盈餘會將所投資公司未分配給股東的盈餘，按持股比例納入考量（需要扣掉相關的所得稅），以反映投資方的實質應占盈餘。參見第六篇〈三〉。

安全邊際（Margin-of-Safety）

很可能是明智且成功投資最重要的一項原則，為班傑明・葛拉漢所提出；意指除非支付的價格顯著低於得到的價值，否則不應買進一檔證券。參見第二篇〈五〉。

市場先生（Mr. Market）

班傑明・葛拉漢創造的一個虛構人物，象徵股票市場。市場先生是一個躁鬱型的人，每天為投資人提供證券報價，價格與價值可能大幅背離。因為市場先生的存在，投資人才可能靠明智投資取得優越的報酬。參見第二篇〈二〉。

事業主盈餘（Owner Earnings）

衡量企業經營績效的一個指標，比現金流量或GAAP盈餘更勝一籌。事業主盈餘等於（a）營業利潤加上（b）折舊和其他非現金費用，減去（c）企業為充分維持競爭力與業務量，每年平均得付出的資本支出。參見第六篇〈五〉。

作者簡介

華倫‧巴菲特 Warren E. Buffett
全球知名投資大師、波克夏哈薩威控股公司董事長暨執行長。

勞倫斯‧康寧漢 Lawrence A. Cunningham
　　喬治華盛頓大學法學院研究教授、價值投資和企業治理方面頗具影響力的思想領袖。自1996年起編選出版《巴菲特寫給股東的信》（該書至今已翻譯爲十幾國語言）。著有二十多本知名著作，包括《親愛的股東：巴菲特、貝佐斯與20位高績效執行長的經營智慧》、《信任邊際：巴菲特經營波克夏的獲利模式》。文章見諸大學期刊如《哥倫比亞法學評論》（*Columbia Law Review*），業界期刊如《董事與理事會》（*Directors & Boards*），以及主流媒體如《紐約時報》、《華爾街日報》等。位居亞馬遜書店商業和投資類前百大作家之列。

譯者簡介

許瑞宋
　　香港科技大學會計系畢業，曾任路透中文新聞部編譯、培訓編輯和責任編輯，亦曾從事審計與證券研究工作。2011年獲第一屆林語堂文學翻譯獎。譯有《反資本主義編年紀事》、《絕望死與資本主義的未來》和《艱困時代的經濟學思考》等數十本書。（victranslates.blogspot.tw/）

內容分布表

本表格顯示本書各章節出自哪一年的巴菲特致股東信。最左與最右欄的數字代表年分：79代表1979年，21代表2021年。其他各欄代表第一篇至第十篇各部分（例如一至七）內容，每篇引言之年分，顯示在每篇第一部分。楔子取自1979和1996年致股東信。曾細閱本書以前版本的讀者，可能對本表格特別有興趣，因為可以從中看到新增了什麼內容，以及原有內容是否有調整。

第一篇 治理與管理（一～十）｜第二篇 投資（一～八）｜第三篇 普通股（一～七）｜第四篇 另類投資工具（一～八）

Year	一	二	三	四	五	六	七	八	九	十	一	二	三	四	五	六	七	八	一	二	三	四	五	六	七	一	二	三	四	五	六	七	八
79																																	
80																																	
81							●																										
82																																	
83																			●														
84																					●	●											
85					●			●			●			●																			
86		●																															
87							●				●		●													●							
88		●										●	●			●			●														
89												●				●												●	●				
90					●																						●	●					
91					●	●								●																			
92					●										●					●													
93				●	●										●																		
94							●																				●						
95																						●					●						
96																●						●					●						
97											●					●	●										●						
98				●																													
99																●					●												
00		●																															
01																																	●
02		●						●																			●		●				
03						●	●																								●		●
04				●																											●		
05				●				●									●							●					●	●			
06						●																					●						
07																																	
08																											●		●				
09						●			●																								●
10						●		●	●											●													
11																						●				●							●
12																							●										
13											●																						●
14																																	●
15							●																										●
16																						●		●									
17																		●															●
18			●																			●											
19			●																				●										
20	●	●																															
21		●																											●				

第五篇 企業收購						第六篇 估值						第七篇 會計							第八篇 賦稅			第九篇 美國歷史			第十篇 尾聲				
一	二	三	四	五	六	一	二	三	四	五	六	一	二	三	四	五	六	七	一	二	三	一	二	三	一	二	三	四	Year
								●																					79
								●																					80
●																													81
●		●						●																					82
									●																				83
	●																												84
							●																						85
										●									●										86
							●																						87
						●						●																	88
			●																●										89
			●	●								●																	90
								●																					91
●								●						●	●														92
																				●									93
●																											●		94
			●																										95
							●		●																		●		96
●																													97
														●					●										98
				●					●																				99
					●	●														●									00
																													01
													●	●															02
																				●									03
														●															04
							●																				●		05
							●																				●		06
															●														07
					●						●																		08
																													09
											●					●													10
																													11
																													12
																													13
																									●	●			14
																							●						15
														●						●		●							16
																	●												17
							●							●								●		●					18
																											●		19
																													20
																					●								21

BIG 427

巴菲特寫給股東的信〔2023 全新增修版〕

作　　　者－華倫‧巴菲特（Warren E. Buffett）、勞倫斯‧康寧漢（Lawrence A. Cunningham）
譯　　　者－許瑞宋
副總編輯－陳家仁
編　　　輯－黃凱怡
企　　　劃－洪晟庭
封面設計－莊謹銘
內頁排版－李宜芝

總　編　輯－胡金倫
董　事　長－趙政岷
出　版　者－時報文化出版企業股份有限公司
　　　　　　108019 台北市和平西路三段 240 號 4 樓
　　　　　　發行專線－ (02)2306-6842
　　　　　　讀者服務專線－ 0800-231-705・(02)2304-7103
　　　　　　讀者服務傳真－ (02)2304-6858
　　　　　　郵撥－ 19344724 時報文化出版公司
　　　　　　信箱－ 10899 臺北華江橋郵局第 99 信箱
時報悅讀網－ http://www.readingtimes.com.tw
法律顧問－理律法律事務所 陳長文律師、李念祖律師
印　　　刷－家佑印刷有限公司
初版一刷－ 2017 年 9 月 15 日
二版一刷－ 2023 年 11 月 3 日
二版九刷－ 2024 年 6 月 24 日
定　　　價－新台幣 520 元
（缺頁或破損的書，請寄回更換）

時報文化出版公司成立於一九七五年，
並於一九九九年股票上櫃公開發行，於二〇〇八年脫離中時集團非屬旺中，
以「尊重智慧與創意的文化事業」為信念。

巴菲特寫給股東的信 / 華倫.巴菲特, 勞倫斯.康寧漢著；許瑞宋譯 . -- 二版
. -- 臺北市：時報文化出版企業股份有限公司, 2023.11
416 面；17 x 22 公分 . -- (Big；427)
2023 全新增修版
譯自：The essays of Warren Buffett : lessons for corporate America
ISBN 978-626-374-381-6(平裝)

1. 股票投資 2. 美國

563.53　　　　　　　　　　　　　　　　　112015717

ISBN 978-626-374-381-6
Printed in Taiwan